Nikola Roßbach

ACHTUNG, ZENSUR!

Nikola Roßbach

ACHTUNG ZENSUR!

Über Meinungsfreiheit
und ihre Grenzen

Ullstein

INHALT

WORUM ES HIER GEHT

Eine heftige gesellschaftliche Debatte über die Meinungsfreiheit ist entbrannt.

Und sie erhält laufend neuen Zündstoff: Auf Facebook hat der Kasseler Herkules jetzt eine Badehose an. Der US-Präsident schließt Journalisten von seinen Pressekonferenzen aus. Berliner Studierende wollen ein als sexistisch empfundenes Gedicht von der Fassade einer Hochschule entfernen lassen. Eine schwarze Künstlerin fordert in New York die Zerstörung eines von einer weißen Künstlerin gemalten Bildes, das schwarzes Leid zeigt. US-Universitäten sollen zu *safe spaces* werden, aus denen negative Themen verbannt werden. Twitter blockt Nutzeraccounts. China blockt Twitter.

Das alles und noch viel mehr befeuert die gegenwärtigen Debatten über die Meinungsfreiheit und ihre Grenzen. »Zensur!« ist der Schlachtruf. – Zensur? Wirklich? Woher kommt eigentlich das immer stärker verbreitete Gefühl, kontrolliert und gegängelt zu werden, seine Meinung nicht mehr offen sagen zu können, unfrei zu sein – obwohl doch Zensur in westlichen Demokratien längst tabu ist? Oder etwa nicht?

Aktuell vollzieht sich in der Tat ein spürbarer Wandel im Umgang mit Zensur und Meinungsfreiheit. Ein Wandel, der viel mit einem sich verändernden gesellschaftlichen Selbstverständnis zu tun hat.

Um diesen fundamentalen Veränderungsprozessen in

unserer Gesellschaft auf die Spur zu kommen, gilt es zunächst die ›klassische‹ Zensur besser zu verstehen: jene formelle Beschränkung der Meinungsfreiheit, die die Mächtigen seit Jahrhunderten praktiziert haben und heute immer noch überall auf der Welt praktizieren. Denn auch wenn die historische Langzeitperspektive eine allgemeine, globale Demokratisierung zeigt, existiert weiterhin massive Zensur. Welche Logik steht hinter der klassischen Zensur, verstanden als formell ausgeübte Kontrolle bzw. Verbot von Äußerungen? Wie argumentieren Zensoren und welche Ziele haben sie? Haben sie Erfolg – oder scheitern sie nicht sowieso immer? Wie genau sieht klassisch-formelle Zensur heute aus, und hinter welchen Decknamen versteckt sie sich? Häufig ist das Wort ›Zensur‹ gerade dort tabu, wo das Phänomen besonders präsent ist.

Doch es gibt auch den umgekehrten Fall, dass Zensur zwar nicht in Sicht, aber in aller Munde ist. Sie wird zum inflationär verwendeten polemischen Kampfbegriff, in der Politik ebenso wie in Kunst und Kultur. Doch was passiert, wenn der Zensurbegriff überstrapaziert wird, wenn er sich abnutzt? Wenn wir überall Zensur wittern, wo eigentlich nur Kritik geübt wird? Ist die Waffe Zensur vielleicht schon stumpf geworden im Kampf für die Meinungsfreiheit?

Zensur wird allerdings in unserer Gesellschaft nicht nur geschmäht, sondern auch gewünscht. Die Offenheit für abweichende Meinungen scheint allgemein auf dem Rückzug zu sein; wenig komplexe Weltbilder werden immer beliebter. Wer genau wünscht sich heute engere Grenzen der Meinungs- und Redefreiheit und warum? Die einen wollen für Ungerechtigkeiten sensibilisieren und befürworten deshalb rigide Grenzen der Rede- und Meinungsfreiheit. Die anderen erinnert das an totalitäre politische Systeme; sie beklagen hypersensible Gesinnungsdiktatur und moralische Zensur. Wie kann man hinter

diesen platt-polemischen Gegensatz gelangen? Wie lässt sich die
komplexe Situation analysieren, ohne sofort Recht und Unrecht
zu verteilen?

Schließlich folgt eine Sondierung der aktuellen Lage. Ist die
Zensur wirklich zurück – mitten in unserer freien Gesellschaft,
zwischen lautem Zensurgeschrei hier und kaum leiserer Zensursehnsucht dort? In der Tat ist das Thema auch in offenen, demokratischen Gesellschaften nicht erledigt. Die Zensur hat heute
andere Gesichter, die schwerer zu erkennen sind. Ihre Player
sind andere geworden, ihre Methoden subtiler, versteckter. Damit stellen sich auch andere Fragen zu freier Rede und Zensur:
Welche Rolle spielen die Kontrollmechanismen des Marktes in
einer globalisierten Welt? Wie wirken sich die Verflechtungen
von Wirtschaft, Politik und Medien auf die Meinungsfreiheit
aus? Inwiefern beeinflussen uns Algorithmen, Filterblasen und
Löschaktionen sozialer Netzwerke?

Gewöhnen wir uns an eine neue Unfreiheit? Das sind provokative, aber berechtigte Fragen. Einfache Antworten sind nicht
zu erwarten.

Kassel, im Juli 2018
Nikola Roßbach

KAPITEL I
Zensur classic: Die Macht und das Wort

Keine Zensur gibt es nicht. Seit Menschen denken, sprechen, schreiben, lesen, existiert auch die zensorische Restriktion dieser Praktiken. In Europa wurde Zensur mit dem Aufstieg des Feudalismus und der frühneuzeitlichen Medienrevolution durch den Buchdruck zu einem wichtigen Mittel geistlicher und weltlicher Herrschaftsabsicherung. Und sie ist es, aus globaler Perspektive betrachtet, bis heute geblieben.

Doch was ist Zensur eigentlich? Leider lässt sich darauf keine allgemeingültige, eindeutige Antwort geben. Es ist unbefriedigend, andererseits aber auch ziemlich normal, wenn sich Sprache nicht auf einen eindeutigen Begriff bringen lässt. Gerade Abstrakta sind meistens sprachliche Chamäleons. Es gibt unzählige Zensurdefinitionen: weite und enge, juristische und alltagssprachliche, politische und historische, sozial- und literaturwissenschaftliche. Am einen Ende der Skala wird Zensur ganz eng definiert, als eine vom Staat ausgehende Vorprüfung einer zur Veröffentlichung bestimmten Rede. Am anderen Ende der Skala bedeutet sie so ungefähr jede Form von Meinungsäußerungskontrolle in einer Gesellschaft, ob nun präventiv oder nachträglich, ob vom Staat oder der Kirche ausgehend oder von anderen Institutionen, Gruppen oder Einzelpersonen. Je nach Ziel und Zweck der begrifflichen Festlegung, je nach Situation und Kontext kann Zensur etwas ganz Unterschiedliches meinen.

1 ZENSUR UND RECHT

Die Frage danach, was Zensur bedeuten kann, stellt sich zunächst vor der eigenen Haustür, in Deutschland. Wenn alles mit ›rechten‹ Dingen zuginge, würde man hier allerdings gar nicht fündig werden. Denn, so steht es zumindest im Grundgesetz für die Bundesrepublik Deutschland, Artikel 5, Absatz 1: »Jeder hat das Recht, seine Meinung in Wort, Schrift und Bild frei zu äußern und zu verbreiten und sich aus allgemein zugänglichen Quellen ungehindert zu unterrichten. Die Pressefreiheit und die Freiheit der Berichterstattung durch Rundfunk und Film werden gewährleistet. Eine Zensur findet nicht statt.«

Und was genau findet in Deutschland *nicht* statt? Die Juristen sind sich da einig. Sie haben überwiegend ein enges Verständnis von Zensur und praktizieren das auch so in der Rechtsprechung: Sie interpretieren den Grundgesetzartikel so, dass er sich ausschließlich auf ein vom Staat ausgehendes präventives Verbot von Meinungsäußerung bezieht. Und das *darf* zumindest nicht stattfinden. Tatsächlich darf man in offenen, freien Gesellschaften sehr viel sagen – was im Umkehrschluss bedeutet, dass man auch sehr viel aushalten muss. Meinungsfreiheit schließt die Meinung des anderen ein, wie dumm und beschränkt, wie überheblich oder engstirnig, wie verrückt oder gar wahnsinnig sie einem auch erscheinen mag.

Doch Artikel 5 des Grundgesetzes ist damit bekanntlich noch nicht zu Ende – die Meinungsfreiheit ist nicht grenzenlos. Es folgt die sogenannte Schrankentrias. Absatz 2 knüpft an den ersten an: »Diese Rechte finden ihre Schranken in den Vorschriften der allgemeinen Gesetze, den gesetzlichen Bestimmungen zum Schutze der Jugend und in dem Recht der persönlichen Ehre.« Der Satz beschreibt Fälle, in denen eine Kontrolle von

Meinungsäußerung eben doch sein darf, wenn sonst andere Rechtsgüter beschädigt würden. Solche Rechtsgüter sind zu finden in den ›allgemeinen Gesetzen‹ – eine sehr vage Formulierung –, im Jugendschutz und im Persönlichkeitsschutz. Es gilt abzuwägen.

Ich nenne Beispiele: Ein Aufruf zu einer Straftat ist in Deutschland nicht vom Recht auf Meinungsfreiheit gedeckt. Ebenso wenig eine Anleitung zum Suizid – der Schutz des Lebens ›schlägt‹ die Meinungsfreiheit. Auch darf man nichts äußern, was die Würde einer Person verletzt oder Gewalt verherrlicht, man darf keine Volksverhetzung und keine Verunglimpfung des Andenkens Verstorbener betreiben und so weiter. Wenn nun in solchen Fällen eine Äußerung mit Rechtsmitteln kontrolliert oder gar verboten wird, bezeichnen Juristen diesen Vorgang nicht mehr als ›Zensur‹. Sie sprechen dann von der gerichtlichen Ahndung rechtswidriger Tatbestände.

Die Zensurforschung sieht das oft anders. Dieter Breuer zum Beispiel hat in seinem Standardwerk zur *Geschichte der literarischen Zensur in Deutschland* einen eher weiten Zensurbegriff: Er bezeichnet auch gerichtliche Prozesse gegen Literatur, wie sie beispielsweise in der Weimarer Republik zahlreich stattfanden, als »Zensurverfahren«.

Wolfram Siemann hingegen, ein anderer bedeutender Zensurforscher, nennt eine solche weite Begriffsverwendung wenig erkenntnisfördernd. Er bevorzugt einen strengen Zensurbegriff, gebunden an »öffentliche, staatliche autoritative Herrschaft«. Er will das Wort ›Zensur‹ reservieren für das »streng formelle Verfahren, amtlich Genehmigung erteilen und durch staatliche Herrschaft Einfluß nehmen zu wollen«. Das erscheint wiederum recht eng gefasst; ein solcher Begriff erfasst ja nicht einmal die geistliche Zensur, die doch in der Zensurgeschichte, vor allem in der Geschichte der katholischen Kirche, eine fundamentale Rolle gespielt hat. Hinzu kommt, dass ein enger Zensurbegriff sehr starr ist und neue, informelle Formen der Meinungsäußerungskontrolle nicht einfangen kann, selbst wenn sie ebenfalls sehr umfassend wirken, systematisch organisiert und institutionalisiert sind. Zum Beispiel Formen, wie sie gerade in digitalen Zeiten immer virulenter werden.

Sinnvoll erscheint mir allerdings Siemanns strikte Trennung von Zensur und Rechtsstaatlichkeit: In Deutschland habe im 19. Jahrhundert die Entwicklung von der Zensur zur Rechtsstaatlichkeit stattgefunden. Zwar gebe es durchaus auch Gemeinsamkeiten zwischen Zensur im Obrigkeitsstaat einerseits und Grundrecht im Verfassungsstaat andererseits: Beide setzten der Meinungsfreiheit Schranken. Darum seien sie aber noch lange nicht über einen Leisten zu schlagen. Begrenzung der Meinungsfreiheit durch Gesetze, die kollidierende Rechtsgüter (wie Persönlichkeit, Menschenwürde, Jugendschutz, Leben) schützen wollen, »generell und überall ›Zensur‹ zu nennen, auch unter den Bedingungen des Rechtsstaats, ist absurd«, erklärt Siemann.

In der Tat verliert der Zensurbegriff durch eine direkte Analogie von Rechtsstaatlichkeit und Zensur, wie sie in der geistes- und sozialwissenschaftlichen Forschung häufig vorkommt, deutlich an Schärfe. Die Frage ist: Soll man ein rechtsstaatliches Verfahren – das Rechtsgüter öffentlich gegeneinander abwägt, und zwar in einer Demokratie, in der die Gewaltenteilung von Legislative, Judikative und Exekutive herrscht –, soll man ein solches Verfahren wirklich begrifflich vermengen mit klassisch-formellen Verbotspraktiken, bei denen rechtsstaatliche Instrumente wie Anklage, Verteidigung usw. ja gerade *nicht* vorgesehen sind? Ich meine nicht. Der klare, historisch begründbare Unterschied zwischen diesen beiden Phänomenen sollte auch sprachlich sichtbar sein.

Hinzu kommt allerdings ein weiterer Aspekt: Dass Rechtsstaatlichkeit und Zensur nicht in einen Topf zu werfen sind, heißt natürlich nicht, dass Rechtsstaatlichkeit Zensur prinzipiell und immer verhindere. Wie schön das wäre! Es zu glauben, ist naiv bis gefährlich. Die Geschichte, zumal die deutsche, lehrt zur Genüge, dass man sich auf Gesetze auch in einem demokratischen System nicht ein für alle Mal verlassen kann. Sie sind nicht in Stein gemeißelt, weder unantastbar noch heilig. Menschen haben sie gemacht und können sie wieder ändern, zum Positiven und zum Negativen hin. »All animals are equal«, heißt es in George Orwells politischer Parabel *Animal Farm* (1945), in der die Tiere eines Bauernhofes eine Gemeinschaft von gleichberechtigten und freien Wesen bilden wollen. Doch irgendwann verändern die Schweine das Gebot und ergänzen: »but some animals are more equal than others«. Natürlich sind es die Schweine selbst, die gleicher sind als die anderen Tiere. Die Demokratie mutiert zur Diktatur.

Auf das Thema Zensur übertragen bedeutet das: Auch die Judikative eines demokratischen Staates muss unter kritischer Dauerbeobachtung bleiben. Bei neuen Gesetzesvorhaben ist zu prüfen, ob sie die Meinungsfreiheit womöglich in unzulässiger Weise einschränken. Im schlimmsten Fall könnte ein neues Gesetz als Feigenblatt für Zensur fungieren – die so von Diktatoren in spe heimlich, still und leise wieder eingeführt würde. Auch dafür hält die Geschichte, nicht nur die deutsche, düstere Beispiele parat.

Gesetzgebung, die missbraucht wird, um Zensur zu legitimieren: Besonders berüchtigt für eine gesetzlich legitimierte Wiedereinführung von Zensur sind in der deutschen Geschichte die 1920er- und 1930er-Jahre. Schon die Weimarer Republik schränkte die Rede- und Publikationsfreiheit immer mehr ein, etwa durch das Gesetz zum Schutz der Republik von 1922 und durch das Schmutz-und-Schund-Gesetz von 1926. Mit den ab

1931 in Kraft tretenden Pressenotverordnungen waren dann nicht einmal mehr die Gerichte für Bücherverbote zuständig, sondern die staatliche Polizei. Die Zensur zeigte nun unverhüllt und offen ihre hässliche Fratze.

Man muss jedoch gar nicht so weit in die deutsche Geschichte zurückgehen, um einen Konflikt zwischen Gesetzgebung und Meinungsfreiheit aufzuspüren. Ein ganz anderes Beispiel, das zumindest Analogien zur Zensur erkennen lässt, stammt mitten aus der Bundesrepublik der 1970er-Jahre. Damals verbreitete die RAF gerade mit terroristischen Gewalttaten Angst und Schrecken. Als Konsequenz daraus wurde das Strafrecht geändert. Man wollte dem Linksextremismus mit Anti-Terror-Gesetzen energisch den Kampf ansagen. Ab Mai 1976 standen daher in der BRD neu unter Strafe: die verfassungsfeindliche Befürwortung von Straftaten, die Störung des öffentlichen Friedens durch Androhung von Straftaten, die Anleitung zu Straftaten und die Belohnung und Billigung von Straftaten.

Als problematisch erwies sich insbesondere der Paragraf 88a zur Befürwortung von Straftaten – problematisch für die im Grundgesetzartikel 5 Absatz 3 garantierte Kunstfreiheit. In der allgemeinen Terrorismushysterie machte man nämlich keinen Unterschied zwischen Sachtexten und Fiktionen. Wenn also eine erfundene Romanfigur eine ›Straftat befürwortete‹, war das genauso gravierend wie bei einem echten Terroristen. Was ein Autor oder eine Autorin denkt und sagt und was seine oder ihre Figur denkt und sagt, wurde gleichgesetzt. Ein ziemlich veraltetes Literaturverständnis – und zudem eines mit weitreichenden Konsequenzen. Die Frage liegt nahe: Müsste man dann nicht eigentlich fast jeden Kriminalroman verbieten? In Krimis wimmelt es doch nur so von zwielichtigen Gestalten mit hoher krimineller Energie, denen eine Befürwortung von Straftaten mühelos über die Lippen kommt. Und wenn ein Ritter, ein Cowboy, ein ganz

normaler Bürger in einem Roman ruft: »Tötet ihn!« – auch dann
wäre der Straftatbestand von Paragraf 88a ja schon erfüllt.

Zu Recht erntete der neue Strafrechtsparagraf heftigen Protest, vor allem vonseiten der Kultur- und Literaturschaffenden.
Vertreter der politischen Linken formierten sich im sogenannten
dritten ›Russell-Tribunal‹ und untersuchten von 1977 bis 1979 die
Situation der Menschenrechte in der BRD. Das Tribunal kam zu
dem Schluss, dass die terrorbedingten Strafrechtsänderungen
durchaus eine Form von Zensur darstellten. Es sei notwendig,
die Menschenrechtssituation hierzulande weiterhin kritisch zu
beobachten. Der breite Protest der Intellektuellen hatte Erfolg:
Im Jahr 1980 kassierte der Bundestag den Paragrafen 88a. Er verschwand aus dem Strafgesetzbuch. Rückblickend sah man also
die durch ihn bedingte Einschränkung der Meinungsfreiheit als
gegenüber dem Grundgesetz nicht gerechtfertigt an.

Es bleibt festzuhalten: Zu einer selbstkritischen, offenen Demokratie gehört es unbedingt dazu, stets von Neuem, wenn ein
konkreter Anlass dazu besteht, über die Frage zu streiten: Noch
Gesetzgebung oder schon Zensur? Nicht immer wird dabei ein
Konsens erreicht.

Ein weiteres Beispiel für den Konflikt zwischen Gesetzgebung und Meinungsfreiheit, bei dem sich auch die Juristen
selbst uneinig sind, ist die Leugnung des Holocaust. Sie steht
in Deutschland unter Strafe. Das erscheint zunächst einmal ein-
leuchtend, vor allem aus moralischen Gründen. Es ist höchst
unmoralisch, der größten Tragödie des 20. Jahrhunderts nicht
mit historischer Verantwortung, mit Achtung und tief empfun-
denem Mitleid zu begegnen. Doch – hier kommt das Gegenar-
gument – ein unmoralisches Verhalten ist ja grundsätzlich nicht
verboten. Wir dürfen uns in unserer Alltagswelt, im Beruf und
im Privatleben, im Straßenverkehr und in der Politik ja auch wie
Arschlöcher benehmen – warum nicht hier? Warum ist die Holo-

caust-Leugnung nicht eine zwar verwerfliche, aber doch legitime
Meinungsäußerung? Sonst darf man doch auch lügen, alle lügen
jeden Tag. Und wer *fake news* und ›alternative Wahrheiten‹ verbreitet, wird bekanntlich weder hier noch in den USA bestraft.

Die Ausnahme, die das Gesetz für den Holocaust macht, ist
historisch begründet: Man darf die Ermordung der Juden nicht
leugnen, weil es das Andenken Verstorbener verunglimpft und
volksverhetzend ist. Der entsprechende Paragraf 189, »Verunglimpfung des Andenkens Verstorbener«, im bundesdeutschen
Strafgesetzbuch ist denkbar kurz: »Wer das Andenken eines
Verstorbenen verunglimpft, wird mit Freiheitsstrafe bis zu zwei
Jahren oder mit Geldstrafe bestraft.« Während hier gar nicht erläutert wird, was ›Verunglimpfung‹ überhaupt bedeutet, fühlt
sich der Gesetzgeber zu wesentlich breiteren Ausführungen veranlasst, wenn es um ›Volksverhetzung‹ geht. StGB-Paragraf 130
führt zunächst aus, inwiefern die Störung des öffentlichen Friedens strafbar ist, und kommt dann im dritten und vierten Absatz konkret zum Thema Nationalsozialismus: Bestraft wird, wer
»eine unter der Herrschaft des Nationalsozialismus begangene
Handlung der in Paragraph 6 Absatz 1 des Völkerstrafgesetz-
buches bezeichneten Art in einer Weise, die geeignet ist, den
öffentlichen Frieden zu stören, öffentlich oder in einer Versammlung billigt, leugnet oder verharmlost«, ebenso, »wer öffentlich
oder in einer Versammlung den öffentlichen Frieden in einer die
Würde der Opfer verletzenden Weise dadurch stört, dass er die
nationalsozialistische Gewalt- und Willkürherrschaft billigt, verherrlicht oder rechtfertigt«.

Übrigens ist die Holocaust-Leugnung nicht nur in Deutschland verboten. In den Gesetzbüchern vieler Länder gilt sie als
Rassismus, Störung der öffentlichen Ordnung oder Beleidigung.
In den USA ist das anders, für Holocaust-Leugnende gilt dort die
freedom of speech, auch wenn die Wirklichkeit des Holocaust im

Jahr 1981 in einem Gerichtsurteil des Superior Court von Kalifornien bestätigt wurde. Immerhin kann man einen Holocaust-Leugner vor dem amerikanischen Zivilgericht auf Schadensersatz verklagen.

Jetzt sind wir schon mittendrin in den kontroversen Debatten über Zensur und Recht – wo ich doch als Nichtjuristin eigentlich gerade nicht ins juristische Detail gehen wollte. Was Zensur allgemein eigentlich sei, das war die Frage. Die Antwort darauf ist sofort ins Weite und Uferlose geraten, und das, obwohl die Frage nur an einem kleinen Zipfel, nämlich dem juristischen, angefasst wurde.

Ich selbst arbeite hier mit einem Zensurbegriff, der über die verfassungsrechtliche Definition staatlichen Präventivhandelns hinausgeht und trotzdem klar von einer vagen Gesellschaftsdiagnose allumfassender Kontrolle abzugrenzen ist. Zensur ist nach meinem Verständnis eine umfassende, strukturell und institutionell verankerte Kontrolle, Beschränkung oder Verhinderung von zur Veröffentlichung bestimmter oder veröffentlichter Meinungsäußerung. Das hört sich jetzt fast genauso sperrig an wie eine juristische Definition, wird aber im Laufe dieses Buches klarer werden.

Festzuhalten bleibt an dieser Stelle: Zensur ist in Deutschland, wie in vielen anderen modernen westlichen Staaten, verfassungswidrig. Die Freiheit der Meinung ist ein hohes, rechtlich geschütztes Grundrecht. Doch auch diese Freiheit hat Grenzen, wenn etwa das Leben, die Würde oder das Persönlichkeitsrecht eines Menschen oder die Sicherheit eines Staates bedroht sind. Das leuchtet erst einmal ein – doch Achtung: Grenzen können sich unmerklich verschieben und schließlich die Meinungsfreiheit bedrohen. Diese muss eine Gesellschaft beschützen und immer wieder ein- und ausüben. Dazu gehört, dass man diskutiert: über Freiheit oder Unfreiheit des Wortes, über echte oder

vermeintliche Zensur. Dabei darf man verschiedenste Ansichten
vertreten, treffend oder falsch argumentieren. Man darf sogar
lügen, mit allen Konsequenzen. Genau das ist Freiheit.

2 DER EISBERG DER ZENSUR: ANFÄNGE

Die Sache mit der Zensur kann also nicht als erledigt betrachtet
werden. Auch eine demokratische Verfassung verhindert nicht,
dass das Thema Zensur eine offene Wunde bleibt. Ein Unruhe-
herd, ein Fragezeichen, ein Ausrufezeichen. Das liegt vor allem
an Freiheitsbeschränkungen, die der klassische, formell-staatliche Zensurbegriff nicht erfasst. Eine verfassungsrechtliche Ga-
rantie der Meinungsfreiheit verhindert längst nicht alles, was wir
allgemein und alltagssprachlich unter ›Zensur‹ verstehen. Die
meisten Formen von Meinungsunfreiheit bekommt die Rechts-
sprechung nicht in den Blick. Im Alltag und auch in der Wissenschaft wird Zensur sehr viel weiter definiert als im Gesetzbuch.
    Sie meint zum Beispiel auch die Kontrolle und Unterdrü-
ckung eigener Meinungsäußerung: die Selbstzensur. Dabei
handelt es sich nicht um eine formelle Zensur im klassischen
Sinn – wohl aber um eine strukturell wirksame und daher nicht
weniger mächtige Form der Zensur. Zur Selbstzensur gehören
nicht nur ungeschriebene Bücher und Manuskripte in Schubladen, unterdrückte Blogbeiträge oder ungehaltene Reden. Dazu
können auch zahme Verlagspolitiken und Medienstrategien gehören. Was *nicht* zur Selbstzensur gehört, sind alle möglichen
Formen der sozialen Selbstkontrolle, auch wenn sie manchmal
dazu gezählt werden. Wenn man dem Phänomen da auf die Spur
kommen will, wo es wirklich weh tut, macht es wenig Sinn, bei
der Einhaltung von Tischmanieren oder des Dresscodes Selbstzensur zu beklagen. Genauso wenig ist eine freiwillige, bewusste

Entscheidung für ein sensibles gesellschaftliches Handeln, etwa die Verwendung einer geschlechtergerechten Sprache, sinnvoll als Selbstzensur zu bezeichnen. Umso klarer muss Selbstzensur benannt werden, wenn Menschen ihre Meinung aufgrund empfundenen oder ausgeübten Drucks von außen nicht frei äußern – um sich oder andere nicht zu gefährden, um wirtschaftlichen, politischen, gesellschaftlichen Misserfolg zu vermeiden, um keinen Shitstorm zu ernten.

Die staatlich-formelle Zensur, die demokratische Verfassungen verbieten, stellt also immer nur die Spitze eines Eisberges dar. Im Verborgenen herrschen informelle, subtile Formen der Kontrolle und Beschränkung freier Rede, die man als Zensur oder zumindest als zensurähnlich beschreiben kann. In diesem Kapitel geht es allerdings gerade nicht um das, was sich unter Wasser abspielt. Es geht um die weithin sichtbare Spitze des Eisbergs, hart und schneidend kalt: Zensur *classic*. Auf die Geschichte jener klassischen Zensur werden nun wenige Schlaglichter geworfen, vom 15. Jahrhundert bis heute. Natürlich im extremen Zeitraffer. Es geht um Praktiken, Motive und Argumente der Zensur, ihre Logik und die damit verbundene Frage nach der Macht von Literatur.

Am Anfang steht eine sehr kurze Erzählung: »Gottes Zorn gegen die Menschen war groß, denn sie hielten sich nicht an die Gesetze. Sie fluchten und lästerten, betrogen, soffen und schwelgten im Luxus. Da ließ der Schöpfer Teuerung, Krieg, Pest und andere mannigfaltige Plagen über sie kommen.« Die – sinngemäß wiedergegebene – Erzählung stammt aus der Mitte des 16. Jahrhunderts. Sie stammt nicht etwa von einem engagierten Pfarrer, einem Moralprediger, der seine Schäfchen mithilfe des Alten Testaments auf den Pfad der Tugend zurückführen will. Nein, es ist der Kaiser des Heiligen Römischen Reiches Deutscher Nation höchstpersönlich, der die Geschichte erzählt. Sie findet sich in der sogenannten *Reichspolizeiordnung* vom 30. Juni 1548. Mit Schäfchen und Tugendpfaden hat die Sache allerdings durchaus etwas zu tun.

Was war passiert? Karl V. war der Kragen geplatzt. Offenbar hörte keiner so richtig auf ihn: »Gottes gebot, auch unser vorfaren, unnd unsere Satzungen, Ordnungen und ermanungen« hätten bislang wenig oder nichts gefruchtet; sie seien vielmehr vergessen und missachtet worden. Außerdem tadelt er, dass die Obrigkeiten beim Strafen zu nachlässig seien: Nicht einmal die Regierungen der einzelnen Territorien nahmen seine Vorschriften ernst. Das alles nahm nicht nur Karl, sondern auch Gott übel. Um dessen Strafen zu entkommen, hatte sich nun der Kaiser – so erzählt er es – auf dem Reichstag von Augsburg mit Fürsten und Ständen beraten, wie »grausame Gottes lesterunge, schwür, und flüche, und andere unzimliche verbottene laster« vermieden werden könnten. Seine Lösung: weitere Vorschriften und Strafandrohungen. So begründete er die vorliegende *Reichspolizeiordnung*, die verschiedenste Themen behandelt: Gotteslästerung, Stände- und Kleiderordnungen, Handel und Handwerk, Betrug mit gefärbtem Ingwer, ›leichtfertige beywonung‹ und vieles mehr. Darunter eben auch Zensurregelungen, die augenscheinlich bislang kaum jemand im Alten Reich befolgte. Denn obwohl doch eigentlich keine Schmähschriften gedruckt und verkauft werden dürften, halte sich keiner daran. Im Gegenteil, es kamen immer mehr in Umlauf. Daher die schlechte Laune des Kaisers.

Zum wichtigen politischen Thema war die Zensur bereits im 15. Jahrhundert geworden, seit der großen Medienrevolution aus Mainz. Durch den Einsatz der neuen Drucktechnik mit beweglichen Lettern verbreitete sich Wissen plötzlich viel weiter und schneller. Das beunruhigte geistliche und weltliche Herrscher gleichermaßen. Zu viel Wissen kann gefährlich sein – das empfinden auch die Mächtigen von heute so. Damals war es die Kirche, die zuerst auf die neue Gefahr reagierte: Der Mainzer Erzbischof Berthold von Henneberg, zugleich Kurfürst und Erzkanzler, machte 1485/86 den Anfang mit zensurrechtlichen Bestimmungen. Nicht zufällig geschah das am Wirkungsort des Druckers Johannes Gutenberg. Zehn Jahre später zog der Kaiser in Wien nach: Maximilian I. setzte 1496 mit dem »Generalsuperintendenten des Büchereiwesens in Teutschland« einen ersten Zensor ein. Ihm folgten nach und nach die Territorialfürsten.

Das 16. Jahrhundert arbeitete weiter daran, Zensur effektiver zu machen. Der bedeutendste Auslöser war dabei natürlich der Fall Luther. Zur Erinnerung eine kleine Chronologie: Am 31. Oktober 1517 schrieb der Reformator seine 95 Thesen nieder, am 10. Dezember 1520 verbrannte er die päpstliche Bannandrohungsbulle, am 17./18. April 1521 widerrief er bei seiner Anhörung im Rahmen des Wormser Reichstags seine Schriften *nicht*, was zur Reichsacht durch Karl V. am 26. Mai 1521 führte. Nicht, dass das irgendetwas gebracht hätte. Die Verbreitung von Luthers Ideen und damit die Reformation wurden so keineswegs verhindert. Zeitgenossen berichteten beispielsweise aus Straßburg, wie Luthers Bücher auf dem Markt feilgeboten wurden, während daneben die kaiserlichen und päpstlichen Erlasse des Verbots angeschlagen waren; so gibt es der Literaturwissenschaftler Bodo Plachta in seinem *Zensur*-Band wieder.

Der Kampf um den rechten Glauben gab dem Thema Zensur dennoch eine ganz besondere Schubkraft: 1529 führte der Reichstag die Vorzensur ein, mit der jede Schrift noch vor dem Druck einem Zensor vorgelegt werden musste. Ein Jahr später folgte schon die Impressumspflicht: Ab jetzt mussten Verfasser, Drucker und Druckort namentlich auf dem Titelblatt stehen. Das funktionierte aber (noch) nicht wirklich. Erstens fehlten administrative Strukturen zur Durchsetzung der Zensurmaßnahmen – und\manchmal wohl auch der Wille der Verantwortlichen vor Ort, wie der Kaiser misstrauisch vermutete. Zweitens macht Zensur eben auch kreativ: Man erfand falsche Namen, fingierte Verlagsorte und Verleger. Der berühmteste Fall ist der 1663 ›gegründete‹ Verlag Pierre Marteau bzw. Peter Hammer in Köln, der nie existiert hat und dennoch im 18. Jahrhundert immer populärer wurde. Er hielt sich bis 1848 als gerne verwendetes Fake-Impressum und führte damit die Zensur an der Nase herum.

Und doch, bei aller Holprigkeit des Starts, was die frühneuzeitlichen Zensurpraktiken betrifft: Es steht außer Zweifel, dass geistliche und weltliche Herrscher sich seit der Erfindung des Drucks immer mächtiger gegen die freie Meinungsäußerung ins Zeug legten. Betroffen waren Schriftwerke, später auch andere Künste: Unter anderem Gemälde, Abgüsse und Schnitzereien listet die erwähnte *Reichspolizeiordnung* von 1548 auf. Seit 1570 durfte es nur noch in Reichs-, Residenz- und Universitätsstädten Druckereien geben, seit 1577 existierte eine Nachzensur, bei der bereits gedruckte Schriften bei Buchhändlern und Käufern noch einmal geprüft und gegebenenfalls aus dem Verkehr gezogen wurden. Seit 1597 schließlich überwachten Bücherkommissionen die Messen in Frankfurt und Leipzig.

3 SCHUTZBEHAUPTUNGEN. DIE LOGIK DER ZENSUR

So fing also alles an mit der Zensur in Europa. Und warum das Ganze, wozu der riesige Aufwand? Orhan Pamuk sagt, Zensur habe keine Logik. Damit meint er, dass zensorisches Handeln der Mächtigen nicht nachvollziehbar sei – und er hat recht: Nachvollziehbarkeit und Berechenbarkeit sind in der Tat keine Merkmale zensorischer Praktiken. Gerade durch Inkonsequenz und

Willkür von Zensur versuchen Herrschende, eine Atmosphäre der Angst entstehen zu lassen.

Eine bestimmte Art von ›Logik‹ hat Zensur trotzdem, und zwar im Sinne ihrer Ziele, ihrer Denk-, Handlungs- und Argumentationsweise. Ziel Nummer eins derjenigen, die Zensur ausüben, ist ohne Zweifel, die eigene Position abzusichern, den Status quo zu erhalten. Das war immer so und ist es noch heute – auch wenn die offizielle Legitimation von Zensur natürlich anders klingt. Zum Beispiel so: Mit Zensurvorschriften erstrebe ich, Karl V., die »pflantzung/ unnd erhaltung Cristenlicher Lieb und eynigkeyt/ und verhüttung/ unruhe und weiterung/ so daraus volgen möchte«.

Einigkeit, Ruhe, Ordnung, Frieden, Sicherheit: Nicht nur im Jahr 1548, nicht nur in der Ära des Frühabsolutismus waren das gängige Schutzbehauptungen der Zensur. Im Jahr 1819 erschien in Paris ein interessantes Bändchen, in dem der ehemalige Generalstaatssekretär Baron Locré de Roissy Diskussionen im Staatsrat um und mit Napoleon aus den Jahren 1808 bis 1811 wiedergibt: *Discussions Sur La Liberté De La Presse, La Censure, La Propriété Littéraire, L'Imprimerie Et La Librairie*, also ›Gespräche über Pressefreiheit, Zensur, literarisches Eigentum, Druckerei und Buchhandel‹. Als Vorlage dienen dem französischen Sekretär seine eigenen Aufzeichnungen, die er als unparteiischer Historiker präsentieren möchte. Es sind bemerkenswert differenzierte Gespräche, die da offenbar stattgefunden haben. Nichtsdestoweniger legt Napoleon selbst, der hier als Gesprächsteilnehmer N*** geführt wird, ebenso apodiktisch wie pragmatisch fest, was Zensur ist und wozu sie dient: »Nun, was ist die Zensur? Es ist das Recht, die Äußerung von Gedanken zu verhindern, die den Frieden des Staates, seine Interessen und seine Ordnung stören. Die Zensur muss daher immer entsprechend dem Zeitalter, in dem man lebt, und gemäß den

Umständen, in denen man sich befindet, angewandt werden.«
Soweit Napoleon.

Zensur argumentiert vor allem restaurativ. Sie will zunächst
einmal bewahren, zumindest wiederherstellen. Sie denkt Zukunft als Verlängerung der Gegenwart oder sogar der Vergangenheit. Die immer gleiche Leier der Zensur klingt ungefähr so:
Ich meine es doch nur gut mit euch! Ich sorge dafür, dass alles
so bleibt, wie es ist (oder wieder werden kann, wie es war, denn
früher war alles besser). Ich beschütze euch und eure Kinder vor
dem Bösen, vor euch selbst, vor Streit und Zwietracht, vor Revolution und Krieg. Wenn unsere Gesellschaftsordnung innen
stark und einig ist, ist sie auch nach außen unbesiegbar. Daher
ist es wichtig, Kritiker unter uns zum Schweigen zu bringen
und zusammenzuhalten! Vertraut mir. Ich beschütze euch und
mache unser Land (wieder) groß. – Hier redet natürlich schon
lange kein Habsburger Kaiser mehr und auch kein französischer
Diktator. Es könnte genauso gut ein autokratischer Regent des
21. Jahrhunderts sein.

»Ich meine es doch nur gut«: Zensur behauptet stets, das
Gute zu wollen, Ruhe, Ordnung und Frieden zu erhalten, Be-
stehendes zu schützen. In den frühneuzeitlichen Anfängen der
Zensur waren innere und äußere Stabilität sowie Sicherheit des
Staates, Kircheneinheit und später Konfessionsfrieden derartige
Standardargumente. Bis heute sind ›Schutzbehauptungen‹ hoch
im Kurs, gerade bei staatlicher Zensur. Sie dient nach der Logik
ihrer Verfechter stets dem Schutz von Individuen und Gesellschaft. Regierende wollen immer ihr Land schützen. Und natürlich den Weltfrieden erhalten.

Benjamin Franklin, der amerikanische Politiker und Natur-
wissenschaftler, erklärte 1755: Diejenigen, die die wahre Freiheit
aufgeben würden für eine kleine, vorübergehende Sicherheit,
verdienten weder Freiheit noch Sicherheit. Die Geschichte der

Zensur zeigt allerdings, dass die Menschen sich gerne beeindrucken lassen von Pro-Zensur-Argumenten, die Sicherheit und Ordnung stark machen. Und eben nicht nur in feudalabsolutistischen Gesellschaftssystemen oder totalitären Regimen. Auch in Demokratien wollten Menschen ruhig und in Frieden leben. Und lassen sich, früher wie heute, nur zu gern verführen von der Zensurlogik der Herrschenden: Wir geben euch Sicherheit, ihr gebt uns dafür von eurer Freiheit. Erst mal nur ein bisschen, und dann schauen wir mal. Wir kontrollieren euch – zu eurem Besten.

4 DIE RICHTUNG DES ZUGES. ZENSUR, VERÄNDERUNG UND MACHT

Allerdings war und ist nicht immer die Bewahrung des Status quo das Ziel der Zensur. Nicht immer sollte und soll sie das ›Weiter so‹ absichern. Manchmal kommt es in der Geschichte auch vor, dass Zensur *Veränderung* bewirken, Wandlungs- und Reformprozesse unterstützen soll. Werner Fuld illustriert den Zusammenhang von Zensur, Veränderung und Macht am Beispiel chinesischer Regenten vor rund 2.200 Jahren: Kaiser Qin Shihuangdi »wollte nur seine Herrschaft sichern und ließ 213 v. Chr. – als einer der ersten Bücherverbrenner – alle Schriften, in denen ›das Alte verherrlicht und das Neue herabgesetzt‹ wurde, kurzerhand vernichten. Nach seinem Tod kehrte sich die Geschichte um: Sein Palast wurde geplündert und alle ›neuen‹ Schriften ins Feuer geworfen. Das ist das Gesetz der Machtwechsel«.

Ein zeitlich und räumlich näher liegendes Beispiel stellt das Kurfürstentum Bayern zu Beginn des 19. Jahrhunderts dar. Hier hatten während des 18. Jahrhunderts noch altkirchliche Weltanschauungen dominiert. Die Zensur richtete sich vor allem gegen religionskritische Schriften der Aufklärung. 1799 kam ein

neuer Kurfürst an die Macht, Maximilian IV. Joseph, und mit
ihm sein Minister, der Graf von Montgelas. Unter der neuen politischen Konstellation hisste Bayern das Banner der Aufklärung.
Säkularisierung hieß die Parole, unter napoleonischem Einfluss,
und ihre Konsequenzen waren vernichtend. 1803 kam es zu einer
verheerenden Kulturrevolution: Die religiöse bayerische Kultur,
Kirchen und ganze Klosterbibliotheken wurden zerstört. Intoleranz ersetzte Intoleranz, nur noch systematischer, konsequenter,
professioneller. Aufklärung wurde per Dekret durchgesetzt. Das
wichtigste Herrschaftsinstrument, um kulturelle, geistige und
gesellschaftliche Veränderung zu erzwingen, war die Zensur.

Modell stand hier die Französische Revolution: Um Fortschritt, Gerechtigkeit, Vernunft, Freiheit zum Sieg zu verhelfen,
waren in Frankreich Kulturgüter in unvorstellbarem Ausmaß
vernichtet, königliche Archive und aristokratische Bibliotheken
verbrannt, Klöster aufgehoben worden. Einen Unterschied aber
gab es: Bei der französischen Säkularisierung hatte es keine
sachkundige Kommission gegeben, die die Bücher sortiert hatte, sondern die Bestände waren als Zeugnisse des Aberglaubens
unbesehen vernichtet worden.

Und nicht nur in Frankreich, nicht nur in Süddeutschland
sah man bis ins 19. Jahrhundert hinein die staatliche Kontrolle
und Lenkung von mündlichen und vor allem schriftlichen Meinungsäußerungen als unabdingbar an. Ganz allgemein erschien
völlige Freiheit der öffentlichen Kommunikation undenkbar.
Zwar übte man gegen Ende des 18. Jahrhunderts auf deutschsprachigem Gebiet verstärkt Kritik an den herrschenden Zensurpraktiken: In Zeitungen, Zeitschriften und Traktaten fand eine
engagierte öffentliche Debatte über Meinungs- und Pressefreiheit
statt. Doch auch die meisten kritischen Intellektuellen bezweifel-
ten damals noch nicht die grundsätzliche Notwendigkeit und den
Sinn von Zensur. Sogar aufgeklärte Geistesgrößen wie Gottfried

Wilhelm Leibniz und Christian Wolff setzten sich »vehement für eine an ethischen Maßstäben orientierte Censur« ein, konstatiert der Zensurforscher Wolfgang Wüst: »Censur konnte dann zum Gradmesser des Fortschritts werden.« Und sein Kollege Klaus Bohnen resümiert lakonisch: »Die institutionelle Zensur stand im Verbund mit einem nicht unerheblichen Teil der Gelehrtenwelt, die damit selbst das Recht auf Freiheit zu schreiben untergrub.«

Gefragt war also die *richtige* Zensur – die die *falschen* Bücher verbot. Und was genau waren die *falschen* Bücher? Den geistlich dominierten Zensurämtern des Alten Reiches war im 18. Jahrhundert vor allem die Literatur der Aufklärer ein Dorn im Auge gewesen. Romane oder philosophische Schriften, die Religion oder Kirche kritisierten, blieben in den Netzen der Zensur hängen. Dann aber fuhr der Zug plötzlich in die andere Richtung. Dort, wo aufgeklärte Ideen bei den Mächtigen allmählich Anklang fanden, bekämpfte die Zensur ab sofort altkirchliche Weltanschauungen als ›falsch‹. Und oft verfuhren solche ›aufgeklärten‹ Kulturrevolutionen weitaus radikaler als die Zensurpraxis der alten Mächte.

Was lässt sich daraus schließen? Sind feudalabsolutistische Systeme in Zensurangelegenheiten nachsichtiger als aufgeklärtabsolutistische oder republikanische? Kann es sein, dass ein System, das Gedankenfreiheit fordert, weniger Freiheit für die Gedanken bietet? Gerade in der Aufklärung – so möchte man meinen – hätte sich doch eigentlich das Fenster zur Freiheit weit geöffnet, hätte man die Zensur ganz abschaffen können. Die Zeichen standen auf Freiheit, Gleichheit, Toleranz. Die Meinungsfreiheit war doch eines der Hauptziele der Aufklärung!

Nun ja, schon, höre ich die Aufklärer in ihre Bärte murmeln, man muss es ja nicht gleich übertreiben ... Kommunikationsoffenheit, Liberalität, Pluralismus der Meinungen: All dies war auch im Jahrhundert der Aufklärung noch längst nicht Realität – und eben auch nicht erwünscht. Nicht für die meisten aufgeklärten Denker (eine große und frühe Ausnahme stellt hier Lessing dar) und erst recht nicht für die aufgeklärten Herrscher. Diese fürchteten in der totalen Pressefreiheit eine »Preßfrechheit«, so etwa der preußische König Friedrich Wilhelm II. im Jahr 1788. Zensur galt im 18. Jahrhundert immer noch als ein wichtiges Instrument zur Durchsetzung einer anderen, neuen, ›richtigen‹, sprich: der je eigenen Politik.

So mutig, ganz auf Zensur zu verzichten, war damals noch nicht einmal die revolutionäre Mainzer Republik, der damals wohl fortschrittlichste der deutschen Territorialstaaten. Um sie abzusichern, diese von 1792 bis 1794 existierende Republik, erschien ihren Führern eine staatlich-formelle Zensur unabdingbar. Wieder einmal waren Staatswohl und öffentliche Sicherheit die Argumente pro Zensur – und bei den aufgeklärten Revolutionären klangen sie auch nicht viel anders als bei den absolutistischen Monarchen, die sie gestürzt hatten und deren Herrschaftsstil sie eigentlich hinter sich lassen wollten.

Auch in späteren Zeiten gab es immer wieder Versuche, politische Veränderung (und eben nicht nur Statik) durch das Mittel der Zensur zu erreichen. So wollten nach dem Zweiten Weltkrieg die amerikanischen Besatzer den Deutschen mit einer strengen Zensur das braune Gedankengut austreiben und sie zu guten Demokraten umerziehen: Re-education hieß das Gebot der Stunde. Die Nazis hatten während des sogenannten Dritten Reiches alle kritischen Autoren notorisch unterdrückt und systematisch verboten. Nach 1945 gab man die strenge Verbotspolitik also nicht etwa im Sinne der Meinungsfreiheit auf, sondern ersetzte die alte durch eine neue institutionalisierte Vorzensur. Man führte sogar wieder schwarze Listen, auf denen nun andere Titel standen – Bücher mit braunem Gedankengut. Sie wurden per Verordnung aussortiert aus Bibliotheken und Buchhandlungen, ihre Publikation und Verbreitung wurden verboten. Doch auch gut gemeinte Zensur ist Zensur. Ist es nicht paradox, jemanden mit undemokratischen Mitteln demokratisch machen zu wollen? Müsste man stattdessen nicht freien Bürgerinnen und Bürgern das Selberdenken zutrauen? In der Tat empfand man in den Westzonen schon bald diesen Widerspruch, Freiheit durch Unfreiheit anzustreben, sehr deutlich. Das Projekt der *Re-education* war hier nicht von langer Dauer.

Im Osten sah es anders aus. Auch im kommunistischen Teil Nachkriegsdeutschlands, der Sowjetischen Besatzungszone und nachfolgend der Deutschen Demokratischen Republik, wollte man rechte Ideen nach dem Zweiten Weltkrieg ausrotten. Aber es ging um weit mehr: die Umgestaltung der Gesellschaft nach sowjetischem Vorbild im Sinne des Sozialismus. Während sich ab Mitte 1947 der ideologische Umschulungszwang in den westlichen Besatzungszonen lockerte, verschärfte er sich im Ostteil Deutschlands umso massiver. Zensurkriterium für Kunst und Literatur war der sozialistische Realismus sowjetischer Prägung – und mit der »Gleichschaltung aller politischen Kräfte« etablierte sich eine neue Diktatur. Auch die Staatsgründung der DDR am 7. Oktober 1949 änderte nichts an der Situation, nur der Zensor veränderte sich.

Das alles ist hinlänglich bekannt, wurde schon soziologisch, psychologisch, historisch erklärt, analysiert, gedeutet und muss hier nicht noch einmal erzählt werden. Innehalten und Kopfschütteln seien dennoch erlaubt – nur ganz kurz: Es ist nicht leicht zu begreifen, wie nach einem rechten totalitären Staat so schnell auf gleichem Boden ein linker totalitärer Staat entstehen konnte, lediglich mit umgekehrten politischen Vorzeichen. Eine Entwicklung, die nicht nur von machtbesessenen Regimeangehörigen erzwungen, sondern von der Intelligenz des Landes unterstützt wurde.

Sogar einer der schärfsten Zensurkritiker der DDR hatte noch 1987 Verständnis für die Anfangsphase nach der Staatsgründung und ihre rigiden, ideologisch verbrämten Kontrollmechanismen: Christoph Hein sah die frühe Nachkriegszensur als berechtigt an – um »die geistige Schlacht um Deutschland« im richtigen Sinne zu entscheiden. Spätestens 1956 aber hätte die Zensur, wenn es nach Hein gegangen wäre, verschwinden müssen. Bekanntlich herrschte sie in der DDR bis zu deren Ende, im Sinne der ›guten Sache‹, die in der bis 1990 gültigen Verfassung von 1974 so ausbuchstabiert wird: »Die Deutsche Demokratische Republik fördert und schützt die sozialistische Kultur, die dem Frieden, dem Humanismus und der Entwicklung der sozialistischen Menschengemeinschaft dient.«

Ein kleines Fazit: Zensur, die Veränderung bewirken soll, gibt es von den Anfängen der Zensur bis heute. Auch in der Moderne ist es längst noch nicht selbstverständlich, an historischen Wendepunkten (Revolutionen, Reformen, Staatsneuordnungen) Zensur zu vermeiden, selbst wenn die erstrebten politischen Ideale Freiheit und Demokratie heißen. Oft ist es so, dass sich zwar das Zensierte ändert, die Zensur jedoch bestehen bleibt. Dabei werden auch in Demokratien Angriffe auf die Meinungs- und Medienfreiheit positiv begründet: mit der ›guten Sache‹.

5 GROSSE ANGST VOR KLEINEN MÄUSEN ODER: DIE MACHT DER LITERATUR

Zur Zensurlogik von Herrschenden gehört eine bestimmte Vorstellung von Literatur und ihrer (großen) Macht. »Manche Bücher sind gefährlicher als Bomben«: Mit diesem Ausspruch wird der türkische Staatschef Recep Tayyib Erdoğan zuweilen zitiert. Ist die Idee, dass Literatur gefährlich oder gar schädlich sein könne, ein in den Köpfen der Menschen tief verankertes soziales Wissen? Das behauptet zumindest der Zensurtheoretiker Armin Biermann.

Doch wie mächtig sind Bücher wirklich? Die Frage ist schon für die frühneuzeitlichen Anfänge der Zensur relevant, ja sogar ganz besonders berechtigt. Denn bis ins 18. Jahrhundert hinein konnte kaum jemand lesen. Religions- oder staatskritische Bücher rezipierte die breite Masse erst gar nicht. Dennoch wurden Bücher im Zeitalter der Glaubenskriege als sehr gefährlich wahrgenommen und zum Teil rigoros vernichtet, ihre Autoren verfolgt oder gar verbrannt. Warum? Was konnte ein Buch ausrichten?

Der Freigeist Sebastian Franck sah das im 16. Jahrhundert ganz entspannt – zumal »kein Buch so böß ist, darauß sich ein Christ [...] nit wiß zubessern«. So steht es in seiner *Chronica, Zeytbuch und geschychtbibel von anbegyn biß inn diß gegenwertig M. D.XXXI. jar* von 1531. Ein guter Mensch sei doch wohl imstande, böse Bücher zu lesen, ohne sogleich selbst böse zu werden! Er werde dadurch vielmehr gebessert: Wenn Lügen geschrieben stünden, dann trieben diese doch nur die Wahrheit hervor und entlarvten sich selbst. Für Franck sind Ketzer Kritiker, die wichtige Fragen stellen. Wozu also Literatur verbieten?

Sicher lässt sich seine Zensurskepsis, die in einem Plädoyer für die Freiheit des Wortes mündet, auch als Kampf für die eigene Sache verstehen. Franck war ein christlicher Freigeist, abgestoßen von allen rigiden Glaubenssystemen: »Ich will und mag nit Bäpstlich sein«, so formulierte er Anfang der 1530er-Jahre in seinem Lied *Von vier zwieträchtigen Kirchen, deren jede die andere verhasset und verdammet* – und auch nicht lutherisch, nicht zwinglisch und kein Wiedertäufer.

Wenn sich Francks Sichtweise global durchgesetzt hätte, dann gäbe es wahrscheinlich heute keine literarische Zensur mehr. Leider schätzten die Herrschenden aller Zeiten und Länder die Macht der Literatur anders ein. Bestätigt wurden sie dabei immer wieder auch von Unterstützern ›von unten‹. Gerade poetische Schriften erschienen den Zensurbefürwortern besonders gefährlich. Sie waren es auch, die dem Salzburger Beamten Johann Baptist Fickler aus dem 16. Jahrhundert der größte Dorn im Auge waren. Fickler, der spätere Lehrer des bayerischen Thronfolgers Maximilian, übersetzte ein französisches Zensurtraktat, das 1581 in München auf Deutsch erschien. Es trug den Titel: *Von verbot vnnd auffhebung deren Bücher vnd Schrifften/ so in gemain one nachtheil vnnd verletzung des gewissens/ auch der frumb vnd erbarkeit/ nit mögen gelesen oder behalten werden.* Ficklers Schrift begründet Zensur mit den altbekannten Argumenten: Bücher gefährdeten Religion, Sittlichkeit und innere Sicherheit des Staates. Besonders gefährlich seien die Poeten: Sie regten die Fantasie an und brächten einen nur auf dumme Gedanken. Die »ungezamte freiheit des unnützen bücher schreibens« müsse daher unbedingt eingeschränkt werden. Es gebe ja viele »unflätter«, schreibt Fickler grimmig, aber »insonderheit fürgenommen« habe er sich »die vermainten/ selb gewachßnen Poeten«. Worauf eine wüste Schimpfkanonade folgt: Die Allerschlimmsten seien poetische Bastarde und ihr Anhang, Schalksnarren, Pfeifer, Fiedler, Lotterbuben und unverschämte Maler – genauso aber auch müßiggehende Übersetzer, die vor Faulheit stänken und trotzdem ein Schandbüchlein nach dem anderen von einer Sprache in die andere transferierten und so allerlei Gift wie durch Rohre oder Wasserleitungen unter die Leute brächten!

Wer Literatur als gefährliches Gift ansieht, versucht sie durch Zensur unschädlich zu machen. Die Geschichte der literarischen Zensur von der Frühen Neuzeit bis heute ist über weite Strecken eine Geschichte ihrer Zunahme, ihrer Professionalisierung und Systematisierung, ihrer gesellschaftlichen Durchdrin-

gung und Verbreitung – und zwar bis hin zu den Überwachungs-
apparaturen totalitärer Staaten in der Moderne.

Ein weiterer Zeitsprung führt uns vom 16. ins 20. Jahrhundert, dreihundertsiebzig Jahre weiter: Im September 1951
erschien ein dreißigseitiges dünnes Heft auf dem westdeutschen
Buchmarkt. Auf dem Cover braust eine unternehmungslustige
kleine Maus in einem Flugzeug daher, die sich im Innenteil vorstellt: »Micky Maus und ihre Freunde heissen Euch willkom-
men.« Natürlich waren die Zeichentrickfiguren aus dem Hause
Walt Disney in Deutschland seit Jahrzehnten bekannt. Nun aber
erschienen sie zum ersten Mal als deutschsprachiger Lesestoff,
handlich, bezahlbar und in fortschrittlicher Drucktechnik: »Wißt
Ihr, daß es die erste und einzige Zeitschrift (deutschsprachig)
ist, die ganz und gar farbig gedruckt ist, auf *allen* Seiten?«

Micky Maus und Donald Duck wurden zu Lieblingshelden
ganzer Generationen deutscher Kinder. Allerdings nur west-
deutscher. In der anderen Hälfte Deutschlands waren Micky-
Maus-Hefte strikt verboten. Dort traf nicht zu, was Donald Duck
seinen Leserinnen und Lesern auf der Rückseite des Heftes Nr. 1
versichert: »Das Beste dabei ist, Ihr braucht diese wunderschö-
nen bunten Hefte nicht heimlich zu kaufen [...]. In jeder Buchhandlung und an jedem Zeitungsstand für 75 Pfennig.« Wenn
eine bundesdeutsche Familie die Grenze Richtung Osten im Pkw
passierte und ihr Kind dabei versehentlich ein Micky-Maus-Heft
las, erwartete sie nicht selten eine minutiöse Untersuchung ihres
Wagens samt Inhalt.

Was machte Micky und Donald bloß so gefährlich – für
ein Land, in dem es offiziell keine Zensur gab? War es die Ideo-
logie des Kapitalismus, die der schwerreiche Dagobert Duck in
Reinform vertritt? War es die vermeintlich jugendgefährdende
Unterhaltung in Heftchenform, die sogenannte Schmutz- und
Schundliteratur, deretwegen man der kleinen Maus den Gar-

aus machen wollte? Oder reichte es einfach schon, dass sie eine Erfindung des verfeindeten Westens war? Auch das kann durchaus sein: Siegfried Lokatis schildert in den *Zensurspielen. Heimliche Literaturgeschichten aus der DDR*, wie aus einem Anglerhandbuch kurz nach dem Mauerbau sogar die westdeutschen Fische verschwinden mussten.

Mäuse, Enten, Fische: Nicht nur kleine Tiere gerieten im Osten Deutschlands nach dem Zweiten Weltkrieg ins Visier eines willkürlichen Literaturüberwachungsapparates. Zwar fand in der DDR laut Verfassung keine Zensur statt; es gab jedoch das Büro für Urheberrechte, die Hauptverwaltung Verlag und Buchhandel, die Staatssicherheit und die staatliche Einheitspartei SED, die für Beschränkungen der Rede- und Meinungsfreiheit sorgten. Und die intellektuelle Elite hatte Verständnis dafür. Zwar, so argumentierte sie, herrsche in der DDR das Volk, weshalb es ja gar keine Zensur geben könne. Beschränkungen der Meinungsfreiheit seien aber legitim als notwendige staatliche Maßnahmen für den Fortschritt bzw. gegen seine Blockierer.

Der Blick auf die DDR und ihre Angst vor Mäusen offenbart den prekären Zusammenhang von Macht und Literatur. Zensur verkörpert diesen Zusammenhang leibhaftig. Von ihren vormodernen Anfängen bis heute erscheint sie als Mittel einer Macht, die sich bedroht sieht und absichern will, da sie von der Gefährlichkeit einer Gegenmacht ausgeht: der Literatur. Die Mächtigen fürchten die Unberechenbarkeit des Wortes und seiner Wirkung. Hinter Zensur steht also eine bestimmte Vision: Literatur kann öffentlich viel bewirken, darum muss man sie zum Schweigen bringen. Es ist eine Vision, die weniger über Literatur selbst aussagt als über deren Wahrnehmung. Sie zeugt von der Unsicherheit der Mächtigen, von fehlender Souveränität des Souveräns. Man riecht den Angstschweiß. Wie so oft sind auch hier Zwang und Angst zwei Seiten einer Medaille.

Die Angstvision einer gefährlichen Literatur, die hinter den
Zensuranstrengungen der Mächtigen steht, geht an der Wirklichkeit vorbei. Noch einmal: Wer las, wer liest überhaupt Bücher,
und wie groß ist dementsprechend ihr Einfluss auf Individuen
und Gesellschaft? Und selbst wenn tatsächlich gelesen wird:
Menschen eignen sich das, was sie lesen, normalerweise nicht
unhinterfragt und unkritisch an. Literaturrezeption ist kein
Automatismus, der nach einem Reiz-Reaktions-Schema funktioniert.

Eine Vorstellung, die trotzdem manchen Zensor in der Geschichte wie eine Art Angstphantasma angetrieben zu haben
scheint: Katholiken, die Luther lesen, konvertieren. Nazis, die
Brecht konsumieren, werden Kommunisten. Kommunisten,
die *Mein Kampf* lesen, werden Nazis. Und Kinder, die Dagobert
Duck in Gold baden sehen, werden automatisch Kapitalisten. –
Eine solche Vorstellung von Lesen als Automatismus ignoriert
die Selbstständigkeit der Lesenden ebenso wie die Komplexität
gesellschaftlicher Prozesse allgemein. Der Medienwissenschaft-
ler Stephan Buchloh sieht hinter einem derartigen Wirkungsver-
ständnis von Medien »ein festes Menschen- und Gesellschafts-
bild«, das den meisten Menschen Unmündigkeit unterstellt.

Um Missverständnissen vorzubeugen: Als Literaturwissenschaftlerin bin ich weit davon entfernt, die Bedeutung von Literatur gering zu schätzen. Doch Bücher sind ebenso wie andere
Medien Angebote, die wir prüfen, annehmen oder eben auch
ablehnen können. Zum Glück. Sie können als Verstärker der
eigenen Meinung wirken oder diese hinterfragen. Wie schnell
verändern wir uns durch ein Buch? Einem einzelnen Leser oder
einer Leserin kann das durchaus passieren – obwohl auch dies
nicht oft und nicht leichtfertig geschieht. Sozialpsychologie und
Neurowissenschaft haben herausgefunden, wie hartnäckig Menschen an ihren Überzeugungen festhalten, da diese eng mit der

eigenen Identität verbunden sind. Man gibt sie (und damit sich) nicht einfach so auf, nur wegen eines Buches.

Noch langsamer, noch zäher sind Veränderungsprozesse auf gesellschaftlicher Ebene. Ein Kollektiv verändert seine Werte nur, wenn vielfacher Anlass dazu besteht. Wenn etwa die bestehenden Normen, Erfahrungen und Gewohnheiten als nicht mehr zeitgemäß wahrgenommen, auf den Prüfstand gestellt und mit Alternativen konfrontiert werden. Dieser Konflikt zwischen Alt und Neu geschieht nicht von heute auf morgen. Der Zensurforscher Stephan Fitos meint, dass Druckschriften nur dann eine breitere Rezeption erwarten könnten, wenn sie auf schon vorhandene kollektive Bedürfnisse und Erwartungen reagierten und eine positive Identifikation ermöglichten. Literatur sei eben nur »ein Symptom für sozial- und mentalitätsgeschichtliche Situationen«, obwohl sie auch, besonders in Krisen, eine beschleunigende oder verstärkende Wirkung haben könne.

Sicher haben tatsächlich einige Bücher die Welt verändert – in langwierigen und komplexen gesellschaftlichen Wandlungsprozessen. Die Bibel zum Beispiel. Doch gerade solche singulären Fälle zeigen zugleich, dass Zensurmaßnahmen die Veränderung nicht verhindert konnten. Das Buch der Bücher ist nicht der Regelfall. Die wenigsten Bücher verändern die Welt. Literatur ist nicht so gefährlich, wie man denkt – was in manchen Fällen zu bedauern ist, in anderen aber nicht. Die Macht der Literatur ist ein Hirngespinst der Herrschenden (und vielleicht mancher Autoren), keine Realität.

Real ist hingegen der *Glaube* der Herrschenden an die Macht der Literatur. Fitos, der in seinem Buch *Zensur als Mißerfolg* zeigt, wie kläglich Zensur im 16. Jahrhundert scheiterte (und wie wenig das ihre Betreiber interessierte), beschreibt diese Überzeugung als zensurgeschichtliche Konstante: Der Glaube an die Notwendigkeit und Wirksamkeit von Literatur bleibe in jedem Zeitalter ungebrochen, bis heute. Glaube versetzt bekanntlich Berge. In unserem Fall sorgt er dafür, dass Literatur sehr ernst genommen wird. Ob zu deren Guten oder Schlechten, ist schwierig zu entscheiden. Auf der einen Seite bewahrt Literatur so ihre symbolische Bedeutung als zentrale kulturelle Ausdrucksform einer Gesellschaft. Auf der anderen Seite aber folgt daraus, dass Literatur ernst genommen und gefürchtet, dass ihre Produktion und Rezeption weiterhin durch Zensur eingeschränkt wird. Die Macht des Wortes bedeutet zugleich seine Ohnmacht.

6 JUGENDGEFÄHRDUNGSTATBESTÄNDE

Im Sommer 2017, als auf der *documenta* 14 Marta Minujíns monumentaler Tempel verbotener Bücher, der *Parthenon of Books*, immer mehr anwuchs, nahm ich an der Universität Kassel an einer öffentlichen Diskussion über Zensur teil. Auf dem Podium saßen außer mir ein Jurist, ein Zensurforscher, eine Studentin und eine verfolgte Schriftstellerin aus Tunesien. Wir diskutierten lange über deutsche Verhältnisse, also über die Beschränkungen der Meinungsfreiheit in der BRD, die gegenwärtig (immer noch) existieren. Wie immer lief das schnell auf eine Diskussion über den Jugendschutz hinaus – siehe Grundgesetzartikel 5.3 und Jugendschutzgesetz.

Jenes Argument des Schutzes Unmündiger existiert erst seit dem Ende des 18. Jahrhunderts. Es gehört damit zu den eher ›jüngeren‹ Pro-Zensur-Argumenten der Zensurgeschichte, jünger jedenfalls als das klassische Trio Religion, Moral und Politik, die seit der Frühen Neuzeit hauptsächlich zur Rechtfertigung von Zensur herhalten müssen. Allerdings schließt der Jugendschutz durchaus an religiöse und moralische Argumentationsmuster an.

Im Zentrum der kritischen Podiumsdiskussion in Kassel nun stand die *Bundesprüfstelle für jugendgefährdende Medien* (BPjM), früher unter dem Namen *Bundesprüfstelle für jugendgefährdende Schriften* firmierend. Sie setzt bekanntlich ein gestaffeltes System der Indizierung ein: Verhindert werden nicht die Publikation oder Rezeption von Büchern, Filmen und Spielen, sondern ihre Verbreitung und Bewerbung. Man kann diejenigen Medien, die einen »Jugendgefährdungstatbestand« erfüllen, als Erwachsener also unter dem Ladentisch kaufen. Daher handelt es sich aus juristischer Perspektive auch nicht um Zensur. Andere sehen das jedoch anders. Der Journalist und Schriftsteller Frank Schäfer spricht noch 2007 von der »obersten deutschen Zensurbehörde« und sieht in den Gutachten der BPjM nur einen Jargon, der »Unrecht legitimieren« soll.

Die Empörung über die bundesdeutsche Jugendschutzbehörde ist schon einige Jahrzehnte alt, und tatsächlich war diese Empörung in deren Anfangsphase besonders berechtigt. In den 1950er-Jahren saßen in der Bundesprüfstelle reaktionäre Sittenwächter, die sich noch auf alte Gutachten aus der Nazizeit stützten und berüchtigt waren für ihre Fehlentscheidungen. Die Prüfstelle bescherte der Republik und ihrem Feuilleton so manchen Literaturskandal – zum Beispiel den Prozess um einen pornografischen Roman, der bereits 1906 anonym erschienen war: *Josefine Mutzenbacher oder Die Geschichte einer Wienerischen Dirne von ihr selbst erzählt*. Die Bundesprüfstelle setzte das Werk 1982 auf den Index und gab damit dem Jugendschutz den Vorrang vor der Kunstfreiheit. Der betroffene Verlag klagte und gewann zunächst in zweiter Instanz vor dem Bundesverfassungsgericht. Eine zweite, nun in Rückkopplung mit Artikel 5 Absatz 3 des Grundgesetzes besser begründete Indexierung durch die Prüfstelle hielt jedoch einer weiteren Klage stand.

Wenn schon die Bundesprüfstelle in ihren Anfängen ein

Sammelbecken konservativer und oft als fachlich inkompetent geschmähter Ideologen darstellte, so erhielt sie zusätzlich noch Verstärkung durch selbsternannte eifrige Literaturpolizisten. Besonders der *Volkswartbund*, hervorgegangen aus dem *Kölner Männerverein zur Bekämpfung öffentlicher Unsittlichkeit*, drückte der Prüfstelle sein Siegel auf, indem er stets neue Fälle über Mittler zur Anzeige brachte. So kam es, dass Comics als Schund indiziert wurden, dagegen aber neonationalsozialistische Publikationen in den 1950er- und 1960er-Jahren ungehindert erscheinen konnten. Die eigentliche Aufgabe der Bundesprüfstelle sollte es seit ihrer Gründung am 8. Mai 1954 ja sein, Publikationen auf ihre »unsittliche sowie Verbrechen, Krieg und Rassenhass verherrlichende« Wirkung hin zu prüfen. Bei entsprechenden Bedenken konnte ihre Verbreitung durch die Indexierung unterbunden werden.

Inzwischen haben sich jedoch Auftrag und Praxis der Institution verändert und erweitert. Heute geht es ihr vor allem darum, dafür zu sorgen, dass die schlimmsten Videos, Filme und Computerspiele – in seltenen Fällen auch Druckwerke – für Kinder und Jugendliche nicht zugänglich sind. Mit ›schlimm‹ sind zum Beispiel folgende Jugendgefährdungstatbestände gemeint: Unsittlichkeit, verrohende Wirkung, Anreizung zu Gewalttätigkeit, Verbrechen, Rassenhass, selbstzweckhafte Gewaltdarstellung und Nahelegung von Selbstjustiz. Die Prüfstelle selbst weist auf ihrer Homepage auf ein gewandeltes Aufgabenfeld in einer digitalen und vernetzten Welt hin. Lebensrealitäten von Kindern und Jugendlichen hätten sich stark verändert und damit auch die Gefährdungsaspekte: »Phänomene wie Cybermobbing, Grooming und Hate-Speech, aber auch Big Data, digitale Informationskanäle und Social Media sowie die zukünftige Entwicklung virtueller Realitäten sind der Maßstab für die aktuellen, insbesondere aber auch zukünftigen Anforderungen an einen wirkungsvollen Jugendmedienschutz.«

Die Kasseler Runde konzedierte dem aktuellen BPjM-Gremium durchaus eine inzwischen sachgemäßere und kompetentere Praxis – dennoch blieben Kritikpunkte. So ist beispielsweise schon der Anspruch, eine allgemeingültige Gefährdungsbeurteilung erstellen zu können, kaum einzulösen: Welches Buch, welcher Film, welches Spiel gefährdet ein Kind oder einen Jugendlichen wirklich? Die Antworten darauf verändern sich mit der Zeit. Gewaltdarstellungen, die man früher als gefährlich ansah, weil sie einen jungen Menschen verstören oder gar beeinflussen könnten, gelten heute als völlig harmlos. Professor Murad Erdemir, Experte für Medienrecht, der ebenfalls am Podium teilnahm, kommentierte den aktuellen BPjM-Index lakonisch so:»Die Spiele machen gerade das durch, was die Filme in den Achtzigern durchgemacht haben.« Frank Schäfer bezeichnet indizierte Bücher als»Indikatoren, Symptome für die Neuralgien, die Defizite und – umgekehrt – auch für die Vorsätze, Vorstellungen und Ideologien der jeweiligen Zensoren«. Das Gleiche gilt für Filme und Spiele.

Doch was hatte das nun eigentlich mit der aktuellen Lage der Zensur weltweit zu tun? Anlass der Kasseler Debatte war ja doch der *Parthenon of Books*, der den Kasseler Friedrichsplatz für hundert *documenta*-Tage besetzte. Martha Minujín, die selbst unter der argentinischen Diktatur in den 1980er-Jahren zu leiden hatte und nach deren Ende ihren ersten, kleineren Parthenon aus verbotenen Büchern erbaut hatte, prangerte mit ihrem monumentalen Kunstwerk Zensur in ihrer formell-staatlichen Form an, wie sie immer noch überall auf der Welt existiert. Sie machte sichtbar, dass Zensur eine gängige Praxis in Diktaturen und autoritären Regimes ist, die Bücher und Menschen vernichtet und die Meinungsfreiheit zerstört. Während wir auf dem Podium über die kritischen Aspekte des deutschen Jugendschutzes diskutierten, stand die Welt, standen auch wir selbst ganz unter dem Eindruck

beklemmender Ereignisse. Entsetzen verbreiteten die Repressionen für Schriftsteller und Journalistinnen in der Türkei, die
autokratischen Bestrebungen des US-Präsidenten, der Medienvertreter und -vertreterinnen einschüchterte oder ausschloss. Be-
sorgnis erregte das Ausmaß an Terror, Krieg und Unfreiheit, das
Millionen Menschen zur Flucht aus ihrer Heimat antrieb.

Der Zensurforscher Stephan Fitos beschreibt, wie sich hinter den staatlichen Kontrollmechanismen früherer politischer
Regime »die verbreitete Auffassung der weltlichen und geist-
lichen Führungskräfte« offenbare, »den Menschen als unmün-
dig zu betrachten und ihm das Recht auf einen geistigen Pluralismus generell abzusprechen. Das 16. Jahrhundert kannte kein
Bewußtsein für die Existenz von Freiheitsrechten.« Und wo ist
da der Unterschied zum 21. Jahrhundert? Das ist natürlich eine
rhetorisch zugespitzte Frage. Zweifellos existiert heute bei vielen
Menschen, auch und gerade in unseren Breitengraden, ein anderes Bewusstsein für Freiheitsrechte als vor fünfhundert Jahren.
Über die Freiheit selbst ist damit aber noch lange nichts gesagt,
genauso wenig über die Meinungsfreiheit. Sie ist nichts weniger
als selbstverständlich in vielen Teilen der Welt.

Warum also haben wir uns dann in unserer Podiumsdiskussion darüber aufgeregt, dass man *Terminator* von 1985 bis 2010 nur
unter dem Ladentisch kaufen konnte? Wahrscheinlich ist es kein
Zufall, dass bei zensurkritischen Diskussionen in Deutschland
so schnell der Jugendschutz zum Thema wird. Man könnte es
zynisch als Luxusproblem beschreiben: Wir haben eben einfach
keine anderen handfesten, greifbaren Phänomene zu bieten, die
staatlich-formeller Zensur ähnlich nahekommen wie der Index
der BPjM.

Die tunesische Schriftstellerin, die auch in unserer Podiums-
runde saß, hatte sich bislang nicht an der Debatte beteiligt und
freundlich geschwiegen. Sie schien nicht wirklich zu verstehen,

worüber die anderen da diskutierten. Als wir uns darüber erregten, dass man völlig harmlose Fernsehserien bei DVD-Zweitverwertung erneut von der FSK (Freiwillige Selbstkontrolle der Filmwirtschaft) kontrollieren lassen muss, begann sie ihre Geschichte zu erzählen. Ohne Pause, in monotoner Sprechweise und mit starkem Akzent erzählte sie auf Englisch, wie vor einigen Jahren in ihrem Heimatland eine Gruppe von gewaltbereiten Salafisten vor ihrer Tür gestanden hatte. Wie sie massiv bedroht worden war. Wie sie sich entscheiden musste, ob sie in ihrer Heimat bleibt oder ob sie flieht, um weiterleben und weiterschreiben zu können. Aber da seien ja auch ihre Söhne gewesen, in Tunesien. Sie nannte Deutschland ein »paradise« der Freiheit für Menschen wie sie selbst. Dann verließ sie den Saal, weil der Gedanke an ihre zurückgelassene Familie ihr die Fassung raubte.

Verstehen Sie mich richtig. Ich behaupte nicht, dass man hier alles toll finden muss, nur weil es woanders noch schlimmer ist. Eine solche Argumentation wäre fatal – man findet sie bis zum Abwinken in Internetblogs, die immer der gleichen Logik folgen: Wieso regst du dich auf über eine nicht geschlechtergerechte Sprache, während Frauen sexuellen Missbrauch erleben und beruflich immer noch benachteiligt sind? Wie kannst du dich über deinen schlecht bezahlten Job beschweren, während in Afrika Kinder vor Hunger sterben? Überhaupt: Was jammerst du rum über deine Probleme, während gleichzeitig der Regenwald abgeholzt wird? So etwas sind manipulative Diskussionsblocker, die nichts zum Thema selbst beitragen. Das ist hier natürlich nicht mein Ziel. Keinesfalls soll eine große gegen eine womöglich kleinere Unfreiheit ausgespielt werden.

Es ist und bleibt unbestritten, dass man auch diejenigen Schranken der Meinungsfreiheit, die eine Demokratie mit dem Schutz der Jugend legitimiert, fortwährend kritisch beobachten muss. Im Jugendschutzgesetz selbst wird klargestellt, dass trotz allem die Meinungsfreiheit, die das Grundgesetz garantiert, gewahrt bleiben müsse (Paragraf 18 Absatz 3 JuSchG). Das ist keine Selbstverständlichkeit. Erneut muss die eigene Geschichte als warnendes Negativbeispiel herhalten, denn schon mehrfach hat der Jugendschutz in Deutschland das Feigenblatt für tatsächliche Zensur dargestellt. Horst Albert Glaser sieht gar grundsätzlich die Kontrolle von Literatur aus Gründen des Jugendschutzes als Vorbote der Entmündigung auch von Erwachsenen: »Wenn Bücher, die der heranwachsenden Jugend gefährlich werden können (und daß es solche gibt, werde nicht bestritten), verboten, konfisziert oder sekretiert werden, dann sind sie häufig genug auch dem mündigen Leser entzogen. Exzessiver Jugendschutz endet bei der Entmündigung auch der Bürger.«

Der Blick in die Geschichte gibt ihm zumindest fallbezogen recht: 1926 trat in der Weimarer Republik das bereits erwähnte Gesetz zur Bewahrung der Jugend vor Schmutz- und Schundschriften in Kraft. Heinrich Mann prangerte es in seinem Essay *Schmutz und Schund* als Generalangriff auf die Gedankenfreiheit an. Der Jugendschutz war seiner Überzeugung nach nur ein Vorwand der Herrschenden, um das intellektuelle Leben in ihrem Sinne zu kontrollieren und zu reglementieren. Dass Bücher Jugendliche überhaupt verderben können – eine Frage, die noch heute (nun vor allem in Bezug auf visuelle und digitale Medien) kontroverse Diskussionen auslöst –, stellte Mann geistreich in Zweifel: »Übrigens ist aber die Entsittlichung einer ganzen Jugend noch nie durch Lesen bewirkt worden, sondern immer geradewegs durch das Leben. Ein verantwortungsloses älteres Geschlecht hat die Kinder hineingestellt in ein Leben, das verroht und verdummt ist durch Krieg und Nachkrieg [...]. Solche Zeiten gebären naiv und ohne daß Bücher noch nötig wären, Anschauungen und eine Geisteshaltung, worin vielfach die Achtung vor Menschlichem nicht mehr vorkommt.«

Heinrich Manns Kampf für die Meinungsfreiheit und gegen
die Zensur war hell- und weitsichtig, aber vergebens. Die Weimarer Republik schuf die Institutionen und Gesetze, die ab 1933
die totale Zensur ermöglichen halfen. Die Formel »Schmutz und
Schund« wurde von den Nazis gerne aufgegriffen – und dann von
der DDR bruchlos weiterverwendet.

Es besteht kein Zweifel: Heute ist es genauso wichtig wie
damals, zu protestieren, wenn reaktionäre, restriktive Tendenzen
in der Gesellschaft an die Oberfläche kommen, auch im Jugendschutz. Wehret den Anfängen, na klar. Dafür bin ich auch. Aber
eben nicht nur dafür, sondern auch für die hohe Kunst der Unterscheidung. Man muss genau hinschauen. Sich selbst ins Verhältnis setzen. Wie kann ich in meiner Gesellschaft leben? Was
darf ich denken, sagen, schreiben, lesen? Gerade beim Thema
Zensur sollte man – bei aller kritischen Debattierfreudigkeit – die
Relationen nicht aus dem Blick verlieren.

Als die tunesische Schriftstellerin, begleitet von einer Freundin, den Raum verlassen hatte, war es sehr still auf dem Podium
und im Saal.

7 ZENSUR – ERFOLGS- ODER MISSERFOLGSGESCHICHTE?

Wenn man sich mit der klassischen Zensur näher beschäftigt,
stellt man sich irgendwann zwangsläufig die Frage nach ihrer
tatsächlichen Wirkung: Hat Zensur Erfolg oder scheitert sie? Der
Zensurforscher Werner Fuld behauptet in seinem *Buch der verbotenen Bücher*: »Wenn die Diktatoren wirklich die Macht besessen
hätten, an die sie so hartnäckig und uneinsichtig glaubten, gäbe
es einen beträchtlichen Teil unserer Weltliteratur nicht. Dass
die Werke trotz aller Verfolgungen und Verbote überlebt haben,

ist ebenso bemerkenswert wie die durch alle Jahrhunderte aufs Neue widerlegte Überzeugung der Verfolger, man könnte mit der Existenz des Autors auch seine Ideen auslöschen. Die Machthaber aller Zeiten und Kulturen, vom gebildeten König bis zum primitiv-fundamentalistischen Stammesfürsten, von Augustus bis zum chinesischen Parteisekretär, waren und sind noch immer unfähig zu erkennen, dass Ideen stärker sind als Gesetze.«

Ist das so? Scheitert Zensur auf lange Sicht immer, sind Ideen durch Verbote nicht auszulöschen? Schön wär's. Dann könnte man den Zensoren dieser Welt zurufen: Hört endlich auf, es hat doch eh keinen Zweck! Fuld bezeichnet es als »rätselhaft«, dass »Regierungen immer noch glauben, unbequeme Wahrheiten dauerhaft unterdrücken zu können«. Noch einmal: Schön wär's – wenn das so rätselhaft wäre. Aber die Zensur ist leider nicht immer die Verliererin. Die Sache ist komplizierter. Die Geschichte der Zensur lässt sich ebenso als Erfolgs- wie als Misserfolgsgeschichte schreiben.

Einige Schlaglichter seien auf ihre Erfolgsgeschichte geworfen, die im 18. Jahrhundert beginnt. Zensur wurde seitdem immer systematischer betrieben, Behörden und Beamte kümmerten sich professionell um die Kontrolle von Buchmarkt und Presse. Als besonders gut funktionierendes System totaler Überwachung des kulturellen und politischen Lebens gilt der Zensurapparat der Metternich-Ära. Allerdings war eine Steigerung immer noch möglich, auch wenn die betroffenen Zeitgenossen das sicher nicht gedacht hätten. Der österreichische Dichter Eduard von Bauernfeld, der lebenslang gegen die Zensur kämpfte, schrieb 1857 in sein Tagebuch: »In ein paar Jahren wird man über diese albernen Preßbeschränkungen lachen. Die Preßfreiheit ist bereits Eigenthum der ganzen Welt. In Österreich nur wissen sie das nicht, weil sie hier Alles zu spät erfahren.« So zitiert ihn der Zensurforscher Heinrich Houben. Leider behielt Bauernfeld

nicht recht mit seiner Vorhersage. Wir können heute immer noch
nicht lachen über ›alberne Preßbeschränkungen‹ einer fernen
Vergangenheit. Sie sind eine harte Realität der gegenwärtigen
Welt.

Die besagte Steigerung zu Metternichs Zensursystem ereignete sich im 20. Jahrhundert. Totalitäre Staaten wie das
NS-Regime, aber auch die DDR und andere Ostblockstaaten,
praktizierten die totale Zensur. Sie kontrollierten sämtliche Le-
bensbereiche ihrer Bürger, überwachten alle Kommunikations-
medien. Dies geschah damals noch analog. Inzwischen kennen
wir längst eine andere, neue Dimension formell-staatlicher Meinungskontrolle. Zensur funktioniert heute hauptsächlich digital.
Totalitäre Staaten manipulieren, löschen und blockieren Netz-
inhalte und ganze Netzwerke.

Dieser Schnelldurchlauf zeigt: Die Erfolgsgeschichte der
Zensur ist eine sehr machtvolle, und sie dauert bis heute an.
Zwar behaupten Optimisten, Zensur könne höchstens Teilsiege
erringen und nie auf ganzer Linie gewinnen. Doch diese Teilsiege wiegen schwer. Bücher werden vernichtet, Zeitungen verboten, Internetseiten gesperrt. Menschen werden zum Schweigen
gebracht, weggesperrt, getötet. Zensur macht das Leben unfrei
und beendet es im schlimmsten Fall. Und wer kann wissen, ob
nicht doch Ideen für immer verschwinden, wenn Menschen ver-
stummen?

Hier kommt auch die Selbstzensur ins Spiel, jener düstere
Schatten der klassisch-formellen Zensur. Nicht selten streicht
der innere Zensor von vornherein etwas, das eigentlich gesagt
oder geschrieben werden sollte. Er tilgt es aus Angst, aus Vorsicht, aus politischen oder auch ökonomischen Gründen. Er ist
der unheimliche Zwillingsbruder des formellen Zensors. Christoph Hein beschreibt 1987 in einer Rede vor dem DDR-Schrift-
stellerverband eindringlich, wie die zwanghafte Selbstkontrolle

die formelle Zensur ersetzt, sie gleichsam kompensiert, wie der Autor »gegen seinen Willen und schon während des Schreibens ihr Opfer« wird: »Er wird Selbstzensur üben und den Text verraten oder gegen die Zensur anschreiben und auch dann Verrat an dem Text begehen, da er seine Wahrheit unwillentlich und möglicherweise unwissentlich polemisch verändert.« Manchmal lassen sich aus Nachlässen oder Briefen von Autorinnen und Autoren solche Inhalte rekonstruieren, die der innere Zensor unterdrückt hat. Meist aber sind sie für immer verloren. Welche Ideen wurden nie ausgesprochen, welche Bücher oder Artikel nie geschrieben, welche Seiten nie online gestellt? Wir wissen es nicht. Eine hohe Dunkelziffer ist gewiss.

Das Schrecknis des Verschwindens von Ideen durch die Zensur fasste Bertolt Brecht im Jahr 1939 in eindrucksvolle Verse:

Besuch bei den verbannten Dichtern

Als er im Traum die Hütte betrat der verbannten
Dichter, die neben der Hütte gelegen ist
Wo die verbannten Lehrer wohnen (er hörte von dort
Streit und Gelächter), kam ihm zum Eingang
Ovid entgegen und sagte ihm halblaut:
»Besser, du setzt dich noch nicht. Du bist noch nicht
                        gestorben.
                          Wer weiß da
Ob du nicht doch noch zurückkehrst? Und ohne daß andres
                          sich ändert
Als du selber.« Doch, Trost in den Augen
Näherte Po Chü-yi sich und sagte lächelnd: »Die Strenge
Hat sich jeder verdient, der nur einmal das Unrecht
                        benannte.«
Und sein Freund Tu-fu sagte still: »Du verstehst, die
                       Verbannung
Ist nicht der Ort, wo der Hochmut verlernt wird.« Aber
                       irdischer

Stellte sich der zerlumpte Villon zu ihnen und fragte:
»Wie viele
Türen hat das Haus, wo du wohnst?« Und es nahm ihn der
Dante beiseite
Und ihn am Ärmel fassend, murmelte er: »Deine Verse
Wimmeln von Fehlern, Freund, bedenk doch
Wer alles gegen dich ist!« Und Voltaire rief hinüber:
»Gib auf den Sou acht, sie hungern dich aus sonst!«
»Und misch Späße hinein!« schrie Heine. »Das hilft nicht«
Schimpfte der Shakespeare, »als Jakob kam
Durfte ich nicht mehr schreiben.« »Wenn's zum Prozess
kommt
Nimm einen Schurken zum Anwalt!« riet der Euripides
»Denn der kennt die Löcher im Netz des Gesetzes.« Das
Gelächter
Dauerte noch, da, aus der dunkelsten Ecke
Kam ein Ruf: »Du, wissen sie auch
Deine Verse auswendig? Und die sie wissen
Werden sie der Verfolgung entrinnen?« »Das
Sind die Vergessenen«, sagte der Dante leise
»Ihnen wurden nicht nur die Körper, auch die Werke
vernichtet.«
Das Gelächter brach ab. Keiner wagte hinüberzublicken.
Der Ankömmling
War erblasst.

Zensur hat also Erfolg in der Geschichte. Und doch scheitert sie
auch. Sie scheitert auf viele verschiedene Arten – zum Beispiel,
wenn Chaos und Planlosigkeit herrschen. Das gilt vor allem für
die Anfänge der Zensur. Die von Kirche und Staat betriebene
Kontrolle des Buchmarktes funktionierte in der Vormoderne nur
sehr lückenhaft. Ihre Akteure waren häufig unfähige oder auch
unwillige Zensoren, die unter schlechten institutionellen und
medialen Bedingungen arbeiteten. Zensur betrieb man nebenbe-
ruflich, wenn man einen Schreibtischjob beim Kurfürsten, beim
Bischof, in der Universität oder beim Papst hatte. Welche »unge-
schickten Amateure, pfuschenden Nichtskönner und rasenden

Chaoten« – so der Historiker Peter Godman – gerade die Zensoren der römischen Indexkongregation zum Teil waren, offenbar-
te sich erst, als der Vatikan im Jahr 1998 seine Archive öffnete.

Was Chaos, fehlende Koordination und auch Kompetenz
anging, sah es bei der staatlichen Zensur nicht viel besser aus
als bei der kirchlichen. Schon die Organisation des Heiligen
Römischen Reiches Deutscher Nation – die Zersplitterung in
viele Klein- und Kleinststaaten – stand der Wirksamkeit von
Zensur diametral entgegen. In diesem Zusammenhang sei der
Hamburger Buchhändler Friedrich Perthes zitiert. 1814 stellte
er klar: »Deutschland hatte immer die vollständigste Preßfreiheit, der Sache und der That nach, denn was in Preußen nicht
gedruckt werden durfte, das durfte es in Württemberg, was in
Hamburg nicht, zehn Schritte davon in Altona. Kein Buch blieb
ungedruckt, keines unverbreitet.« Was ein Territorialstaat verbot, erlaubte der benachbarte. Und was die katholische Kirche
missbilligte, genehmigten vielleicht sogar alle beide ... Gerade
reformationsfreundliche Fürsten waren an einer Umsetzung
des Indexes, auf dem vor allem protestantische Bücher standen,
wenig interessiert. Wenn ein päpstlicher Nuntius kam und sagte: »Hier, häng die Liste an die Kirchentür und sorge dafür, dass
niemand diese Bücher liest« – dann bedeutete das ja noch längst
nicht, dass der Fürst und seine Beamten dies wirklich taten. Und
auch auf katholischer Seite gab es Zensurverweigerer, vor allem
bei den Vertretern eines Reformkatholizismus und in den reichs-
unmittelbaren Klöstern, die laut Martin Papenheim teilweise
eine liberale Zensurpraxis verfolgten.

Selbst wenn ein Territorialfürst bestimmte Bücher zensieren
wollte, heißt das nicht automatisch, dass dies auch gelang. Fehlende Verwaltungsstrukturen und Kommunikationswege führten
dazu, dass Verbotsregelungen wenig Durchschlagskraft hatten
und Zensur eher sporadisch – und dabei in Einzelfällen durchaus

brutal – realisiert wurde. Im 18. Jahrhundert wurde die Zensur dann immer professioneller, systematischer und effektiver. Selbst wenn keineswegs von einer reichseinheitlich oder gar gesamteuropäisch koordinierten Bücherkontrolle die Rede sein konnte, institutionalisierte sie sich und steigerte ihre Erfolgsquote deutlich.

Manche Steine blockierten und blockieren den Weg der Zensur jedoch bis heute, werfen sie gewissermaßen aus der Erfolgsspur: Werbung, Subversion und Kritik. Zensur misslingt, weil sie das Verbotene erst interessant macht, weil man sie immer wieder unterlaufen kann – und weil Kritik an Zensur tatsächlich manchmal wirkt.

8 ZENSUR IST SEXY! UNGEWOLLTE WERBEEFFEKTE

»Notabitur Romae, legetur ergo.« – Was Rom verbietet, wird bestimmt gelesen. Das sagten schon die Jesuiten im 16. Jahrhundert. Sie wussten genau, was man seit Adam und Eva weiß: Gerade das Verbot macht das Verbotene attraktiv.

Erst Mitte des 20. Jahrhunderts leitete die katholische Kirche endlich, nach mehr als vierhundert Jahren, das Ende des *Index librorum prohibitorum* ein. Die überfällige Entscheidung wurde am 15. Juni 1966 als Folge des Zweiten Vatikanischen Konzils als Erlass der Glaubenskongregation verkündet. Unmissverständlich hatte sich Kardinal Pietro Ciriaci aber schon 1962 zu einer veränderten Gegenwart bekannt, in die eine Buchverbotsliste nicht mehr passte: »Das Heilige Offizium hat in Rom zu bleiben, in seinem großen, schmucklosen, drohend emporragenden und tristen Palast, den nicht einmal der Blitz zu rühren vermag, auch wenn das Heilige Offizium seinerseits Exkommunikationen wie Blitze aus ihm herausschleudert. Aber es wird so nicht bleiben,

höchstens als Fiktion; die Realität ist eine andere. Die Welt hat
sich verändert, und die Dinge müssen sich mit ihr verändern.«
Ein Argument für das Scheitern des Indexes, das der Kardinal in
seiner von Godman zitierten Rede anführt, ist eben jener Reiz
des Verbotenen. Mit feiner Selbstironie erklärte Pietro Ciriaci:
»Denn hier gilt das psychologische Gesetz, daß die Masse von
der verbotenen Frucht angezogen wird. Wird also ein Buch als
unmoralisch verdammt, hat es um so mehr Leser. Es gab sogar
Herausgeber, die vorn auf ihre Bücher schrieben: ›Verboten vom
Heiligen Offizium.‹ Das ist eine Tatsache. Man muß sich fragen,
warum sie dem Heiligen Offizium nicht gleich einen Anteil ihres
Gewinns haben zukommen lassen, da ihnen dieses doch einen
großen Dienst erwiesen hat.«

Dass Verbotenes besonders reizvoll ist, symbolisiert im
biblischen Sündenfall, kommt in der Geschichte der Zensur
sehr oft vor – am Eva-Syndrom krankte nicht nur der römisch-
katholische Index. Auch andere Bücherverbote und Bücherver-
botslisten erzielten unbeabsichtigte Werbeeffekte. Zum Beispiel im 18. Jahrhundert in Österreich: Hier hatte Gerhard van
Swieten, der aufgeklärte Zensurchef und Leibarzt der Kaiserin
Maria Theresia, die Idee, einen eigenen Bücherindex zu erstellen.
Mit diesem versorgte er Behörden und Buchhändler im ganzen
Land und hoffte, den staatlichen Verboten auf diese Weise mehr
Durchschlagskraft zu verleihen. Van Swietens Index erschien
vom Jahr 1754 an, zunächst unter dem Titel *Catalogus Librorum*
rejectorum per Consessum Censurae. Er erfuhr über viele Jahre hinweg
aktualisierte Neuauflagen und Supplemente.

Österreichs Intellektuelle hatten allerdings nicht allzu viel
Respekt vor diesem Werk ihres Oberzensors. Oder vielmehr:
Sie schätzten es als Empfehlungsliste für spannende Lektüre.
Handlich zusammengestellt, präsentierte der österreichische
Index die Literatur der französischen und deutschen Aufklärung

ebenso wie viele kanonische Werke aus dem 17. Jahrhundert, von Grimmelshausen bis Gryphius. Zu finden war hier auch die »pikante Weltliteratur«, wie es Heinrich Houben in seinem Standardwerk *Verbotene Literatur von der klassischen Zeit bis zur Gegenwart* formuliert: Boccaccio, Rabelais, Lafontaine, Swift und Sterne, außerdem alle möglichen erotischen Erzählungen und Memoiren. Kein Wunder also, dass neugierige Lesende sich hier Anregungen holten. Houben weiß von besonderen Fällen zu berichten: »Der Schriftsteller Groß-Hoffinger versichert in seinen ›Memoiren eines ausgewanderten Österreichers‹ (1834, unter dem Pseudonym: Hans Normann [...]), er kenne einen Wiener, der sich mit bedeutenden Kosten auf Grund jenes Katalogs eine komplette Sammlung *librorum prohibitorum* angelegt habe und sich schlechterdings darauf kapriziere, nichts als diese zu lesen. Es habe damals Händler gegeben, die nur verbotene Bücher umsetzten, deren Inhalt durch Aufnahme in den Zensurkatalog empfohlen war; der berühmte Buchhändler Binz [...] habe sich durch solche Geschäfte ein ungeheures Vermögen erworben.« Offenbar entwickelte sich der österreichische Index zum echten Verkaufsschlager: Houben erzählt genüsslich vom »schwunghaften Handel der Wiener Verleger und Buchhändler mit dem Katalog der verbotenen Bücher« – bis die Wiener Zensurhofkommission dem im Jahr 1777, fünf Jahre nach van Swietens Tod, ein abruptes Ende setzte: Der Index kam auf den Index.

Ein Index auf dem Index? Eigentlich geschah damit das, was der Göttinger Aufklärer und Aphoristiker Georg Christoph Lichtenberg sich gewünscht hatte: »Das Buch, das in der Welt am ersten verboten zu werden verdiente, wäre ein Katalogus von verbotenen Büchern«, so wetterte er in seinen *Sudelbüchern* gegen die Zensur. Dabei hatte Lichtenberg allerdings wohl kaum deren subversive Werbewirksamkeit im Blick. Die übrigens bis heute existiert: Der Index der Bundesprüfstelle für jugendgefährdende

Medien etwa erfüllt einen ähnlichen Zweck, wenn Jugendliche ihn als Empfehlungsliste für besonders ›reizvolle‹ Filme oder Spiele verwenden.

Für Bumerangeffekte von Zensur hat die Forschung zahllose Beispiele auf Lager. Gerne verweist sie zum Beispiel auf ein Erlebnis des jungen Goethe. Im ersten, 1811 erschienenen Band seiner Autobiografie *Aus meinem Leben. Dichtung und Wahrheit* schildert der Dichter, wie er als junger Mann in Frankfurt eine öffentliche Bücherverbrennung erlebte. Literaturhinrichtungen durch den Henker, der damit eine Ersatzhandlung – anstelle der Exekution des Verfassers – durchführte, waren im 18. Jahrhundert durchaus üblich. Goethe erinnert sich, Zeuge »von verschiedenen Executionen« gewesen zu sein, »und es ist wohl werth zu gedenken, daß ich auch bei Verbrennung eines Buchs gegenwärtig gewesen bin. Es war der Verlag eines Französischen komischen Romans, der zwar den Staat, aber nicht Religion und Sitten schonte. Es hatte wirklich etwas fürchterliches, eine Strafe an einem leblosen Wesen ausgeübt zu sehen. Die Ballen platzten im Feuer, und wurden durch Ofengabeln auseinander geschürt und mit den Flammen mehr in Berührung gebracht. Es dauerte nicht lange, so flogen die angebrannten Blätter in der Luft herum, und die Menge haschte begierig darnach. Auch ruhten wir nicht, bis wir ein Exemplar auftrieben, und es waren nicht wenige die sich das verbotne Vergnügen gleichfalls zu verschaffen wußten. Ja, wenn es dem Autor um Publicität zu thun war, so hätte er selbst nicht besser dafür sorgen können.«

Nicht erst seit Goethe gibt es diese Vorstellung, dass ein Verbot ein Werk erst berühmt macht – und zuweilen trifft das ja auch tatsächlich ein. Warum sollte ein Autor, ein Verleger, ein Buchhändler dann nicht dafür sorgen, dass es verboten wird, warum nicht einen Skandal per Zensur provozieren? Kein abwegiger Gedanke, weder heute noch im 18. Jahrhundert. Der

Aufklärer Freiherr Adolph Knigge beschreibt in seinem Schelmenroman *Geschichte Peter Clausens* (1783) satirisch die Geschäftspraktiken des Buchhandels. Der fiktive Titelheld Peter Clausen verdingt sich bei einem Leipziger Buchhändler, für den er allerlei Arbeiten erledigt:»Ich mußte Vorreden machen, Pläne zu Vignetten erfinden und in Büchern, welche nachgedruckt oder neu aufgelegt werden sollten, sehr unnöthige Verbesserungen machen, damit man davorsetzen konnte:›Neue und verbesserte Auflage‹. Zuletzt wurde ich sogar durch seine Vorsprache ein Critiker und Mitarbeiter an einer schlechten periodischen Schrift. Da schickten mir nun die Buchhändler die Werke zu, welche in ihrem Verlage herauskamen, legten gewöhnlich einen Gulden und ein freyes Exemplar bey und schrieben mir vor, wie und was ich loben, tadeln, verdächtig machen sollte.« Eine dieser besonders geschäftsfördernden Buchhandelspraktiken bestand darin, die staatliche Zensur herauszufordern:»Zuweilen mußte ich es dahin zu bringen suchen, daß ein Buch in irgendeiner Gegend verbothen wurde, damit es im Preise steigen möchte.«

Für den DDR-Schriftsteller Christoph Hein belegt gerade dieser Werbeeffekt die Paradoxie von Bücherverboten. In seiner kritischen Anti-Zensur-Rede von 1987 argumentiert er:»Die Zensur ist paradox, denn sie bewirkt stets das Gegenteil ihrer erklärten Absicht. Das zensierte Objekt verschwindet nicht, sondern wird unübersehbar, wird selbst dann zum Politikum aufgeblasen, wenn Buch und Autor dafür untauglich sind und alles andere zu erwarten und zu erhoffen hatten. Die Zensur erscheint dann lediglich als ein umsatzsteigernder Einfall der Werbeabteilung des Verlages.«

Doch all diese witzigen Geschichten, die voller Schadenfreude das Scheitern und die Absurdität von Zensur vorführen, sollten uns nicht einlullen. Es wäre fatal zu denken, Zensur sei ein harmloser Werbegag und könne einfach weggelacht werden.

Zensur ist Zwang. Sie ist Gewalt, Tyrannei, Freiheitsbeschränkung, Vernichtung. Daran besteht kein Zweifel. Die Publicity, die
sie selbst zuweilen unbeabsichtigt herbeiführt, stellt eben nur
eine Facette, einen Nebenaspekt der Zensur dar – und in der Tat
einen oft vergnüglichen.

Diebisches Vergnügen lachte auch einer Delegation israe-
lischer Wissenschaftlerinnen aus den Augen, der ich im Sommer
2017 an der Universität Kassel begegnete. Es war die Zeit der
documenta 14. Marta Minujíns *Parthenon of Books* auf dem Kasseler Friedrichsplatz war sogleich das beherrschende Gesprächs-
thema. Wir diskutierten über Zensur heute, was die israelischen
Kolleginnen an einen aktuellen Fall aus ihrer Heimat denken
ließ: an den Zensurskandal um Dorit Rabinyans Roman *Gader
Chaya* (*Leben an der Grenze*), der 2014 erstmals erschienen war. Rabinyan erzählt von einer Liebe in New York zwischen einer Jüdin
und einem Palästinenser. Weil das Buch begeisterte Lesende
auch unter den Lehrern und Lehrerinnen des Landes fand, ge-
langte es per Antrag auf die Lektüreliste für israelische Schulen.
Dort blieb es aber nicht lange. Im Dezember 2015 strich das Bil-
dungsministerium Rabinyans Liebesroman wieder aus dem Curriculum. Es befürchtete, dass Jugendliche durch die Lektüre in
ihrer jüdischen Identität verunsichert würden. Israels Bildungs-
minister nannte die Autorin in den Fernsehnachrichten eine
»Feindin der Nation«. Der Aufschrei in den Medien und sozialen
Netzwerken war groß. Schriftsteller und Kulturschaffende stellten sich hinter Rabinyan, Lehrer und Lehrerinnen nahmen den
Roman nun erst recht im Unterricht durch (denn verboten ist er
nicht, er darf nur nicht mehr als Pflichtlektüre im Curriculum
stehen). Die israelischen Delegierten, die mir in Kassel davon erzählten, berichteten, dass das Buch vorher gar nicht so allgemein
bekannt gewesen sei. Erst dann hätten es plötzlich alle lesen
wollen. Übrigens auch in Deutschland: Im August 2016 erschien

Gader Chaya unter dem Titel *Wir sehen uns am Meer* auf Deutsch – und der Verlag ließ es sich nicht nehmen, ausdrücklich mit dem Zensurskandal für den Roman zu werben.

Die hier erzählten Geschichten führen es vor: Immer wieder passiert es, dass Zensur gerade das Gegenteil von dem erreicht, was sie eigentlich will. Übrigens auch im Internet. Hier hat das Phänomen sogar schon einen eigenen Namen: Streisand-Effekt. Sicher war die Schauspielerin und Sängerin Barbra Streisand nicht glücklich, als sie gerade für diesen Begriff zur Patin wurde. Denn ihre Stimmung war ohnehin gereizt. Im Jahr 2003 hatte sie entdeckt, dass auf einer Website über zehntausend Luftaufnahmen von der kalifornischen Küste abrufbar waren. Das allein hätte sie bestimmt nicht gestört – wenn nicht auf einem dieser Fotos ihr eigenes Anwesen von oben zu sehen gewesen wäre. Streisand verklagte die Website und den Fotografen. Doch ihr Versuch, auf diese Weise Informationen über ihr Privatleben aus dem Netz zu entfernen, scheiterte grandios. Die Aktion ging nach hinten los. Denn erst jetzt begannen sich alle zu fragen, wo die berühmte Diva denn eigentlich genau wohnte. Und nur, weil sie selbst so demonstrativ darauf gezeigt hatte, konnte man überhaupt eines der abgebildeten Gebäude als ihr Heim identifizieren: Das Foto verbreitete sich in Windeseile im Netz.

Manche folgern aus dem Streisand-Effekt, dass Internetzensur prinzipiell zum Scheitern verurteilt ist (wobei es sich im namengebenden Präzedenzfall freilich nicht um Zensur im eigentlichen, erst recht nicht im formellen Sinn handelt). Denn gerade dann, wenn ein Zensurfall bekannt wird, tauchen die zensierten Inhalte auf zahllosen anderen Websites, in Blogs und sozialen Netzwerken auf. Sonst hätte sich vielleicht niemand für sie interessiert, nun aber teilt man sie erst recht – und macht der Zensur auf diese Weise eine lange Nase.

9 DIE DEUTSCHEN CENSOREN – – – DUMMKÖPFE: SUBVERSION DER ZENSUR

Zensur wird also häufig zum Bumerang. Sollte das den Mächtigen nicht reichen, um die Finger von ihr zu lassen? Leider nicht. Um die Wende zum 19. Jahrhundert erschien in Hannover ein *Handbuch des Teutschen Policeyrechts*. Sein Verfasser, der Jurist Günther Heinrich von Berg, ist ein Befürworter polizeilich gestützter Zensur, der darin ein wichtiges Instrument der Prophylaxe sieht. Im zweiten, 1799 erschienenen Band des *Handbuchs* stellt von Berg die Argumente seiner Gegner – also der Zensurkritiker – zusammen. Eine polizeiliche Zensur solle nicht stattfinden, »meynen Viele, weil das Alles mehr das Gute hindere, als das Böse verhüte; lästig sey, ohne zu nützen, und, in Teutschland besonders, bey den immer wechselnden Gebieten und Regierungsmaximen, vergebliche Mühe und Arbeit. Die strengste Censur könne nicht mehr thun, als die verworfene Handschrift in eine fremde Presse treiben, und alle Bücherverbote, die noch dazu die bürgerliche Freyheit, das Recht selbstständiger Menschen, zu lesen, was ihnen gut däucht, aufs bitterste kränken, wirken doch nur so viel, daß desto eifriger heimlich gelesen werde, was man öffentlich nicht lesen dürfe, und die Verzeichnisse verbotener Bücher seyen nicht selten verführerischer, als die Bücher selbst. Auch sey der Despotismus der meisten Bücherrichter in der gelehrten Republik nicht zu dulden«. Die genannten Aspekte kommen uns sämtlich bekannt vor. Sie taugen noch heute, um gegen Zensur zu plädieren. Der ungewollte Werbeeffekt von Zensur wird hier ebenso aufgeführt wie die Feststellung, dass Zensur nichts bringe, da man sie sowieso umgehe.

In der Tat suchen die von Zensur Betroffenen ständig Wege, um mit ihr umzugehen bzw. sie zu umgehen. Und dies mit

Erfolg: Die Geschichte der klassischen Zensur ist voll von Geschichten ihrer subversiven Unterwanderung. Man könnte hier ausführlich erzählen von auswendig gelernten und so vor dem Vergessen geretteten Ideen getöteter Schriftsteller. Von Autoren, die ihre Werke unvollständig oder in geschönter Version bei den Zensurbehörden einreichten, und von solchen, die trickreich mit ihren Zensoren verhandelten. Vom blühenden literarischen Untergrund seit dem 18. Jahrhundert, vom regen Handel auf schwarzen Buchmärkten, vom grenzüberschreitenden Bücherschmuggel bis heute. Zu berichten wäre von Büchern mit falschen Autor-, Verlags- und Ortsangaben oder auch von aktuellen technischen Tricks, die man gegen Internetzensur einsetzen kann.

Ganz konkret wären spannende Geschichten von dem Wiener Volksdramatiker Johann Nestroy aus dem 19. Jahrhundert zu erzählen, dessen Stücke ganz anders gespielt wurden, wenn der Theaterpolizist einmal *nicht* anwesend war. Oder auch von der abenteuerlichen Aktion, bei der Boris Pasternaks Roman *Doktor Schiwago* aus der Sowjetunion herausgeschmuggelt und zum Bestseller wurde. Werner Fuld erzählt in seinem *Buch der verbotenen Bücher* diesen Zensurkrimi, bei dem eine Propagandatruppe der CIA sogar ein Flugzeug nach Malta umleitete: »Für zwei Stunden müssen alle Passagiere die Maschine verlassen. Diese Zeit genügt den Agenten, das Manuskript im Flughafenbüro zu kopieren und wieder im Gepäck zu platzieren. Nun konnte der Roman, in Den Haag gedruckt, im Frühjahr 1958 auf Russisch erscheinen und ermöglichte die Nominierung für den Nobelpreis – ein Coup, dessen Propagandawirkung gegen das Sowjetregime noch größer als erwartet war, da das Buch innerhalb kürzester Zeit in 18 Sprachen übersetzt und damit zum ersten Weltbestseller wurde.«

Eine besonders beliebte Form der Subversion war seit dem 19. Jahrhundert der Einsatz von Zensurstrichen. Eigentlich sollen

Streichungen und Striche in der Geschichte der Zensur dem Vernichten und Vergessen von bestimmten Inhalten dienen – und erhöhten dadurch erst recht die Aufmerksamkeit für diese Inhalte. Man findet das Phänomen bereits im alten Ägypten, wo die Pharaonen die Namenskartuschen ihrer Vorgänger von den Obelisken wegmeißeln ließen und damit unbeabsichtigterweise den Blick erst recht auf das Getilgte lenkten.

Durch Streichung etwas vergessen zu machen, versuchte auch die Zensur des Vatikans – und nannte es ›Expurgation‹: Bei Büchern, die der Indexkongregation zur Prüfung vorlagen, wurden heikle oder fragwürdige Stellen einfach gelöscht. Indem man sie durchstrich, wollte man ihre Verdammung aus dem Gedächtnis erreichen. Und wieder trat natürlich die gegenteilige Wirkung ein, wie der Indexforscher Peter Godman erläutert: »Ein gestrichener Name ist nicht getilgt, sondern weckt beim Leser das Interesse, herauszufinden, was sich hinter der Streichung verbirgt. Ein gestrichener Absatz lädt ihn geradezu ein, nachzuforschen, was entfernt wurde.«

In Deutschland begann die Konjunktur der Zensurstriche im Jahr 1814, und sie hatten in der Tat viel mit einer subversiven Einladung zum Nachforschen zu tun. Zunächst waren sie allerdings schlicht ein Notbehelf des Druckers, der nach einem Eingriff der Zensur nicht alles noch einmal neu setzen konnte und daher ein verbotenes Wort oder einen verbotenen Absatz durch Striche ersetzte. Nach der Neuorganisation der Zensur durch die Karlsbader Beschlüsse des Deutschen Bundes im Jahr 1819 bekamen die ominösen Striche dann eine ganz andere, nämlich subversive Bedeutung: Texte wurden durch Zensurstriche sozusagen ausgewiesen als besonders kritisch und mutig. Damit wurde die Strichtechnik dann auch problematisch für die Herrschenden. Denn das war natürlich das Letzte, was erreicht werden sollte: dass die Lesenden grübelten, was da wohl Spannendes gestanden haben könnte! Deshalb verfügte zum Beispiel Preußen schon bald, dass Gedankenstriche die Zensur nicht passieren dürften; im Jahr 1823 erließ es eine entsprechende Ministerialverfügung. Die allerdings wenig half: 1843 musste mit einem erneuten ausdrücklichen Verbot noch einmal nachgelegt werden.

Die berühmtesten Zensurstriche der Literaturgeschichte stammen von Heinrich Heine. In seinen *Reisebildern* fügte er 1826/27 eine Satire über die Zensur ein, die ihren Witz ganz aus der Strich- und Streich-Logik zieht: Eine Seite, überschrieben mit »Capitel XII«, besteht ausschließlich aus langen Strichen. Ausnahme: Die erste beginnt mit den Worten »Die deutschen Censoren« – und in der siebten Zeile steht mittendrin das Wort »Dummköpfe«. Alles andere ist gestrichen.

1834 verbot auch die Bundesversammlung des Deutschen Bundes die berüchtigten Striche – was aber offenbar ebenfalls keine große Wirkung zeitigte. Die vielen deutschen Territorialstaaten besaßen so unterschiedliche Zensurgesetze, dass Einheitlichkeit utopisch war. So kam es dazu, dass sich die unaufhörlichen Kleinkriege von Schriftstellern, Verlegern und Journalisten auf der einen Seite und Zensurbehörden auf der anderen Seite oft »in Zensurschlachtenbilder von überwältigender Komik« auflösten, wie Houben schreibt. Er liefert etliche Beispiele dafür. So füllte der Journalist und Schriftsteller Ludwig Börne Zensurlücken gerne mit irgendwelchen redaktionellen Bekanntmachungen, die nichts mit dem ursprünglichen Textsinn zu tun hatten – und lenkte damit das Augenmerk erst recht auf die entstandene Lücke. Auch für einen anderen Vormärzdichter, Wilhelm Held, wurde die Überlistung des Zensors »eine Art Sport«. Held füllte Zensurlücken in seinem Volksblatt *Die Lokomotive* mit alten Kinderliedern und hatte auf diese Weise die Lacher auf seiner Seite. Oder er setzte Gedankenstriche ein, wo gar nichts Verbotenes gestanden hatte, und ergänzte in der Fußnote: »Diese Klammern deuten keine Striche des Zensors an, sondern Gedanken, die ich infolge der neueren Zensurmaßregel auszulassen für gut fand, um Zensurstriche zu vermeiden. Es sind also ein für allemal Selbstzensurstriche.« So geschehen am 5. April 1843 in der *Lokomotive*. Im Jahr 1844 ließ Wilhelm Held sogar ein Buch drucken, in dem er alle Artikel einschließlich der zensierten, nun in anderer Schriftart gekennzeichneten Textpassagen neu abdruckte: *Censuriana oder Geheimnisse der Censur*. Natürlich wurde es sofort verboten.

Ein besonders berühmter Fall von Zensurstrichen gehört in die jüngste Vergangenheit. Das *Guantánamo-Tagebuch*, das im Januar 2015 auf Englisch und Deutsch erschien, ist voll davon. Mohamedou Ould Slahi, der Verfasser, wurde vierzehn Jahre lang, von 2002 bis 2016, als vermeintlicher islamistischer Terrorist in dem berüchtigten US-Spezialgefängnis auf Kuba gefangen gehalten, ohne Gerichtsverfahren. Bereits 2005 verfasste er sein Tagebuch, das seinen Guantánamo-Alltag – Demütigung, Folter und Gewalt, sexuellen Missbrauch, Todesdrohungen – eindringlich beschrieb. Die USA verhinderten die Veröffentlichung zehn Jahre lang. Als es dann schließlich den Weg auf den Buchmarkt fand – nachdem seit April 2013 Auszüge in der Zeitschrift *Slate* erschienen waren –, war es durchsetzt von massiven Streichungen durch die US-Behörden. Insgesamt sind es über zweitausendfünfhundert schwarze Blöcke, die sich teilweise über mehrere Seiten ziehen und dem Buch seinen unverwechselbaren Stempel aufdrücken. Gestrichen sind Namen, Orte, Daten, Personalpronomina, aber auch komplette Textpassagen. Die schwarzen Blöcke zeigen die Gewalt, die dem Text vonseiten des Staates zugefügt wurde – und die auf unheimliche Weise jene Gewalt verdoppelt, die der Verfasser in Guantánamo erlebte. Im Februar 2018 erschien Slahis Bestseller übrigens dann »unzensiert«: Der Verfasser hatte die geschwärzten Stellen nach seiner Freilassung im Jahr 2016 erneut mit dem zuvor unterdrückten Text gefüllt.

10 DIE ZENSUR IST ÜBERLEBT, NUTZLOS, PARADOX ...: KRITIK DER ZENSUR

Geschichten- und Geschichtsschreiber erzählen aber nicht nur davon, wie Zensur subversiv umgangen wurde. Sie berichten auch vom direkten Protest, vom offenen Kampf gegen sie. Zum Scheitern von Zensur gehört daher nicht zuletzt die Geschichte einer wirkungsvollen Kritik. Diese Geschichte beginnt in Deutschland erst relativ spät: Zensurkritik mit tatsächlichen Auswirkungen auf die literaturpolitische Lage gab es auf deutschsprachigem Gebiet erst im 19. Jahrhundert.

England war hier übrigens wesentlich früher dran: Bereits hundert bis hundertfünfzig Jahre vor Kontinentaleuropa wurde im Königreich ein kritischer Diskurs über Meinungs- und Pressefreiheit begonnen – der schließlich in der Abschaffung der staatlichen Zensur im Jahr 1694 mündete. Maßgeblich beteiligt an diesem Diskurs war der englische Schriftsteller John Milton, der auf eine mutige und herausfordernde Weise gegen die in seinem Land herrschende Unfreiheit der Presse protestierte. Seit Ende des 16. Jahrhundert hatte eine Zensurbehörde, der *Court of Star Chamber*, britische Monarchie und anglikanische Staatsreligion durch Unterdrückung kritischer Schriften absichern sollen. Bürgerlich-parlamentarischer Widerstand hatte zu einer wenige Jahre währenden Zensurfreiheit geführt, bis 1643 erneut die Vorzensur galt – nur eben unter anderer politischer Flagge: Einzudämmen war nun die Flut königstreuer Propagandaschriften. Wieder einmal fuhr der Zug einfach in die andere Richtung.

Das entsprechende Zensurgesetz vom 14. Juni 1643 war der Anlass für die *Areopagitica*. *A speech of Mr. John Milton for the liberty of unlicens'd printing, to the Parliament of England.* Das britische Parlament firmiert als Adressat, auch wenn die 1644 in London gedruckte Schrift nie als Rede vor Ober- und Unterhaus gehalten wurde. Der überzeugte Republikaner Milton kämpft hier energisch für die Denk-, Meinungs- und Pressefreiheit, die der Ursprung aller großen Gedanken sei – und für das Recht, das zu schreiben, was man selbst als Wahrheit ansieht: »Gebt mir die Freiheit etwas zu wissen, zu äußern und gemäß meiner Überzeugung dafür zu streiten, vor allen anderen Freiheiten.« Milton findet starke Worte gegen die Zensur: »Wer einen Menschen tötet, tötet ein vernunftbegabtes Wesen, Gottes Ebenbild; wer jedoch ein gutes Buch zerstört, tötet die Vernunft selbst.« Milton wäre für die *Areopagitica* beinahe hingerichtet worden – sein Buch wurde es jedenfalls: 1651 fanden in Frankreich und 1660 in England öffentliche, vom Henker durchgeführte Bücherverbrennungen statt, und noch 1683, neun Jahre nach Miltons Tod, verbrannte die Universität Oxford seine Anti-Zensur-Schrift erneut in einem symbolischen Akt. Sie galt als gefährliches Buch, weil sie die Freiheit des Individuums und die Rechte des Volkes gegen den Absolutismus stark machte.

John Miltons Einspruch gegen die herrschende Zensur war nicht nur mutig, sondern auch wirkungsvoll. Nicht zuletzt ihm ist es zu verdanken, dass das Thema der Zensur präsent blieb in der Öffentlichkeit. Im Jahr 1694, im Zuge einer Öffnung und Liberalisierung der britischen Gesellschaft, war dann schließlich die *Licensing Order* fällig und die Zensur wurde abgeschafft.

Eine ähnlich exponierte Zensurkritik wie die Miltons gab es bis ins 19. Jahrhundert im deutschsprachigen Raum nicht. Erste Widerstände gegen die Zensur wurden (abgesehen von frühen kritischen Stimmen wie Lessing) zwar im letzten Drittel des

18. Jahrhunderts laut, in der weiter oben erwähnten spätaufklä-
rerischen Debatte über die Meinungs- und Pressefreiheit, die in
verschiedenen deutschsprachigen Medien geführt wurde. Diese
ersten Widerstände gegen die Zensur hatten aber zunächst keine
konkreten realpolitischen Folgen. Die heiße Phase des Vormär-
zes stand dann ganz im Zeichen des Kampfes für die Meinungs-
und Pressfreiheit; die deutsche Märzrevolution von 1848/49
machte die Aufhebung der Zensur zu einem ihrer Hauptziele.
Und tatsächlich: In der Verfassung des Deutschen Reiches vom
28. März 1849 stand erstmalig: »Jeder Deutsche hat das Recht,
durch Wort, Schrift, Druck und bildliche Darstellung seine Meinung frei zu äußern. Die Preßfreiheit darf unter keinen Umständen und in keiner Weise durch vorbeugende Maßnahmen,
namentlich Censur [...] beschränkt, suspendiert oder aufgehoben werden.« Dieses Anti-Zensur-Gesetz in der Paulskirchenverfassung war ein Meilenstein in der Geschichte der Zensurkritik.
Allerdings währte es bekanntlich nicht lange, letztlich trat die
Verfassung durch den Widerstand einzelner Territorialstaaten
nie in Kraft. Die politische Reaktion holte die 48er-Revolution
und damit auch die verfassungsrechtlich verankerte Meinungs-
und Pressefreiheit schnell ein. In der preußischen Verfassung
vom 15. April 1850 hieß es bereits wieder: »Die Zensur darf nicht
aufgehoben werden.« Ein Jahr später übrigens erschien John Miltons Essay über die Pressefreiheit erstmals in deutscher Übersetzung – über zweihundert Jahre nach dem Original!

Die Geschichte der Zensurkritik hat weitere Meilensteine zu
bieten. Einen der eindrucksvollsten stellt eine kurze Rede dar,
die ich hier schon mehrfach erwähnt habe. Mit ihr bot ein einzelner Schriftsteller einem repressiven Regime die Stirn. Der Titel
seiner Rede ist von geradezu barocker Länge: »Die Zensur ist
überlebt, nutzlos, paradox, menschen- und volksfeindlich, ungesetzlich und strafbar.« Wie mutig, einer Regierung einen solchen

Satz entgegenzuschleudern! So geschehen von Christoph Hein im November 1987 auf dem 10. Schriftstellerkongress der DDR.

Gewiss war zu jener Zeit bereits einiges in Bewegung geraten im kommunistischen Teil der Welt. Zwei Jahre zuvor hatte Michail Gorbatschow als ZK-Generalsekretär der KPdSU unter den Schlagworten *Glasnost* und *Perestroika* die Öffnung des Ostblocks eingeleitet, und auch die DDR musste sich zu diesen Veränderungsprozessen verhalten. Ebenso gewiss ist, dass Christoph Hein sich einer grundsätzlichen Anerkennung als etablierter Autor relativ sicher sein konnte. Und dennoch – seine Anti-Zensur-Rede im ostdeutschen Herbst 1987 war radikal und kompromisslos.

Zunächst zeichnet Hein mit viel schwarzem Humor und Zynismus ein düsteres Bild des Literaturüberwachungssystems der DDR: »Überrascht bemerkte ich, daß unsere Verleger auf Bücherstapeln sitzen. Diese Stapel bestehen nicht aus Ladenhütern, aus unverkäuflicher Ware – der Absatz ihrer Produkte ist die geringste Sorge unserer Verleger –, diese Stapel bestehen aus Büchern der laufenden Produktion. Bücherstapel sind eine sehr unbequeme und unsichere Sitzgelegenheit. Sie sind instabil, und so kann es keinen verwundern, wenn unsere Verleger, auf ihnen sitzend, gelegentlich wackeln oder – und auch das kam vor – von diesen Büchern zu Fall gebracht werden. Ich plädiere für bessere und stabilere Stühle in den Chefetagen unserer Verlage, möglichst keine Drehstühle, aber gesundheitsfördernde, also rückgratstärkende und auch rückgratschonende Sitzgelegenheiten.«

Ich habe Hein hier schon mehrfach zitiert und lasse es dabei bewenden – fast. Nicht vorenthalten möchte ich Ihnen den großen Paukenschlag seiner Zensurrede. Stellen Sie sich dabei die Gesichter der Regierungsvertreter vor, die am Schriftstellerkongress teilnahmen: »Die Zensur ist ungesetzlich, denn sie ist verfassungswidrig. Sie ist mit der gültigen Verfassung der DDR nicht vereinbar, steht im Gegensatz zu mehreren ihrer Artikel. Und die Zensur ist strafbar, denn sie schädigt im hohen Grad das Ansehen der DDR und kommt einer ›öffentlichen Herabwürdigung‹ gleich. Das Genehmigungsverfahren, die Zensur muß schnellstens und ersatzlos verschwinden, um weiteren Schaden von unserer Kultur abzuwenden, um nicht unsere Öffentlichkeit und unsere Würde, unsere Gesellschaft und unseren Staat weiter zu schädigen.« Heins Protest und der anderer Schriftsteller zeigte Wirkung. Dazu bedurfte es auch der Mithilfe des zuständigen stellvertretenden Kulturministers der DDR, Klaus Höpcke. Er war gleichzeitig Leiter der Hauptverwaltung Verlage und Buchhandel und erlaubte immer wieder auch die Publikation kritischer Literatur. Die Lockerung der Zensur gelang, auch wenn nicht viel Aufhebens darum gemacht wurde. Schließlich, so bemerkt Lokatis in seinen *Zensurspielen* süffisant, »konnte man nicht gut eine Zensur abschaffen, die offiziell überhaupt nicht existierte«.

Zensur kann also tatsächlich am Widerstand gegen sie scheitern. Hartnäckiger Kampf für die Meinungsfreiheit kann sich auszahlen. Gleichwohl hat ein solcher Kampf seinen Preis. Meist leben und arbeiten Menschen, die offen gegen staatliche Zensur protestieren, unter erschwerten und harten Bedingungen. Sie werden bedroht, eingeschüchtert, sind in ihrem Wirkungskreis stark eingeschränkt, verlieren ihren Job. In diktatorischen und autokratischen Regimes drohen ihnen Gefängnis oder sogar der Tod. Wenn eine Diktatur vorbei ist, zieht die Geschichtsschreibung Bilanz. Dabei bleiben nur wenige einzelne Persönlichkeiten im kollektiven Gedächtnis erhalten. Zunächst der Diktator selbst: als große, einflussreiche und zerstörerische Figur. Als Schaden seines Landes, als Schrecken seiner Zeit. Als Negativbeispiel, um aus der Geschichte zu lernen, damit so etwas nie wieder passiert. Die anderen Persönlichkeiten, die die kollektive

Erinnerung bewahrt, sind nicht etwa die Freunde des Diktators. In Erinnerung bleiben seine Kritikerinnen und Kritiker, die im Kampf für die Freiheit ihr Leben aufs Spiel gesetzt oder sogar verloren haben.

Wie sieht es nun mit einer Kritik der Zensur in einem *freien* Land aus? In Demokratien ist die freie Meinungsäußerung verfassungsrechtlich geschützt. Es existieren keine Zensurpraktiken von staatlicher Seite, die mit denen in restriktiven, totalitären Regimen vergleichbar wären. Der öffentliche Diskurs über Gefahren für die Meinungsfreiheit gehört sogar notwendig zur Demokratie dazu. Man darf die Regierung kritisieren und auch gegen Zensur protestieren. Man kann sich also fragen, ob, und wenn ja, warum, es einen solchen Protest überhaupt gibt oder geben sollte – wenn doch formell-staatliche Zensur gar nicht stattfindet bei uns? In der Tat kommt heutzutage immer wieder Zensurkritik ohne Zensur vor: Nicht selten handelt es sich um eine geschickte Skandalisierungsstrategie, die dazu dient, mediale Aufmerksamkeit zu erregen. Besonders laut schallt ein solcher Protest gegenwärtig von rechtspopulistischer Seite. Polemisch kritisiert sie als staatliche Zensur, was keine ist.

Doch auch seriöse, sachgemäße Zensurkritik findet in unserer Demokratie statt. Sie prüft kritisch und wachsam die Grenzen der Meinungsfreiheit, die zwar keine klassisch-formelle Zensur darstellen, sich aber womöglich verschieben könnten – auch bei uns. Häufig hat die hiesige Zensurkritik allerdings gerade nicht deutsche Zustände im Blick. Das politische, kulturell-künstlerische und gesellschaftliche Engagement zahlloser Menschen, Gruppierungen und Institutionen für Menschenrechte richtet sich auf Gegenden in der Welt, in denen die Meinungsfreiheit in Gefahr oder nicht vorhanden ist. Als Orientierungspunkt gilt dabei die UN-Menschenrechtscharta von 1948. Artikel 19 lautet: »Jeder Mensch hat das Recht auf freie Meinungsäußerung; dieses

Recht umfasst die Freiheit, Meinungen unangefochten anzuhängen und Informationen und Ideen mit allen Verständigungsmitteln ohne Rücksicht auf Grenzen zu suchen, zu empfangen und zu verbreiten.« In diesem Sinne setzt sich beispielsweise der Autorenverband PEN-Zentrum Deutschland, dem Christoph Hein als Ehrenpräsident vorsteht, global für die Freiheit des Wortes ein. Und hat nicht immer, aber immer wieder Erfolg damit. Es gelingt ihm, Schriftsteller und Schriftstellerinnen in Gefängnissen dadurch zu schützen, dass die Welt sie nicht vergisst. Deniz Yücel ist eines der prominentesten Beispiele dafür.

Kritik an formell-staatlicher Zensur formiert sich in offenen Gesellschaften ganz unterschiedlich. Sie findet in analogen und digitalen Medien statt. Sie geht von Personen aus Journalismus und Politik, Kunst und Kultur aus.

Das buchstäblich größte Symbol der Zensurkritik, das es je gab, ist der *Parthenon of Books*. Das Werk der argentinischen Künstlerin Marta Minujín visualisierte im Jahr 2016 das globale Ausmaß von Zensur auf eine unübersehbare Weise. Rund 67 000 verbotene Bücher hingen da an einem Stahlgerüst auf dem Kasseler Friedrichsplatz, das im Größenverhältnis 1:1 dem griechischen Tempel auf der Akropolis nachempfunden war. Und egal, ob den *documenta*-Gästen dieses Zensurmahnmal gefiel oder nicht – übersehen konnten sie es nicht. Der *Parthenon of Books* war anstößig im besten Sinne des Wortes.

Er hat auch mich angestoßen. Zuvor hatte mich noch nie die Kunst zur Wissenschaft verführt. Durch Minujíns Kunstprojekt, das ich gemeinsam mit Florian Gassner von der Universität of British Columbia in Vancouver und einer Gruppe Studierender wissenschaftlich begleitet habe, geriet das Thema Zensur in den Mittelpunkt meiner Forschung und Lehre. Zu unserer Arbeit am *Parthenon of Books* gehörte die Zusammenstellung verbotener Bücher in einer großen Liste, der online verfügbaren »Kasseler

Liste«, die aktuell über 125 000 Titel enthält. Sie sollte einen
Anhaltspunkt für Buchspender und -spenderinnen geben. Die
Studierenden prüften die eingesandten Bücher, unter anderem
mithilfe der Liste, daraufhin, ob sie verboten waren oder sind.
Sie stempelten sie und bereiteten sie für das Kunstwerk vor, viele
Monate lang.

In dieser Zeit habe ich Hunderte alte Micky-Maus-Hefte bei
eBay ersteigert. In unserem Wohnzimmer standen zwei große
Kartons, in dem einen waren die ungelesenen Hefte, in dem
anderen die ›fertigen‹. Meine Kinder lasen monatelang nichts
anderes. War das nun auch eine bestimmte Form von Zensurkritik? Es wäre gelogen, wenn ich behaupten würde, sie hätten
damit Millionen von mickymauslosen DDR-Kindheiten grausam
rächen wollen. Das Lesen hat sie unterhalten und entspannt
(und wahrscheinlich eher wenig belehrt, was ich als Mutter auf
meine Kappe nehme). Wenn sie fertig waren mit einem Heft-
stapel, gaben sie ihn für die Kunst frei.

Ob das etwas gebracht hat? Ja, was denn sonst.

11 UNTER DEM STRICH: ZENSURBILANZ

Nachdem nun Erfolge und Misserfolge der klassischen, formalen
Zensur zur Sprache gekommen sind, ist eine Bilanz fällig. Triumph und Scheitern der Zensur sind gegeneinander abzuwägen.

Zweifellos ist seit dem 19. Jahrhundert weltweit eine Zunahme von Demokratie und Freiheitlichkeit zu beobachten: Gift für
die Zensur. Doch man darf sich nicht in die Irre führen lassen –
zu schnell geraten sonst die vielen Teilerfolge der Zensur aus
dem Blick und damit die individuellen Schicksale verbotener Bücher, Ideen, Menschen. Das Thema Zensur ist brandaktuell, vielleicht sogar aktueller denn je. Weiterhin werden auf der ganzen

Welt Menschen aufgrund ihrer Meinungen und Einstellungen
verfolgt, Presse- und Medienfreiheit eingeschränkt, Wissenszu-
gänge blockiert, sogar Bücher werden weiterhin verbrannt. Von
einem allgemeinen Scheitern der Zensur kann keine Rede sein.

Werner Fuld behauptet dagegen: »Kein verbotenes Manuskript blieb ungelesen; kein beschlagnahmtes Buch konnte nicht
irgendwo anders erworben werden. Jeder Versuch, heute Inter-
net-Seiten mit unbequemen Inhalten innerhalb der eigenen Lan-
desgrenzen zu sperren, ist ohnehin zum Scheitern verurteilt.«
Dabei lässt er Texte außer Acht, die in Schubladen blieben oder
gar nur im Kopf ihrer Verfasser – sicherlich den größten Teil der
Literaturgeschichte. Ein Teil, der immer im Verborgenen bleibt.
Es ist das Hauptproblem von optimistischen Szenarien, die das
letztendliche Scheitern der Zensur feiern, dass eine Gegenprobe
prinzipiell unmöglich ist. Niemand kennt die Geschichte der ungeschriebenen Literatur, der ungehaltenen Reden, der gelösch-
ten Zeichen. Niemand kann je wissen, ob die Zensur nicht doch
Ideen verhindert hat, die die Zukunft verändert hätten.

Ich erinnere an Bertolt Brechts danteske Vision einer vergessenen Literatur aus dem Jahr 1939: Das Gedicht *Besuch bei den
verbannten Dichtern* zeichnete ein düsteres Bild vom Triumph der
Zensur. Doch in den 1930er-Jahren hat Brecht auch den Misserfolg der Zensur in Verse gefasst, und zwar in genauso ein-
dringlicher Weise: *Die unbesiegliche Inschrift*, so heißt eines seiner
im Exil geschriebenen *Svendborger Gedichte*. In einem italienischen
Gefängnis kratzt während des Zweiten Weltkriegs ein sozialisti-
scher Soldat mit einem Kopierstift »Hoch Lenin!« in die Wand.
Die verzweifelten Versuche der Wärter, die Inschrift zu tilgen,
scheitern. Die unverhohlene Parteinahme für einen Diktator wie
Lenin irritiert uns heute, keine Frage. Hier geht es aber nicht um
die politische Tendenz des Textes, sondern um seine Botschaft
zum Thema Zensur – darum, was er zu ihrer Erfolgs- oder Miss-

erfolgsgeschichte zu sagen hat. Und diese Botschaft ist eindeutig: Die »drohende Inschrift«, »kaum sichtbar, aber mit ungeheuren Buchstaben geschrieben«, ist mit Kalk nicht zu übertünchen und auch mit Farbe nicht zu übermalen.

> Da schickten die Wärter einen Maurer mit einem Messer
> gegen die Inschrift vor.
> Und er kratzte Buchstabe für Buchstabe aus, eine Stunde
> lang.
> Und als er fertig war, stand oben in der Zelle, jetzt farblos
> Aber tief in die Mauer geritzt, die unbesiegliche Inschrift:
> Hoch Lenin!
> Jetzt entfernt die Mauer! sagte der Soldat.

12 NEUE WÖRTER FÜR DIE GLEICHE SACHE: DECKNAMEN DER ZENSUR

Die Geschichte der klassischen Zensur ist noch lange nicht zu Ende. Die Zensur lebt, sie ist omnipräsent. Und zwar auch dann, wenn sie nicht beim Namen genannt wird. Denn sie hat allgemein ein schlechtes Image, und wer will schon seine Regierungspolitik mit einem solch bösen Wort wie ›Zensur‹ verunzieren.

Wie gesagt war die Zensur früher gar nicht so schlecht angesehen. Sogar den meisten Aufklärern galt sie noch als gut und notwendig. Inzwischen jedoch hat sich ihre gesellschaftliche Bewertung stark verändert bzw. komplett umgekehrt. Das hängt direkt zusammen mit der glänzenden Karriere der Todfeindin der Zensur: der Meinungsfreiheit. Diese brach sich im 19. Jahrhundert umfassend Bahn, vorangetrieben von revolutionären Bewegungen in vielen Ländern Europas. Sie wurde als allgemeines Menschenrecht zum zentralen Bestandteil rechtsstaatlicher Verfassungen, auch wenn dies häufig erst einmal nicht von Dauer

war. Die Rede war bereits von den schnell verlorenen Märzerrun-
genschaften – trotzdem stellte die Paulskirchenverfassung von
1849 ein wichtiges Leuchtsignal dar, das nicht mehr vergessen
werden konnte. Zwar leuchtete es seither nicht durchgehend –
aber das erfuhr und erfährt dann eben auch scharfe Kritik: Die
Zensur hat ihr Positiv-Image spätestens im 19. Jahrhundert verloren. Die historischen Zeiträume, in denen trotzdem weiterhin oder wieder Zensur herrschte, wie im Nationalsozialismus
oder der DDR, gelten im geschichtlichen Rückblick als Zeiten
der Meinungsunfreiheit, der Tyrannei, des Terrors, der Überwachung. Und ein klares Negativ-Image haben auch gegenwärtig
diejenigen Staaten, die Zensur praktizieren: totalitäre Regime
und Diktaturen in der ganzen Welt.

Heute ist Zensur also ein böses Wort. Freiheit, Demokratie
und Rechtsstaatlichkeit sind in der modernen Welt als zentrale
Werte menschlichen Zusammenlebens anerkannt, ob nun als
gesetzlich verankertes Grundrecht oder zumindest als Ideal, das
man sich auf die Fahne schreibt. Zensur ist zum No-Go geworden – übrigens sogar für Diktatoren.

Wer redet noch von Zensur? Niemand. Doch die Abwesenheit des Wortes bedeutet natürlich noch nicht die Abwesenheit
der Sache. Gerade die Staaten, die am lautesten jegliche Form
von Zensur von sich weisen, waren und sind oft diejenigen, die
ihre Bürger am restriktivsten kontrollieren und die den ausgefeil-
testen Zensurapparat überhaupt haben.

Was also tut ein Staat, wenn das Wort ›Zensur‹ tabu ist, er
aber dennoch zensieren will? Ganz einfach: Er erfindet Decknamen – andere, neue Wörter für die gleiche Sache. In der DDR
hieß die Zensur daher »Druckgenehmigungsverfahren«. In der
Verfassung von 1949 ist sie laut Paragraf 9 noch ganz ausdrücklich verboten: »(1) Alle Bürger haben das Recht, innerhalb der
Schranken der für alle geltenden Gesetze ihre Meinung frei und

öffentlich zu äußern und sich zu diesem Zweck friedlich und un-
bewaffnet zu versammeln. Diese Freiheit wird durch kein Dienst-
oder Arbeitsverhältnis beschränkt; niemand darf benachteiligt
werden, wenn er von diesem Recht Gebrauch macht. (2) Eine
Pressezensur findet nicht statt.« Später wird das böse Z-Wort
dann ganz vermieden. In Artikel 27 der Verfassung von 1968
heißt es mit leichten, aber markanten Abweichungen: »(1) Jeder
Bürger der Deutschen Demokratischen Republik hat das Recht,
den Grundsätzen dieser Verfassung gemäß seine Meinung frei
und öffentlich zu äußern. Dieses Recht wird durch kein Dienst-
oder Arbeitsverhältnis beschränkt. Niemand darf benachteiligt
werden, wenn er von diesem Recht Gebrauch macht. (2) Die Freiheit der Presse, des Rundfunks und des Fernsehens ist gewährleistet.« Wenn Christoph Hein die in seinem Land herrschende
Zensur als »gesetzwidrig« anklagte, dann bezog er sich vor allem
auf ebendiesen Gesetzesparagrafen 27.

Was bedeutete diese strategische Verschleierung von Zensur
in der DDR nun konkret? Schriftstellerinnen und Schriftsteller
wurden in einem personell sehr aufwendigen »Literaturentwick-
lungsprozess« vom ersten Moment an bei ihren Schreibprojekten
›begleitet‹ – sprich: engmaschig kontrolliert und beeinflusst.
Man sprach nicht von Verbot, lieber von Lenkung, Planung und
Gestaltung. Literarische Werke wurden auf diese Weise noch im
Entstehungsprozess möglichst gut an politisch-gesellschaftliche
Erfordernisse angepasst. Diese Erfordernisse, eine Mischung
aus sozialistisch-kommunistischen Glaubensregeln und der aktuellen parteipolitischen Großwetterlage, erspürten diejenigen,
die lektorierten, verlegten und schrieben, selbst. Vor allem für
Letztere war die Selbstzensur eine wichtige Kompetenz, wenn
sie weiterarbeiten und veröffentlichen wollten. Auf diese Weise
war eine formell-staatliche Zensur dann oft gar nicht mehr nötig – die es ja wie gesagt sowieso nicht gab: Zensur existierte in

sozialistischen Gesellschaften aus Prinzip schon mal nicht, da sie ein genuin kapitalistisches Problem war. Wer etwas anderes behauptete, machte sich staatsfeindlicher Hetze schuldig und riskierte Gefängnis.

Zensur ist also tabu und zugleich allgegenwärtig. Gerade dort, wo das Phänomen besonders präsent ist, verschwindet das Wort. Doch nicht nur die Sprache der Propaganda meidet es, sondern auch die sogenannte Sklavensprache. Nicht nur die Täter – die Zensurakteure – erfanden und erfinden ›andere, neue Wörter für die gleiche Sache‹, sondern auch die Opfer, die von staatlicher Zensur Bedrohten und Verfolgten.

Der älteste Nutzer einer solchen literarischen Gauner-, Geheim- oder Sklavensprache war der griechische Dichter Äsop. Er war tatsächlich ein Sklave und soll vor zweitausendfünfhundert Jahren die Gattung Fabel erfunden haben, eine ganz spezielle, literarische Form verdeckten politischen Sprechens. Äsops Fabeln erzählen von den Grausamkeiten und Gewalttaten der Löwen, Füchse und Wölfe, nicht der Könige und Kaiser.

Noch heute sind Sklaven- bzw. Geheimsprachen in totalitären Staaten und Diktaturen gang und gäbe, da es für die Bürger existenziell gefährlich wäre, geradeheraus zu sprechen. Auch über die Zensur selbst: Das Wort ›Zensur‹ offen auszusprechen oder gar anzuklagen, ist gefährlich. Besser ist es also, die Sache nicht beim Namen zu nennen. In China heißt die Sache daher ›Harmonie‹. Im Jahr 2004 erfand die Kommunistische Partei das werbende Schlagwort von der ›harmonischen Gesellschaft‹ Chinas: Seit Jahrtausenden strebe das Reich der Mitte nun schon nach dem Ideal einer harmonischen Gesellschaft und habe es in der Gegenwart, im neuen Millennium, glorreich realisiert. ›Harmonie‹ bedeutet im Sinne dieser chinesischen Staatspropaganda, dass in der Gesellschaft Frieden und Gerechtigkeit herrschten, Demokratie und Rechtsstaatlichkeit gälten, die Menschen im Einklang mit sich und der Natur lebten. Harmonie beschwört die Regierung besonders dann, wenn sie Proteste und Kritik zum Schweigen bringen will. Sogar die Überwachung des Internets firmiert unter diesem Namen: Harmonie. Für Systemkritiker wie den Künstler Ai Weiwei ist diese aufoktroyierte ›Harmonie‹ daher zu einem Synonym für Zensur geworden – ein Zusammenhang, der sprachkreativ dargestellt wird in dem chinesischen Wort für ›Flusskrebs‹ (河蟹). Man spricht es fast gleich, nur mit leicht anderer Betonung aus wie das Wort für ›Harmonie‹ (和谐): Hexie. Im Sommer 2009 tauchte im chinesischen Internet ein Video auf, das Millionen Mal aufgerufen wurde. Ein kleiner Zeichentrickfilm erzählt vom Kampf zwischen einer friedlichen Alpaka-Herde (Cao ni ma) und einer bedrohlichen Horde Flusskrebse (Hexie). Die mutigen Alpakas – die unschwer zu identifizieren sind als Kämpfer für die Freiheit des Internets – besiegen schließlich die Flusskrebse, also die staatlichen Zensoren. Wenn somit heutzutage in Chinas analogen und digitalen Medien Flusskrebse vorkommen, dann geht es meistens nicht um die Tierwelt, sondern um die Unterdrückung von Meinungsfreiheit.

KAPITEL II
Zensurpolemiken: Inflation und Missbrauch eines Begriffs

In totalitären Systemen und Diktaturen ist ›Zensur‹ ein Tabuwort: Diejenigen, die Zensur praktizieren, möchten die Sache
nicht beim Namen nennen. Diejenigen, die von Zensur verfolgt
werden, meist auch nicht. Die einen, um Machtstrukturen nicht
offenzulegen, die anderen aus Angst vor Sanktionen.

Wir dagegen haben überhaupt keine Hemmungen, den Zensurbegriff in den Mund zu nehmen. »Achtung, Zensur!«, rufen
wir zu allen möglichen Gelegenheiten, ohne zu zögern. Geradezu
reflexartig. Zum Beispiel, wenn die UEFA geschönte Bilder von
Fußballspielen überträgt und nur spektakuläre Spielszenen, tolle
Tore, engagierte Trainer und glückliche Fans zeigt. Bei der Europa-
meisterschaft im Sommer 2016 kam es daher zu Zensurprotesten,
die vor allem von den großen deutschen öffentlich-rechtlichen
Sendeanstalten ausgingen. Man wollte gefälligst die ganze Wahrheit des Fußballs sehen und zeigen dürfen, auch Spielunterbre-
chungen und störungen, auch Krawalle und brutale Hooligans.

Zensur! So tönte es auch durch die analogen und digitalen
Medien, als das Nachrichtenmagazin *Spiegel* im Juli 2017 ein wegen seiner antisemitischen Grundhaltung umstrittenes Buch,
Rolf Peter Sieferles *Finis Germania*, kurzerhand von der Bestsel-
lerliste löschte. Das *Spiegel*-Ranking »Sachbücher des Monats«
orientiert sich prinzipiell an Verkaufszahlen, die erfolgreichsten

Bücher kommen ganz oben auf die Liste. Daher irritierte der selbstherrliche Eingriff die Öffentlichkeit, wenngleich er durch die Statuten des Magazins durchaus gedeckt war. Besonders störte man sich an der fehlenden Transparenz: Kein redaktioneller Vermerk begründete die Löschung. Der *Spiegel* sah sich dazu veranlasst, eine Erklärung nachzuschieben: Er habe die Verbreitung eines geschichtsrevisionistischen, rechtsradikalen und verschwörungstheoretischen Werks wie Sieferles *Finis Germania* nicht länger unterstützen wollen. Er sah sich also in einer Art moralischen Verantwortung – und erntete dafür scharfe Kritik. Besonders ereiferten sich die Akteure und Akteurinnen vom politisch rechten Rand über diese ›Gesinnungsdiktatur‹. Sie bemühten sich darum, das Thema zu kapern und qua Zensurpolemik vom rechtsradikalen Inhalt abzulenken.

Der altbekannte und immer neu alarmierende Ruf ›Zensur!‹ erklang auch im Herbst 2017 laut und vernehmlich. Ein deutscher Discounter wollte sich weltanschaulich besonders neutral darstellen und montierte deshalb Kreuze von Kirchen ab – bildlich gesprochen zumindest. Auf Produkten einer Eigenmarke von Lidl waren idyllische, typisch griechische Inssllandschaften abgebildet. Doch die Fotos waren retuschiert und die Kreuze auf den orthodoxen Kirchen der Insel Santorini getilgt. Ein Shitstorm war die Folge, der religiöse Diskriminierung und Zensur anprangerte; sogar Boykottaufrufe machten die Runde. Auch die lokalen Behörden der griechischen Insel reagierten verärgert auf den scheinbar mangelnden Respekt gegenüber der Kulturgeschichte Santorinis. Als ob das alles für Lidl nicht unangenehm genug gewesen wäre, folgte prompt einen Monat später eine Neuauflage des Spektakels. Zensurskandal Klappe, die zweite, Schauplatz diesmal: Italien. Denn plötzlich fehlte das Kreuz auf einer ligurischen Kirche! Und selbst wenn es nur ein Supermarkt in dem kleinen Ort Camporosso nördlich von Ventimiglia war, in dem ein Werbefoto die Kirche des nahe gelegenen Dorfs Dolceaqua kreuzlos präsentierte – die Wellen der Empörung schlugen erneut hoch. »Lidl lernt's nicht«, titelte *Die Welt* am 12. Oktober süffisant in Anspielung auf den bekannten Werbespruch »Lidl lohnt sich«. Der Discounter entschuldigte sich erneut für seine Unachtsamkeit und versprach Änderungen im Verpackungsdesign.

Ist das alles nun Zensur? Pausenlos kritisieren, beklagen und beschwören wir sie, und das mitten in unserer offenen, demokratischen Gesellschaft. Es erscheint paradox: Wo wirklich Zensur herrscht, ist das Wort ›Zensur‹ tabu – ist nun umgekehrt dort, wo es keine Zensur gibt, das Wort in aller Munde? Es sieht tatsächlich so aus: Gerade in Deutschland ist sie zu einem regelrechten Kampfbegriff geworden, der zu allen möglichen Gelegenheiten Verwendung findet. Leider auch zu allen unmöglichen Gelegenheiten. Von ihnen handelt dieses Kapitel.

Zensur! – Hierzulande muss man zum Glück nichts befürchten, wenn man die Sache beim Namen nennt. Und man muss auch nichts befürchten, wenn man eine *ganz andere* Sache bei diesem Namen nennt. Genau um solche Fälle geht es jetzt: Wenn von Zensur nichts in Sicht, aber viel die Rede ist. Es geht darum herauszufinden, wie diese medial sehr wirkungsvollen, die Öffentlichkeit bewegenden Zensurdiskurse – politische Polemiken einerseits, kulturelle Aufreger andererseits – funktionieren und was sie eigentlich bezwecken. Warum überhaupt haltlos, aber eben nicht grundlos Zensur beklagt wird.

Zunächst einmal erregt man auf diese Weise natürlich eine gute Portion Aufmerksamkeit. Denn wenn ein Zensurvorwurf im Raum oder in der Zeitung oder im Netz steht, werden alle hellhörig, denn Zensur darf nicht sein. Sie widerspricht dem Menschenrecht auf freie Meinungsäußerung. Das haben wir uns in der Geschichte unserer Demokratisierung hart erkämpft, daran darf niemand rühren. Der Zensurforscher Wolfram Siemann konstatiert 2007, der Zensurvorwurf behalte unverändert »Fanalcharakter, obwohl er spätestens seit den 1970er Jahren so inflationär gebraucht wird, daß er die Trennschärfe zu anderen Eingriffen in die Meinungsfreiheit zu verlieren droht«. Zensurklagen haben also ein gewisses Skandalisierungspotenzial. Und eigentlich ist das ja auch gut so. Der gesellschaftliche Reflex, in solchen Fällen erst einmal hellhörig zu werden, ist wichtig. Durch ihn bleibt man wachsam. Es ist überlebensnotwendig für Demokratien, dass errungene Freiheiten nicht als selbstverständlich gelten, sondern potenzielle Angriffe auf sie aufmerksam registriert und kritisch geprüft werden. Auch wenn Zensur in Deutschland als staatlich-formelles Instrument nicht existiert, kann man sich nicht entspannt zurücklehnen. Der weitverbreitete gesellschaftliche Anti-Zensur-Reflex hat also durchaus etwas Gutes: als Sensor für Demokratiebedrohung. Leider ist er aber nicht gefeit gegen Missbrauch. Gerade in den letzten Jahren wird dieser Reflex immer häufiger missbraucht. ›Zensur! Zensur!‹ erschallt es – und alle schauen erschrocken hin.

1 POLITISCHE ZENSURPOLEMIK VON RECHTS

Im Politzirkus ist ein solches Zensurgeschrei vor allem von populistischer Seite zu beobachten. Zensur wird beklagt, wenn bestimmte Äußerungen aus der eigenen rechten Ecke von den Medien oder politischen Gegnern als rassistisch, antisemitisch, homophob, sexistisch oder volksverhetzend kritisiert oder gar angeklagt werden. Also ein klassischer Fall von Selbstviktimisierung.

Rechtspopulistinnen und -populisten haben eindeutig eine Schwäche für den Kampfbegriff ›Zensur‹, sie lieben ihn heiß und innig. Er ist in den letzten Jahren ihr Schutzschild geworden, ihr Verdeck, ihr Versteck. Sie haben ihn regelrecht gekapert. Gefühlt jedes dritte Wort, das sie aussprechen, ist ›Zensur‹. Im Umkehrschluss nennen sie alles, was sie selbst äußern, ›unzensiert‹ und ›frei‹. Man wird ja wohl noch sagen dürfen! Zum Beispiel, dass man auf unregistrierte Flüchtlinge schießen dürfen soll. Dass man Flüchtlingsboote »alle samt Inhalt« versenken solle. Dass die Mitglieder der bundesdeutschen Regierung »Schweine« seien, die nur »als Marionetten der Siegermächte des Zweiten Weltkriegs« agieren würden. Dass politische Gegner türkischer Abstammung »in Anatolien entsorgt« werden sollen. Die politische Korrektheit gehöre »auf den Müllhaufen der Geschichte«! Alles zur Genüge bekannte AfD-Parolen aus der letzten Zeit, die fast immer Anklagen wegen Volksverhetzung oder Beleidigung zur Folge hatten. Wenn die Öffentlichkeit kritisch auf solche Reden reagiert oder gar rechtsstaatliche Maßnahmen drohen, schallt es empört von rechts zurück: Zensur! Zensur! Man will uns einen Maulkorb verpassen – und darum stehen *wir* für das Unzensierte, für die Freiheit. Rechte Internetblogs, gegen die die Justiz wegen ihrer fremdenfeindlichen, antisemitischen und völkischen Inhalte immer wieder vorgeht, heißen denn auch *Unzensuriert* oder *Politically Incorrect*.

Und was findet man da genau? Auf der FPÖ-nahen Seite *Unzensuriert.at* konnte man 2013 zum Beispiel einen Mordaufruf gegen politische Gegner lesen. Aufgefordert wurde ausdrücklich zur »Breivikisierung« von österreichischen Parlamentariern, »Parlamentswanzen« genannt – ein Posting, das ebenfalls eine Strafanzeige zur Folge hatte. Etwas weniger spektakulär ging es bei einem am 5. November 2017 geposteten Interview zu: Eine völlig unbekannte Schauspielerin litt wegen ihrer nationalistischen und flüchtlingsfeindlichen Äußerungen unter Management- und Engagementmangel. Es wäre nicht sonderlich überraschend, wenn

potenzielle Arbeitgeber tatsächlich abgeschreckt gewesen wären
von ihren unverblümt vorgebrachten xenophoben und völkischen
Reden. Die Schauspielerin meinte nun jedenfalls, Meinungsfreiheit sei in Deutschland nicht mehr vorhanden, sie habe praktisch
»Berufsverbot«. Von Repressionen und »Medienjustiz« war da
die Rede, von Gesetzesbruch und »Zensurgesetzen« ... Ziemlich
kraus, ziemlich eng, ziemlich wahnhaft klang das.

  Mit Rechten reden – so ein Bestsellertitel aus dem Jahr 2017 –,
das hört sich so vernünftig an! So konstruktiv, so aufgeklärt! Es
ist aber verdammt hartes Brot. Wie soll man bloß ernsthaft reagieren auf solche angst- und frustrationsgesteuerten Verschwörungstheorien?

  Gar nicht, meinen deshalb ja auch die Kritikerinnen und
Kritiker des neuen Kuschelkurses Richtung rechts: Sie erklären,
rechtsradikalen, faschistischen und rassistischen Personen, die
undemokratisch und menschenverachtend dächten, sei sowieso
nicht mit vernünftigem Gespräch beizukommen. Man mache
sonst nur heute die Feinde der Demokratie salonfähig, die sie
morgen aushebelten. Gebt ihnen keine Bühne! No-platforming
heißt das in Großbritannien. Andere wiederum gestehen zu,
man solle wenigstens die rechten Frustwähler und -wählerinnen
nicht ganz aufgeben und vernünftig mit ihnen reden. Was soll
ich sagen: Unsere unzensurierte Schauspielerin hatte definitiv
viel Frust. Doch leider wirkte sie nicht im Entferntesten so, als
könne Vernunft sie noch erreichen. Ein Zitat aus ihrem Interview muss ich mir trotzdem merken. Für meine Vorlesung suche
ich nämlich immer gute Beispiele für das rhetorische Mittel der
Metonymie. Also Ausdrücke wie »London ist beleidigt« oder
»Wir sind Papst«. Doch so eine schöne Metonymie wie die von
der Rechts-außen-Schauspielerin begegnet einem selten: Nach
Inkrafttreten des Netzwerkdurchsetzungsgesetzes, klagt sie,
würden in Deutschland nun »täglich Patrioten gelöscht«.

Leider gibt es sonst nicht wirklich viel zu lachen, wenn man sich durch rechte Zensurpolemik im Netz klickt. Eine Polemik, die sich bemerkenswerterweise überhaupt nicht mit einem massiven Eintreten für Zensur beißt. Widersprüche sind hier immer inklusive: Diejenigen, die laut rufen ›Man wird ja wohl noch sagen dürfen‹, sind die ersten, die missliebige Medienvertreter und -vertreterinnen von ihren Versammlungen ausschließen (der US-Präsident macht es ihnen gerne vor) und auch sonst um eine Einschränkung der Meinungsfreiheit bemüht sind, wenn diese Freiheit ihnen ungelegen kommt. So haben gerade diejenigen, die sich als Zensuropfer stilisieren, keine Hemmungen, selbst auf die Sperrung von Internetseiten zu drängen, die ihnen gegenüber kritisch eingestellt sind. Im September 2017 wollte die AfD-Fraktion des Landtags von Sachsen-Anhalt die Netzwerke *rechercheMD* und *Sachsen-Anhalt rechtsaußen* sperren lassen. Diese Online-Plattformen dokumentieren nachweisliche Verbindungen der Partei zur Nazi-Szene, zur Identitären Bewegung und zur italienischen Faschistenszene. Der AfD-Fraktionschef wetterte gegen die »rot-braunen Horden« im Internet, die er als linksextremistische Vereinigung zu kriminalisieren versuchte. Seiner Argumentation schloss sich niemand aus den anderen Parteien an. Der Antrag wurde abgelehnt.

Das Beispiel zeigt gut, wo der wunde Punkt der rechten Zensurpolemiker liegt: im Netz. Immer wieder fühlen sie sich bedroht vom Ausschluss vom digitalen Meinungsmarkt. Sperrungen von Inhalten auf sozialen Netzwerken brandmarken sie sogleich reflexartig als Zensur, als staatlich verordnet, als von oben gesteuerte ›Säuberungswelle‹. Der deutsche Staat, nicht etwa ein US-amerikanischer Internetprovider erscheint als Urheber der Meinungskontrolle. Achtung! Die Diktatur hat quasi schon begonnen! Und diese Diktatur ist nach Überzeugung der selbst ernannten Zensuropfer ununterbrochen am Werk. Zum

Beispiel, wenn YouTube ein rassistisches Video löscht oder GMX einen antisemitischen Text, wenn Facebook eine rechtsextreme Seite sperrt oder die Facebookseite der AfD selbst vorübergehend auf Handys nicht (auf Computern aber wohl) erreichbar ist, wie geschehen im Mai 2017. Sofort steht fest: Hier wird »zentral blockiert«, manipuliert, zensiert! Die Zensurpolemik stellt dabei eine Aufmerksamkeit her, die das digitale Ereignis sonst nicht im Entferntesten erhalten hätte.

Wenn man einmal die ganzen suggestiven und fehlerhaften Argumente der internetbezogenen Polemik von rechts herauslässt – darunter immerhin auch den falschen Vorwurf von Zensur selbst –, dann bleibt ein sinnvoller Impuls übrig: und zwar die Kritik an der Meinungsbildungsmacht der großen Internetprovider und Netzwerkbetreiber Google, Facebook und Co. Hier können sich in der Tat strukturell wirksame, mindestens zensuranaloge Kontrollmechanismen herausbilden, die eine offene Gesellschaft potenziell bedrohen.

2 ÄNGSTLICHE WEISSE MÄNNER

Eine vereinfachende Zensurpolemik, wie man sie heute gerade von neurechter Seite aus immer wieder zu hören bekommt, versperrt den differenzierten Blick auf die Realität. Die ist wie immer viel komplexer – und hat mit Zensur in den meisten Fällen nichts zu tun. Nichts mit Zensur im alltagssprachlichen Sinne, also dem Verbot von öffentlicher oder zur Veröffentlichung bestimmter Meinungsäußerung, und erst recht nichts mit Zensur im juristischen Sinne, die im deutschen Grundgesetz ausschließlich vom Staat ausgehende, präventive Verbote betrifft. Zensur ist also fast immer das falsche Wort in diesen aufgeregten politischen Debatten.

Das ist aber von außen nicht immer leicht zu erkennen. Wenn jemand dem Gegner Zensur vorwirft, scheint er zunächst auf der Seite der Redlichen zu stehen, die sich rechtmäßig über Beschränkungen der Meinungsfreiheit empören. Genau das kalkulieren die Begriffskaperer ein. Man muss sich nun mit ihnen auseinandersetzen, die Aufmerksamkeit ist da. Und zwar nicht unbedingt die Aufmerksamkeit für die eigentlich strittigen Inhalte. Geschickt schneiden die Zensurpolemiker die weitere Debatte ab. Wenn sie ihre Gegner, die ihnen zum Beispiel Rassismus vorwerfen, der Zensur bezichtigen, müssen diese sich ja erst einmal gegen diesen grundsätzlich schwergewichtigen Vorwurf wehren. Ob tatsächlich Rassismus vorlag – davon wird elegant abgelenkt.

Immer klappt diese Skandalisierungs- und Ablenkungsstrategie aber auch nicht. Ein Leipziger Juraprofessor, twitternder Pegida-Sympathisant und islamophober Neurechter, berief sich bei seinen digitalen Ergüssen immer wieder auf seine Meinungsfreiheit und wetterte bei Kritik ihm gegenüber, das sei Zensur. Es fand sogar im April 2016 eine Podiumsdiskussion zum Thema Meinungsfreiheit unter Teilnahme dieses rechten Rechtswissenschaftlers an der Universität Leipzig statt. Damit versuchte man akademisch korrekt auf die heikle Konfliktsituation zu reagieren. Denn die spitzte sich zu. Gewiss ist es in Deutschland nicht verboten, islamfeindlich zu sein und rassistisch zu denken. Erst recht ist es nicht verboten, Angst zu haben – und die äußerte der Juraprofessor immer wieder: seine bzw. die »Angst des weißen Mannes« angesichts der aktuellen Migrationsbewegungen. Es ist grundsätzlich auch nicht verboten, dies alles auf einem privaten Twitteraccount zu äußern. Aber jener ängstliche weiße Mann doziert immerhin als sächsischer Beamter jede Woche vor zahlreichen Studierenden an der Universität Leipzig – wogegen die sich schon seit Langem energisch zur Wehr setzen. Wissenschaftliche Forschung und Lehre genießen allerdings nach bun-

desdeutschem Recht eine große Freiheit – und das aus guten
Gründen. Der Fall war also nicht ganz einfach.

Doch selbst wenn Angst nicht verboten ist – verboten sind
hierzulande aber andere Dinge. Verboten ist es, die Würde anderer zu verletzen. Verboten sind auch volksverhetzende Äußerungen. Als besagter Jurist im November 2017 als Kommentar zu
einer rechtsextremen Demonstration in Polen twitterte, ein
»weißes Europa brüderlicher Nationen« sei für ihn ein »ein
wunderbares Ziel«, kündigte die Universität Leipzig die Prüfung
dienstrechtlicher Mittel an, bestärkt von sächsischen Politkrei-
sen. Eine solche juristische Prüfung hat zwar nichts zu tun mit
einer Einschränkung von Meinungsfreiheit oder mit Zensur, dennoch war es genau dieser Knopf, der automatisch gedrückt wurde. Die sächsische AfD kommentierte den rassistischen Inhalt
des Tweets nicht, sondern versicherte stattdessen lediglich: »Für
Ihre Meinungsfreiheit werden wir kämpfen, verehrter Professor.«
Und der ängstliche weiße Mann schloss seinen Twitteraccount
kurz darauf mit den Worten: »Es steht schrecklich um die Meinungsfreiheit in diesem Land.«

Zensurpolemik gibt es übrigens auch von links. Vor allem
von rechtspopulistischen Linken. Ja, ich habe mich nicht ver-
schrieben: So etwas gibt es tatsächlich! Immer wieder lassen sich
in der deutschen Geschichte Versuche beobachten, extrem rechte und extrem linke Positionen und Werte in einem Bündnis zu-
sammenzubringen, spätestens seit der Weimarer Republik. Auch
der Begriff ›Nationalsozialismus‹ verweist auf diese sogenannte
historische Querfront. Als ›Querfront‹ bezeichnet man heute
aber auch ganz allgemein antidemokratische politische Bünd-
nisse, die einen Bogen von rechts nach links schlagen. Zu ihr
zählt man Teile der AfD, die Pegida-Bewegung oder das Magazin
Compact. Auch der neurechte, antiamerikanistische und antizio-
nistische Blog *NRhZ-Online* gehört zur Querfront. Auf ihm trifft

Neurechts Altlinks: Der Blog knüpft nämlich namentlich an die von Karl Marx redigierte *Neue Rheinische Zeitung* an und verleiht seit 2008 einmal jährlich den nach Marx benannten Kölner Karls-Preis für engagierte Literatur und Publizistik (Verwechslungen mit dem Aachener Karlspreis sind sicher beabsichtigt, wenn auch die Unterschiede kaum größer sein könnten).

Die Partei *Die Linke* würde man in dieser Aufzählung von Querfrontlern wohl kaum erwarten – und dennoch: Ende 2017 tobte ein verquerer Streit innerhalb der Partei, der in Abgründe blicken ließ. Der Anlass: Ein wegen Antisemitismus und Holocaust-Leugnung geschasster Fernseh- und Radiomoderator, der sich selbst den Künstlernamen Ken Jebsen gegeben hat und nun vor allem im Internet Verschwörungstheorien verbreitet, sollte eben jenen Kölner Karls-Preis von NRhZ-*Online* verliehen bekommen, in einem öffentlich geförderten Berliner Kino. Ein linker Kultursenator kritisierte das auf Facebook als »Wahnsinn«. Prompt warf man ihm Zensur vor, und zwar aus den Reihen seiner linken Parteigenossen, die sich schützend vor den Populisten Jebsen stellten. Das betroffene Kino sagte die Veranstaltung in seinen Räumen daraufhin ab, die *Neue Rheinische Zeitung* klagte sich wieder hinein – und in der Linken entbrannte ein Antisemitismusstreit. Die Parteirechten organisierten sogar eine Protestkundgebung im Falle Jebsen, gelabelt als Kampf gegen Zensur und für Meinungsfreiheit. Oder auch, wie die *Neue Rheinische Zeitung* schrieb, »gegen die Kräfte des Imperiums«! Die Parteiführung rang sich mit Mühe zu einer Erklärung gegen diese Pro-Jebsen-Kundgebung durch, die dennoch stattfand. Ebenfalls fand nun auch die Preisverleihung am 14. Dezember 2017 statt. Es fehlten allerdings der Preisträger und sein Laudator, stattdessen hielt der Geschäftsführer des Kinos eine kritische Ansprache, in der er dem abwesenden Jebsen vorhielt: »Sie sind ein Rassist.«

Jebsen, der sich selbst als friedensbewegter Kapitalismuskritiker inszeniert, sieht überall dunkle, unheimliche Mächte am Werke, von denen Politiker und Medien fremdgesteuert seien. Spricht hier etwa noch ein ängstlicher weißer Mann? Gegen diese ominösen Mächte müsse sich, so Jebsen und andere Freunde von Verschwörungstheorien, eine gemeinsame Front des Volkes stellen, quer zu rechten und linken Bündnissen. Gemeinsame Werte, auf die sich Rechts- und Linksaußen zum Teil verständigen können, sind immerhin Antikapitalismus, Antisemitismus, Nationalismus. Wer daran Kritik übt, wird sogleich der Zensur bezichtigt. Die Zensurpolemik schießt sozusagen quer – von links zugunsten von rechts.

3 WIR MÜSSEN REDEN. ODER?

Politische Zensurpolemik, wie man sie heute massiv beobachten kann, basiert also häufig auf unangemessener Begriffsverwendung und blockiert Diskussionen. Das Abwürgen von Diskussionen scheint sogar – neben der Erregung medialer Aufmerksamkeit – das Hauptziel der Zensurpolemikerinnen und -polemiker zu sein. Als geschickte Player im politischen Spiel wissen sie genau, welche Knöpfe sie drücken müssen, um es gar nicht erst zu inhaltlichen Auseinandersetzungen kommen zu lassen. Die Zensur ist einer dieser Knöpfe. Wer ›Zensur‹ schreit, auch wo in weiter Ferne keine zu sehen ist, verweigert sich bewusst der politischen Debatte. Und diese Debatte findet, diversen Talkshowformaten zum Trotz, selten statt: Ein Manko, das zunehmend als solches wahrgenommen wird. Nicht umsonst war der erwähnte Titel *Mit Rechten reden: Ein Leitfaden* von Per Leo, Maximilian Steinbeis und Daniel-Pascal Zorn eines der aufsehenerregendsten Bücher der Frankfurter Buchmesse 2017. Das Buch zog seinen

Erfolg aus der Welle, auf der es schwimmt: Wir müssen reden!
Wir müssen den anderen zuhören!

Diese kommunikativen Lehren scheint uns die jüngere
Vergangenheit aufzudrängen. Viele Menschen, die die aktuelle
Weltpolitik professionell oder hobbymäßig analysieren, sind fest
davon überzeugt: Hätte die demokratische Präsidentschaftskan-
didatin Hillary Clinton im US-Wahlkampf 2016 mit den Leuten
geredet, ihnen wirklich zugehört und wäre sie nicht so abgeho-
ben-elitär als Vertreterin des Establishments dahergekommen,
dann wäre die Wahl anders ver- und nicht auf Trump hinaus-
gelaufen. Der hört zwar auch nicht zu, zog sich aber im Wahlkampf seine Baseballkappe auf und konnte einer großen, von
der Gesellschaft an den Rand gedrängten Gruppe von Amerika-
nern und Amerikanerinnen mit markigen Sprüchen (»Ihr seid
nicht vergessen«) den Eindruck vermitteln, als täte er es. Und,
um auch vor der eigenen Haustür zu kehren: Hätten die großen
deutschen Volksparteien bei der Bundestagswahl 2017 den sogenannten kleinen Leuten besser zugehört und einen Wahlkampf nahe bei den Bürgerinnen und Bürgern geführt, hätten
die Rechtspopulisten nicht solchen Zulauf erlebt.

Ob das nun stimmt oder nicht, wird man nie erfahren. Un-
überhörbar ist jedenfalls der lauter werdende Ruf nach mehr politischer, durchaus streitbarer Diskussion – jenseits polemischer
Rhetorik. Wäre doch gut, von der Gegenseite mehr zu wissen,
trotz aller Antipathie, trotz aller Befremdung. Also zum Beispiel:
Aus welchen genauen Gründen wenden sich konservative Menschen populistischen oder gar völkischen Parteien zu, und welche Motive treiben die Linken bei ihren gesellschaftspolitischen
Zielen konkret an? Nicht zu vergessen die vielen Zwischenstand-
punkte, Zwischentöne und Zwischenrufe aus dem breiten Spektrum zwischen rechts und links, die ebenfalls gehört gehören.
Streitkultur, vis à vis ausgetragen ohne Visier, Helm und Schutz-

schild, ist und bleibt allerdings anstrengend. Zumal man ja in digitalen Zeiten einfachere, weniger konfrontative Äußerungsmöglichkeiten zur Verfügung hat, die viele Menschen daher bevorzugen: digitale Diskussionsforen, Blogs, soziale Netzwerke. Es ist daher noch längst nicht ausgemacht, ob es in Zukunft tatsächlich wieder mehr, zumal analoge politisch-gesellschaftliche Diskussionsbereitschaft und -offenheit geben wird. Vielleicht twittern die meisten ja auch in Zukunft lieber, statt zu reden. Das ist auf jeden Fall bequemer als eine echte Diskussion. Da müsste man sich nämlich direkt ansehen. Man hätte keine lange Bedenkzeit beim Reagieren und könnte nicht ausweichen. Und dazu müsste man auch noch mehr als 280 Zeichen draufhaben. Puh.

Zumindest bei den rechten Akteuren und Akteurinnen in den mittleren und oberen Politiketagen scheint eine eindeutige Tendenz erkennbar zu sein: Wozu Dialog, Debatte, Diskussion? Lieber Pöbeln, Pathos, Polemik. Übrigens ist das nachvollziehbar, zumindest vom politstrategischen Gesichtspunkt her. Man wäre als Neurechte ziemlich unklug, wenn man dieses Gebaren aufgeben würde, insbesondere die gut geölte Taktik der Zensurpolemik. Denn sie funktioniert doch so gut: Bei denkbar geringem Aufwand (Hashtag: #Zensur) erzielt sie eine beträchtliche Wirkung. Wozu dann noch differenziert diskutieren? Täglich erweist es sich neu: Je undifferenzierter, je beleidigender, je respekt- und niveauloser politische Äußerungen sind, desto mehr Skandalisierungspotenzial besitzen sie im Medienzirkus. Und wenn sich dann Widerstand gegen derartige Äußerungen regt, kann man ja sofort ›Zensur‹ schreien.

Ein Lehrstück einer solchen populistischen Zensurpolemik fand Anfang Januar 2018 in den digitalen Medien statt. Offenbar hatten sich damals einige AfD-Politikerinnen gemeinsam überlegt, wie man das neue Netzwerkdurchsetzungsgesetz besonders

effektiv kritisieren könne. Am 1. Januar war es in Kraft getreten,
jenes Gesetz zur Löschpflicht rechtswidriger Inhalte aus den
sozialen Netzwerken. Es ist ein Gesetz, das allgemein umstritten
ist, das aber besonders die Neue Rechte empfindlich trifft, die
sich mit rassistischen und antisemitischen Äußerungen bevorzugt im Internet austobt. Bislang baute sie dabei auf die fehlende
Machbarkeit der Strafverfolgung im World Wide Web. Das Netzwerkdurchsetzungsgesetz nun vermisst den quasirechtsfreien
Raum des Internets neu.

»Was tun?«, fragt sich also die neue Rechte. Ganz einfach:
Um die (durchaus problematischen) Folgen des Gesetzes demonstrativ vorführen zu können, wirft man den sozialen Netzwerken einen fetten Köder hin. Der klingt dann zum Beispiel
so: »Was zur Hölle ist in diesem Land los? Wieso twittert eine
offizielle Polizeiseite aus NRW auf Arabisch. Meinen Sie, die barbarischen, muslimischen, gruppenvergewaltigenden Männer-
horden so zu besänftigen?« Oder auch so: »Das Jahr beginnt mit
dem Zensurgesetz und der Unterwerfung unserer Behörden vor
den importierten, marodierenden, grapschenden, prügelnden,
Messer stechenden Migrantenmobs, an die wir uns gefälligst
gewöhnen sollen.« Der erste Köder war eine Reaktion der AfD-
Politikerin Beatrix von Storch auf einen Neujahrs-Tweet der
Kölner Polizei. Sie hatte ihre Glückwünsche und Informationen
zum Neuen Jahr in verschiedenen Sprachen formuliert, unter
anderem auch auf Arabisch. Der Anlass von Storchs Ausfall ist
enttäuschend harmlos, zumal im Jahr zuvor bereits die gleichen
Sprachgrüße aus Köln in die Welt geschickt wurden und dies
damals niemanden, einschließlich der AfD, gekümmert hatte.
Offenbar hatte sich nun auf die Schnelle nichts Passenderes
gefunden, an dem sich eine rassistische Pöbelei aufhängen ließ,
um damit die sozialen Netzwerke zum Verbot – nein, Pardon: zur
Zensur – herauszufordern. Der zweite Köder, ein Tweet von Par-

teigenossin Alice Weidel, erscheint noch durchsichtiger, noch billiger in seiner Gewolltheit. Ausdrücklich erwähnt Weidel als Stein des Anstoßes das »Zensurgesetz«. Ihre darauffolgende unflätige Schimpfkanonade wirkt völlig unvermittelt und hat keinen konkreten Anlass.

Was daraufhin passierte, war vorhersehbar und dennoch ein großer Medienerfolg. Nicht nur wurde Storch, die die Immunität einer Bundestagsabgeordneten genießt, hundertfach wegen Volksverhetzung angezeigt, unter anderem von der Kölner Polizei selbst. Twitter löschte beide Einträge und sperrte Storchs Account für zwölf Stunden wegen Hassinhalten. Der Köder funktionierte. Ganz wie erwünscht brach eine breite und kontroverse Debatte über Zensur los. Im Mittelpunkt der Aufmerksamkeit sonnten sich die Rechtspopulistinnen und freuten sich über ihren gelungenen Coup. Effektvoll inszenierten sie sich als Opfer und die Meinungsfreiheit als in Deutschland bedrohtes Gut. Storchs »kräftige Sprache«, so war aus der Partei zu hören, sei doch kein Hassposting gewesen, sondern einfach nur eine freie Meinungsäußerung. Es erstaunte kaum, dass die AfD das Thema bereits am 2. Januar per Antrag in den Bundestag einbrachte. Sie bezeichnete das »unsägliche Zensurgesetz«, das die »Abschaffung der Meinungsfreiheit in sozialen Netzwerken« herbeiführe, als eine »Schande für Deutschland«. Die anderen Parteien bemühten sich daraufhin, den Zensurvorwurf zu entkräften, ihn als Feigenblatt zu enttarnen für das Bestreben, weiterhin ungehindert Hass und Hetze im Netz verbreiten zu können.

Inzwischen muten solche Kontroversen wie eine vorhersagbare Kette von Aktion und Reaktion an. Sie läuft immer gleich ab: 1. Populisten inszenieren eine Provokation, 2. andere Parteien weisen diese zurück, 3. Populisten schreien ›Zensur‹, 4. andere Parteien weisen den Vorwurf zurück. Dabei nehmen die Populisten die aktive Rolle ein. Sie bestimmen den Takt, sie geben die Waffen vor, auf sie ist das Scheinwerferlicht gerichtet. Theoretisch könnte dieses Spiel immer so weitergehen. Ping – pong, ping – pong. Praktisch jedoch mehren sich die Anzeichen, dass es seine Durchschlagskraft allmählich verliert. Es wird zunehmend als strategisches Spiel durchschaut, der Opfertrick zieht immer weniger, und der Begriff ›Zensur‹ wird immer öfter als inhaltsentleerte Skandalformel enttarnt.

Ich stelle mir ein historisches Wörterbuch der deutschen Sprache vor, erschienen etwa im Jahr 2098. Wenn man darin, ziemlich gegen Ende, das Wort »Zensur« nachschlägt, findet man folgenden Eintrag: »ZENSUR, f., 21. Jh.: rhetor. Stilmittel bei polit. Ablenkungsmanövern, bevorzugt verwendet bei Rassismus- u. Antisemitismusvorwürfen. Frühere, veraltete Bed. (15.–20. Jh.): Verbot v. zur Veröffentl. bestimmter od. veröffentl. Rede.«

4 ZENSURSKANDAL UM EIN GEDICHT

Zensur! Zensur! So schallt es heute nicht nur durch die Flure der Politik, sondern ebenso durch die der Kultur, der Kunst, der Medien. Und auch hier handelt es sich keineswegs immer um sachlich berechtigte Warnungen vor neuen Zensurphänomenen, also vor umfassenden strukturell und institutionell wirksamen Beschränkungen der Meinungsfreiheit. Auch im kulturellen Bereich setzt man Zensur als Kampfbegriff ein, um etwas zu erreichen – und zwar häufig, ohne den Begriff sachgemäß zu verwenden.

Warum? Die Frage stellt sich erneut. Hat man es wieder mit einer medienwirksamen Skandalisierungsstrategie zu tun, die öffentliche Aufmerksamkeit erzeugen will? Zweifellos ist die Erregung von Aufmerksamkeit immer ein wichtiger Grund für den inflationären Einsatz des Zensurbegriffs. Auch Kulturschaffende und Medienleute wollen gehört und gelesen werden. Die mediale Präsentation von Informationen braucht Reizwörter, um aus der Masse der Daten herauszustechen, um wahrgenommen zu werden. Das Wort ›Zensur‹ hat offenbar das Potenzial, eine solche Wahrnehmung zu ermöglichen. Noch. Denn nicht nur im politischen, auch im gesellschaftlich-kulturellen Bereich sind Abnutzungsgefahren da. Wer ständig und überall Zensur wittert und beklagt, braucht sich nicht darüber zu wundern, wenn ihm irgendwann bei ernst zu nehmender Zensur keiner mehr glaubt.

Haltlose Zensurvorwürfe werden jedoch nicht ohne Grund erhoben. Um diese Gründe besser zu verstehen, sei ein Fall näher betrachtet. Und zwar ein sehr medienwirksamer, öffentlicher Skandal, der sich mitten im Sommerloch 2017 ereignete und bis ins Jahr 2018 nachhallte. Manche Journalistinnen und Journalisten bezeichneten ihn nicht zu Unrecht als Posse. Im Mittelpunkt des Skandals stand ein kleines Gedicht:

Avenidas
avenidas y flores

Flores
flores y mujeres

Avenidas
avenidas y mujeres

avenidas y flores y mujeres y
un admirador

Das Gedicht stammt von Eugen Gomringer. Er schrieb es 1953, ein klassisches Beispiel der Konkreten Poesie. Neunundfünfzig Jahre später erhielt der betagte Dichter den Poetik-Preis der Alice Salomon Hochschule in Berlin-Hellersdorf. Als Dank übergab er der Fachhochschule eben jenes Gedicht *avenidas*, das seither eine

Fassade des Gebäudes in Übergröße schmückte. Im Sommer 2017 nun störten sich einige Studierende besagter Institution an dem Text, der nach ihrer Deutung sexistisch ist und Frauen diskriminiert. Der Allgemeine Studierenden-Ausschuss (AStA) forderte die Hochschulleitung in einem offenen Brief dazu auf, *avenidas* übermalen zu lassen. Daraufhin brach eine Debatte über Sexismus, Kunstfreiheit und literarische Deutungsmacht in den Medien los, mit der die Protestierenden wohl kaum gerechnet hatten. Hochrangige Personen und Institutionen des öffentlichen Lebens engagierten sich in der Debatte: Das Berliner Haus für Poesie drohte an, sich im Falle einer Übermalung von Gomringers *avenidas* als Kooperationspartner der Alice Salomon Hochschule zurückzuziehen (was später tatsächlich geschah). Die Mitglieder der Jury, die den Poetik-Preis verliehen hatte, sahen in der studentischen Kritik Unverständnis gegenüber dem Gedicht ausgedrückt; dessen Entfernung aus »dogmatischen« Gründen sei eine Diskriminierung des Autors und der Kunst selbst. Das PEN-Zentrum Deutschland nannte eine Übermalung Zensur und erklärte in einer Stellungnahme die Freiheit des dichterischen Wortes für bedroht; die studentische Forderung sei unberechtigt und beruhe auf Unverständnis. Der Ehrenpräsident des deutschen PEN Christoph Hein, selbst zu DDR-Zeiten von staatlicher Zensur verfolgt und ihr mutigster Kritiker, bezeichnete den Wunsch des AStA als »barbarischen Schwachsinn« und die Studierenden als »unerzogen« und »ungebildet«.

Alles ganz schön harter Tobak. Was war da bloß passiert, wie kam es zu diesem enormen kulturellen Aufreger, der zu seinem Anlass in keinem Verhältnis zu stehen schien? Ganz offensichtlich war die Aufregung zumindest in einer bestimmten Hinsicht gut gemeint. Den genannten Playern des Literatur- und Kulturbetriebes war eine aufrechte, authentische Empörung über Beschränkungen der Meinungs- und besonders der Kunstfreiheit

anzumerken. Eine Zweckentfremdung des Zensurvorwurfs, wie
sie die politische Polemik betreibt, war hier nicht auszumachen.
Wenn der PEN sich »zutiefst beunruhigt« über eine Entwicklung
zeigte, »die darauf abzielt, der Kunst einen Maulkorb vorzu-
spannen oder sie gar zu verbieten«, dann meinte er das ernst.
Zugleich war aber gerade das verblüffend. Gerade dieser Schriftstellerverband weiß doch aus täglichem Kontakt mit den von
ihm unterstützten *writers in prison* besser als jede andere Institution, was Zensur tatsächlich bedeutet. Er versteht sich als Stimme
verfolgter und unterdrückter Schriftstellerinnen und Schriftsteller weltweit. Wahrscheinlich hat er sich gerade deshalb zu seiner undifferenzierten Stellungnahme zum Fall Gomringer vom
5. September 2017 hinreißen lassen. Ihm schien es beim Protest
gegen die Übermalungsforderung der Berliner Studierenden in
erster Linie um ein ›Wehret den Anfängen‹ zu gehen, also um
das Bestreben, Zensur in ihren frühesten Ansätzen im Keim zu
ersticken.

Erkennbar ist im Falle des *avenidas*-Gedichtes noch eine
weitere Motivation des PEN, in so entschiedener – und zugleich
entschieden unangemessener – Weise Zensur zu beklagen: Solidarität mit Nora Gomringer, die sich als Tochter des Dichters
persönlich betroffen geäußert hatte. Man wollte der im Statement so bezeichneten »Kollegin« ganz offensichtlich zeigen,
dass man auf ihrer Seite stehe. Das erklärt vielleicht auf einer
emotional-psychologischen Ebene auch die überzogene Härte
und den überheblichen Stil, mit denen der PEN sich gegen die
Studierenden positionierte. Auf die Hochschule selbst schaute
der Schriftstellerverband mit einer schwer erträglichen moralischen Tadelgeste herab: Er sprach von einer »Provinzposse«,
tadelte die Hochschulleitung als »opportunistisch« und hoffte
schließlich frohgemut, dass bald wieder »Vernunft und Verstand
und die Wertschätzung von Freiheit und Schönheit« in Berlin-

Hellersdorf einzögen. Ein anderer Kritiker sprach gar von der Opferung der Freiheit der Kunst zugunsten eines Schulfriedens. Der allgemeine Tenor war: Ihr Studenten seid unerzogen. Ihr seid unvernünftig. Ihr seid ungebildet. Ihr bösen Kinder.

So geht es nicht. Zumindest nicht in einer kritischen, kontroversen Debattenkultur, die Gegnerinnen und Gegner als ernst zu nehmende Gegenüber anerkennt. Hier geschah genau das Gegenteil. Diskussion wurde blockiert. Man haute den anderen auf die Finger: Ihr seid nicht kompetent genug, um das Gedicht zu deuten. Die Deutungsmacht, das Deutungsrecht haben nur wir. Was ihr macht, ist dagegen Zensur. Welch eine hegemoniale Geste der Kulturelite gegenüber jungen, gesellschaftskritischen und politisch agierenden Menschen! Eine Geste, die nicht nur wegen der Inszenierung des Meinungsmachtgefälles zwischen arrivierten Expertinnen und Experten auf der einen Seite und Studierenden auf der anderen Seite problematisch ist. Problematisch ist außerdem, wie sehr die kritischen Stimmen die angebliche Provinzialität der Alice Salomon Hochschule und ihrer praxisorientierten, sozialwissenschaftlichen Studiengänge betonten. Man fragte sich unwillkürlich: Hätte sie einen Protest von Germanistikstudierenden der Berliner Humboldt-Universität genauso abfällig behandelt? Ähnlich zu bezweifeln ist, ob die Wellen der Empörung so hoch geschäumt hätten, wenn es bei dem Protest der Studierenden nicht gerade um Geschlechterpolitik gegangen wäre. Ha, klang es nämlich im Feuilleton an, das ist doch mal wieder ein Beispiel für dieses Gendergerede, diesen Genderwahn. Es ist zu bezweifeln, ob die Kritik den studentischen Protest auch dann als ›dogmatisch‹ bezeichnet hätte, wenn er sich nicht auf Sexismus bezogen hätte. Ob man auch dann die Betreiber als eine »Art politischer Studentenpolizei« abgekanzelt hätte, wie es in der *Berliner Zeitung* zu lesen war.

Warum war das nun eigentlich keine Zensur, was da im

Sommer 2017 in Berlin-Hellersdorf passierte? Und was wäre im
Gegenzug tatsächlich Zensur? Wenn wir uns einig sind, dass der
Zensurbegriff auch demnächst noch irgendetwas taugen soll in
der Verständigung über Freiheit und Unfreiheit der Rede, dann
muss er sich zumindest auf eine strukturell und institutionell
verankerte Kontrolle von zur Veröffentlichung bestimmter oder
bereits veröffentlichter Meinungsäußerungen beziehen. Das
heißt: Wenn die gedruckten Ausgaben und andere mediale Erscheinungsformen des Gedichtes *avenidas* systematisch und ohne
Gerichtsverfahren verboten worden wären, wäre das zweifellos
Zensur gewesen. Doch von einem »Verschwindenlassen« des
Gedichtes aus dem öffentlichen Raum, wie die Medien unkten,
kann im Falle Gomringer ja keine Rede sein. *avenidas* ist längst
publiziert, es ist überall uneingeschränkt für alle lesbar, im Internet abrufbar, in Bibliotheken und auf dem Buchmarkt erhältlich.
Sie können es zum Beispiel auch hier, in diesem Buch lesen. Zum
Beweis, und weil es so schön ist, gleich noch mal:

Avenidas
avenidas y flores

Flores
flores y mujeres

Avenidas
avenidas y mujeres

avenidas y flores y mujeres y
un admirador

Eugen Gomringers Gedicht sollte auch im aktuell die Gemüter
bewegenden Skandal keineswegs verboten werden. Es wird lediglich an der Südfassade eines von einer Bildungseinrichtung
genutzten Gebäudes in einem Stadtteil von Berlin nicht mehr zu

lesen sein. Und zwar, weil diejenigen, die das Gebäude benutzen, in einem demokratischen Verfahren über die Gestaltung ihrer Fassade diskutiert und entschieden haben. Wenn das Zensur sein soll, was ist dann bloß noch alles Zensur? Ich hätte da gleich einen Gegenkandidaten vorzuschlagen: Der Maulkorb, den die Kulturelite in ihrer massiven Medienoffensive den Studierenden verpassen wollte, wäre dann ganz entschieden Zensur gewesen. Aber so kommen wir nicht weiter.

Wenn ich an der hochschulinternen Diskussion in Berlin-Hellersdorf beteiligt gewesen wäre, hätte ich energisch für den Erhalt der Gedichtabschrift an der Fassade plädiert. Meine Argumente wären gewesen: Ich finde *avenidas* schön und kulturhistorisch wertvoll. Ich finde es eine fantastische Art des Wirkens von Literatur in den öffentlichen Raum hinein. Ich sehe es als eine Sache der Höflichkeit und des Respekts gegenüber einem geehrten Preisträger an, sein Geschenk, zumal ein originelles, ein einzigartiges Geschenk, nicht zu zerstören. Aber – Zensur? Mensch, das ist doch keine Zensur.

5 TOD DES AUTORS ODER TOD DER LITERATUR

Dass gerade literaturaffine Menschen hier so mit Literatur und mit Lesenden umgingen, war das eigentlich Schockierende. Warum bloß sollten Studierende sich nicht in einer öffentlichen Geste gegen eine Kunst wehren dürfen, die ihrer Meinung nach konservativ-patriarchalisch ist? Warum sollten sie die Haltung des Beobachters in Gomringers Gedicht nicht als machistische Pose oder auch als potenzielle sexuelle Belästigung lesen dürfen? Wenn Sie wüssten, was Studierende in Seminaren alles kreativ aus literarischen Texten herauslesen! Und für eine Macho-Lesart bietet das Gedicht nun wirklich äußerst handfeste Argumente an. Hier ist es noch einmal, nun auf Deutsch:

> Alleen
> Alleen und Blumen
>
> Blumen
> Blumen und Frauen
>
> Alleen
> Alleen und Frauen
>
> Alleen und Blumen und Frauen und
> ein Bewunderer

Ein Mann bewundert Frauen, die passive Objekte seiner Betrachtung bleiben. Patriarchale Kunsttradition? Ja, aber hallo! Sage *ich* – und sagten auch andere mitdebattierende Gedichtinterpreten wie etwa Jonathan Schaake, der am 26. September 2017 im Online-Magazin *tell* auf die sexuelle Aufgeladenheit der mehrdeutigen Wörter ›avenidas‹ und ›flores‹ hinwies. Das muss man nicht so sehen. Dass Literatur mehrdeutig ist, macht ja gerade ihre Besonderheit aus. Sie fordert heraus zur Auseinandersetzung. Wenn den Studierenden fehlende Rücksicht auf künstlerische Mehrdeutigkeit vorgeworfen wurde, kam dieser Vorwurf nur wie ein Bumerang zu den Kritikerinnen und Kritikern zurück: Eigentlich waren sie es nämlich, die hier Mehrdeutigkeit verbieten wollten. Ein solches Deutungsverbot, ausgesprochen von einer dahinterstehenden institutionalisierten Macht von Literaturexperten und -expertinnen, ist tödlich für die Literatur. Literatur ist frei, muss frei sein – und damit zugleich Freiwild: Ein Autor überlässt sein Gedicht mit dem Zeitpunkt der Veröffentlichung der deutenden Meute. Das hat er gewissermaßen mit dem Publikationsvertrag unterschrieben und sich damit verletzlich gemacht. Er hat keine Macht mehr über sein Werk, auch keine Deutungsmacht. Michel Foucault und Roland Barthes haben das vor mehr als vierzig Jahren mit der griffigen Formel vom ›Tod des Autors‹ umschrieben.

Eugen Gomringer selbst reagierte übrigens empfindlich auf die Übermalungsabsichten an der Alice Salomon Hochschule. Bei ihm als dem betroffenen Künstler ist das psychologisch gut nachvollziehbar. Man könne, schrieb er, sein berühmtes Gedicht nicht einfach auf die Seite schieben und kaputtreden. Bei allem Verständnis für einen verletzten Autor: Es ist eine schiefe Vorstellung, dass ein Gedicht kaputtgeredet werden könne. Angesichts der heutigen marginalen Bedeutung von Poesie in der Gesellschaft mag man sich eher fragen: Könnte ein Lyriker nicht froh sein, wenn man überhaupt über seine Texte redet? Und wer seine Kunst riesengroß an eine Hauswand malen lässt, muss sowieso damit rechnen. Gerade diese Form der Veröffentlichung provoziert das Reden über ein Gedicht, nicht nur das Verbeugen davor. Und eigentlich will doch Gomringers Dichtung auch gar nicht unantastbar sein, das ist nicht das ästhetische Programm der Konkreten Poesie. Wieso also hier dieser Protest? Offenbar ging das Übermalen seines Werks dann doch etwas zu weit für den Künstler. Sein persönliches Gefühl von Verletzung verbarg er hinter einer kunstästhetischen Stellungnahme. In diese Richtung argumentierte übrigens auch Nora Gomringer. Emotional, scharf und wenig treffend. Auch sie wünschte sich, dass niemand das Werk ihres Vaters antastet und verletzt. Das begründete sie in der *Welt* vom 31. August 2017 poetologisch: »Heißt frei nicht auch, dass jeder sich einen Reim drauf machen kann, wie er will? Nein. Das bedeutet es nicht. Gerade bei einem Gedicht der konkreten Poesie haben wir es mit einem festgesteckten Rahmen zu tun. Was da steht, ist.«

Ein Gedicht darf man also nicht antasten. Außer vielleicht,

wenn man die Tochter des Dichters ist: Nora Gomringer selbst machte sich nämlich auf Facebook und in der *Welt* einen sehr konkreten Reim auf *avenidas*. Sie interpretierte es ausführlich – und nannte im Gegenzug die Interpretation der Studierenden ausdrücklich »falsch«. Ihre Botschaft lautete: Ich liege richtig und ihr liegt falsch. Mir steht die Deutungshoheit über das Gedicht meines Vaters zu.

›Falsch‹ ist jedoch im Falle von Literaturinterpretationen bekanntlich ein schwieriges Wort. Spätestens seit Wilhelm Dilthey, also seit gut hundert Jahren, steht fest, dass geisteswissenschaftliche Deutung anders funktioniert als naturwissenschaftliche Erkenntnis. Sie erschöpft sich eben gerade nicht im Gegensatz wahr/falsch, sondern vollzieht sich in einem Aushandlungsprozess mit dem zu deutenden Gegenstand, zum Beispiel einem Text. Einen solchen Prozess vollzogen die Studierenden der Alice Salomon Hochschule erkennbar: »Ein Mann, der auf die Straßen schaut und Blumen und Frauen bewundert. Dieses Gedicht reproduziert nicht nur eine klassische patriarchale Kunsttradition, in der Frauen* ausschließlich die schönen Musen sind, die männliche Künstler zu kreativen Taten inspirieren, es erinnert zudem unangenehm an sexuelle Belästigung, der Frauen* alltäglich ausgesetzt sind.« So stand es in ihrem offenen Brief.

Ein starker Antrieb der Zensurdebatte waren im Falle Gomringer also, neben dem Engagement für die Freiheit der Kunst, persönliche Befindlichkeiten der Betroffenen. Befindlichkeiten, die verständlich sind. Auch wenn ich keine Künstlerin bin, trifft mich eine Kritik meiner beruflichen Arbeit sehr, wie wahrscheinlich viele andere Menschen auch. Es ist hart, wenn die Welt eine Leistung, mit der man sich selbst oder eben auch eine nahestehende Person identifiziert, nicht wertschätzt. Man kann kaum anders, als persönlich involviert zu sein. Entscheidend ist aber, was man dann mit dieser Involviertheit macht. Im Fall Gom-

ringer wurde aus der Verwundung heraus ein Literaturmodell
hervorgekramt, das nur eine einzige, wahre Deutung zulässt.
Und diese eine Textwahrheit soll identisch mit der Meinung des
Autors sein. Man muss sie nur noch fachgerecht aus dem Text
herauspräparieren. Das ist eine altertümliche Vorstellung von
Literatur, auch wenn sie an Schulen leider immer noch verbreitet
ist: Was wollte der Autor uns damit sagen ... – wer kennt diese
Leier nicht aus der eigenen Schulzeit? Sie ist außerdem lang-
weilig: Wenn man tatsächlich nur eine Botschaft aus einem Text
herausholen sollte und könnte, nämlich just die, die der Autor
darin versteckt hat, müsste man sich eigentlich fragen, was dieser Umweg überhaupt soll: Wieso hat Herr Gomringer uns denn
nicht gleich direkt gesagt, was er meint, ohne Schnickschnack?
Wieso macht er es uns so schwer, wieso gibt er uns ein verzwick-
tes Rätsel ohne klare Lösung auf?

Literatur tickt aber ganz anders, es gibt nicht nur die eine
darin vom Autor versteckte Wahrheit, und natürlich wissen Vater
und Tochter Gomringer das als Kunstschaffende besser als alle
anderen. Literatur ist ein Angebot. Sie fordert Lesende heraus,
macht etwas mit ihnen – und dazu lädt eben auch das hier dis-
kutierte Gedicht ein. Man kann es auf vielfältige Art und Weise
lesen.

Ich persönlich finde *avenidas* gelungen in seiner zirkulie-
renden, rhythmischen, puristischen, unmetaphorischen, poin-
tierten Kürze. Zugleich ist die machistische Perspektive des Be-
wunderers unübersehbar. Sie schmälert für mich den Wert des
Gedichtes nicht, das ich in seinem literarhistorischen Kontext
lese und beurteile. Vielleicht habe ich als Literaturwissenschaftlerin zu literarischen Werken ja eine andere, berufliche Distanz
als die geschlechterpolitisch engagierten Studierenden der Berliner Alice Salomon Hochschule? Womöglich habe ich ja auch
nur Sorge um meinen Job: Mindestens neunzig Prozent aller Li-

teratur der Vergangenheit ist aus einer patriarchalen Denk- und Schreibweise heraus verfasst. Wenn ich die sämtlich ablehnen würde, wäre da kaum mehr etwas, das ich noch lesen, lehren und erforschen könnte. Womöglich – das könnte man mir ebenfalls vorwerfen – bin ich aber auch zu kompromisslerisch.

Daher ist es doch eigentlich gut, dass es Studierende gibt, die da empfindlicher sind – manchmal auch überempfindlich. Insgesamt gilt: Gut, dass gestritten wird über Literatur und ihre Implikationen, ob nun über sexistische, rassistische oder was auch immer. Das ist nicht selbstverständlich. Immerhin ist die Millennials-Generation doch angeblich komplett unpolitisch, wirtschaftlich orientiert, nur an Karriere und gutem Leben interessiert und ideologisch höchst unmusikalisch: Das ist längst so ausgemacht in feuilletonistischen und populärwissenschaftlichen Gesellschaftsanalysen. Wenn sich Studierende wirklich einmal politisch agieren und energisch zu Wort melden, maßregelt man sie als »ungezogene«, »ungebildete« Kinder, und zwar mit scharfen rhetorischen Waffen, zu denen auch der Kampfbegriff ›Zensur‹ gehört.

Und wie ging die Geschichte nun aus? Gut! Es gab ein Happy End im Falle Gomringer! Ein knirschendes und knarzendes zwar. Eins, bei dem ich spontan an Lessings *Nathan der Weise* und Lenz' *Hofmeister* denken musste: Theaterstücke des 18. Jahrhunderts, in denen sich am Ende alle gerührt umarmen, obwohl absolut gar nichts in Ordnung ist. Damit will ich nicht behaupten, dass mir selbst ein besseres Ende eingefallen wäre, eines, das weniger nach Schadensbegrenzung gerochen hätte. Die intensiven Bemühungen der Alice Salomon Hochschule um eine gute Lösung waren unübersehbar; sie unternahm die Quadratur des Kreises – ach, was sage ich, mindestens achteckig sollte die Sache am Ende sein. Das Ergebnis war daher auch etwas verbeult, aber durchaus lebbar: Ab Herbst 2018 werde ein Gedicht der aktuellen Poetik-

Preisträgerin Barbara Köhler ihr Gebäude zieren, verkündete
die Hochschule nach internen Abstimmungs- und Diskussions-
prozessen am 23. Januar 2018 der Presse. Die Südfassade werde
demnächst wechselnde Gedichte von Preisträgerinnen und Preis-
trägern zeigen, in fünfjährigen Intervallen. Außerdem werde
avenidas auf Gomringers Wunsch auf einer Tafel unterhalb von
Köhlers Gedicht weiterhin lesbar sein, auf Spanisch, Deutsch
und Englisch. Der Dichter selbst, den schon im November eine
Versöhnungsdelegation besucht hatte, werde in den Prozess ein-
gebunden und ein weiteres Mal besucht. Ende gut, fast alles gut.

6 DIE ZENSUR, DIE KUNST UND DIE FREIHEIT

Die Gomringer-Debatte ist ein sehr aufschlussreicher Fall von
Zensurpolemik. Sie verrät etwas über die aktuelle Nervosität unserer Gesellschaft. Über wunde Punkte und heikle Fragen, über
Meinungsmachtkonflikte und nicht zuletzt über den Umgang
mit Kunst. Sie verrät etwas darüber, wie der kulturelle und mediale Diskurs den Begriff ›Zensur‹ einsetzt: Er meint so ungefähr
jede öffentlich wirksame Form der Kommunikationskontrolle.
Der Finger ist schnell am Abzug.

Nervosität ist nicht grundsätzlich schlecht. In Fragen von
Kunst und Zensur sollte man lieber etwas zu nervös als etwas
zu sorglos sein. Prinzipiell ist die Kunstfreiheit in Deutschland
ein hohes Rechtsgut. Allerdings noch nicht lange. Im Wilhel-
minischen Kaiserreich wurde Kunst zensiert, wenn sie Kritik am
Staat übte oder vermeintlich unsittlich war. Berühmt geworden
sind die Worte von Wilhelm II.: »Eine Kunst, die sich über die
von Mir bezeichneten Gesetze und Schranken hinwegsetzt, ist
keine Kunst mehr.« Der deutsche Kaiser stand für eine konser-

vativ-klassizistische Kunstauffassung und machte diese zum allgemeingültigen Maßstab. Zur staatlichen Vorzensur kamen zahlreiche Gerichtsverfahren gegen Autoren und Verleger hinzu. Die Anklage lautete meistens auf Gotteslästerung oder Majestätsbeleidigung.

Als nach dem Ersten Weltkrieg in Deutschland die Republik ausgerufen wurde, bedeutete dies zugleich die offizielle Abschaffung der Zensur. Außerdem statuierte die neue Reichsverfassung vom 11. August 1919 unter Paragraf 142 sogar erstmals die Freiheit der Kunst. Das bedeutete allerdings nicht, dass Kunstschaffende sich nun völlig frei fühlen konnten. Denn in den per Gesetz aufgetanen Freiraum sprang nur umso bereitwilliger die Justiz. Die Weimarer Republik war eine Zeit der Literaturprozesse. Zahlreiche Bücher und Theaterstücke wurden vor Gericht gezerrt und deren Urheber in Strafprozessen verurteilt. Außer ›Gefährdung der öffentlichen Sicherheit und Ordnung‹ und ›Verletzung von Persönlichkeitsrechten‹ war die ›Bewahrung der Sittlichkeit‹ ein prominentes Verbotsargument. Also: Keine Zensur, aber eine Rechtsprechung, die fast schon auf dasselbe hinauslief.

Bereits vor der Machtergreifung durch die Nationalsozialisten wurde die Freiheit der Kunst immer stärker eingeschränkt, unter anderem durch das bereits erwähnte Gesetz zur Bewahrung der Jugend vor Schmutz- und Schundschriften vom 18. Dezember 1926, gegen das Heinrich Mann in seinem Essay *Schmutz und Schund* so mutig protestierte, aber auch durch Notverordnungen. In der NS-Ära dann war natürlich keine Rede mehr von der Freiheit der Kunst. Die totale Zensur beherrschte das kulturelle Leben in einer zuvor nicht gekannten Art und Weise.

Nach 1945 wollte man es dann ganz anders machen – der Kunstfreiheit wurde ein hoher Stellenwert eingeräumt. So schreibt das Grundgesetz der BRD in seiner Beschlussfassung vom 8. Mai 1949 unter Artikel 5 Absatz 3 vor: »Kunst und Wis-

senschaft, Forschung und Lehre sind frei.« Auch in der ersten
Verfassung der DDR vom 7. Oktober 1949 steht: »Die Kunst,
die Wissenschaft und ihre Lehre sind frei.« (Artikel 34) Dieser
Grundsatz der Kunstfreiheit war jedoch im Osten Deutschlands
von Beginn an ein bloßer Papiertiger; die DDR-Verfassung von
1968 erwähnte ihn dann bezeichnenderweise gar nicht mehr.
Stattdessen betonte sie die notwendige Übereinstimmung der
Kunst mit dem Sozialismus. Erst 1990 wurde die Kunstfreiheit
dann auch im Osten Deutschlands wieder zum einklagbaren
Grundrecht: Mit dem deutsch-deutschen Einigungsvertrag trat
die DDR der BRD bei und gehörte – mit Wirkung vom 3. Oktober
1990 – zum Geltungsbereich des Grundgesetzes. Gesamtdeutsch
galt nun: »Zensur findet nicht statt.«

Zensur darf es also nicht geben – und *erst recht* keine Zensur der Kunst, so bestimmt es der eben zitierte Absatz 3. Man
kann sich durchaus fragen, ob ein totales Zensurverbot überhaupt noch steigerbar ist, im Sinne eines ›erst recht‹. Die Antwort lautet Ja – und zwar insofern, als die Schrankentrias aus Absatz 2 (allgemeine Gesetze, Jugendschutz, persönliche Ehre) für
die Kunst laut Absatz 3 nicht gilt. Tatsächlich ist die Freiheit der
Kunst in Deutschland ein sehr hohes Gut und steht, wenn man
die inneren Hierarchien des Meinungsfreiheitsartikels genau betrachtet, über den in Absatz 2 benannten Rechtsgütern. In der
praktischen Rechtsprechung wird indessen immer abgewogen.
Es ist dabei nicht von vornherein klar, was in einem konkreten
Streitfall wichtiger ist, etwa die Kunstfreiheit oder der Persönlichkeitsschutz. Denn das deutsche Gesetz wahrt den Schutz der
Persönlichkeit (Artikel 2 Absatz 1; Artikel 5 Absatz 2, GG) – und
zugleich gilt die Freiheit der Kunst. Über sie wird heftig vor Gericht gestritten.

Meistens geht es um Bücher, die nicht erscheinen dürfen,
weil jemand dagegen geklagt hat, der sich oder einen Verwand-

ten durch die Publikation entehrt sieht. Berühmte literarische
Fälle der letzten Jahrzehnte sind Klaus Manns *Mephisto* (erstmals
erschienen 1936; Verbotsverfahren 1966/71) und Maxim Billers
Esra (erschienen 2003, bis heute verboten). Juristen fangen in
solchen Fällen regelmäßig damit an, in Gerichtssälen Literaturwissenschaft zu betreiben. Sie diskutieren über Begriffe wie ›Fiktionalität‹, ›Ästhetik‹ und ›Verfremdung‹. Ist *Esra* ein weltfremder
Roman, oder beleidigt er doch reale Personen? Bekanntlich arbeitet Biller sich in seinem Text an einer alten Beziehung ab und
legt es eindeutig auf Wiedererkennbarkeit der beschriebenen Ex-
Geliebten und ihrer Mutter an. Das Bundesverfassungsgericht,
das 2007 das Publikationsverbot des Romans durch den Bun-
desgerichtshof aus dem Jahr 2005 bestätigte, sieht das Dasein
eines Kunstwerks generell nicht nur »als ästhetische Realität«,
sondern in den »Realien«, mit »sozialbezogenen Wirkungen«, so
heißt es in der Urteilsbegründung. Wenn Biller also ein ›korrek-
tes‹ literarisches Werk, ein lupenrein fiktionales, ohne Anspruch
auf Faktizität, geschrieben hätte, dann hätte es offenbar kein
Problem gegeben. Je eindeutiger aber die Urbilder der Figuren
erkennbar seien – und je intimer sie dargestellt würden –, desto
stärker sei das Persönlichkeitsrecht beeinträchtigt, desto mehr
sei also den Klägerinnen recht zu geben, die sich in ihrer persönlichen Ehre verletzt sehen. Aus diesem Grund wiesen die
Richter den Unterlassungsanspruch der Mutter ab, nicht aber
den der Tochter, über deren Sexualleben der Roman intime De-
tails preisgab.

Gerade *Esra* ist in den letzten Jahren zum Symbol für die
deutsche Debatte über Kunstfreiheit und ihre Einschränkungen aufgestiegen. Literaturwissenschaftlerinnen und -wissen-
schaftler, die sich nicht gern von der Jurisprudenz ins Handwerk
pfuschen lassen, kritisieren das Verbot des Romans nahezu
unisono – auch dann, wenn sie in seinem Verfasser einen nar-

zisstischen Selbstdarsteller sehen, der einen Vertrauensbruch begangen hat, und in seinem Buch eine »kleingeistige Abrechnung«: »Ein vor Eitelkeit im Dunkeln leuchtender Autor kommt offensichtlich nicht darüber hinweg, daß die Frau, die er wie blöde liebt, ihn immer wieder abserviert, weil sie ihn eben nicht so liebt«, so das ungeschminkte Urteil von Frank Schäfer in *Zensierte Bücher*. Dennoch sei ein Roman nun einmal ein Roman, ein Fiktionsraum, eine eigene Wirklichkeit, in dem Verletzungen und Entehrungen einen anderen Stellenwert hätten und nicht rechtlich belangt werden könnten. Grundsätzlich ist Schäfer zuzustimmen, dass der Fiktionspakt, den Schreibende und Lesende schließen, wie ein »kulturell vermittelter und also durchaus wirksamer Schutzschild« fungiert. Wir wissen, dass ein Roman nicht die Realität darstellt, also dürfen wir seinen Inhalt auch nicht so behandeln.

Und doch handelt es sich um eine Gratwanderung. Ich spitze das Problem noch etwas zu: Reicht es, wenn man vorne auf den Buchdeckel die fünf Buchstaben R O M A N schreibt, um dann im Text ungehindert klar identifizierbare Personen zu beschädigen und zu entehren? Würde das auch dann gelten, wenn man die fünf Buchstaben nur als nicht ernst gemeinten Code benutzt hätte? Und stünde man auch dann noch unter dem poetologischen Schutzschild der Fiktionalitätsbehauptung, wenn man sogar offen und spöttisch zugäbe, dass das Etikett ›Roman‹ nur ein Vorwand sei?

Das sind offene Fragen, die sich nicht einfach und schnell beantworten lassen – und die auch mit einem polemisch vorgebrachten Zensurvorwurf nicht aus der Welt zu schaffen sind. Symptomatisch ist da der Titel von Anja Ohmers 2004 erschienenem Beitrag *Literatur vor Gericht: Zensur in Deutschland*. Und nicht nur die Literaturwissenschaft ist bei Kunstprozessen wie dem um Billers *Esra* schnell mit dem Zensurbegriff bei der Hand.

Auch die kritische Öffentlichkeit sieht sogleich staatliche Kontrolle am Werke und reizt das Skandalisierungspotenzial des Zensurbegriffs in den medialen Debatten voll aus.

Es ist unbestreitbar: Die Freiheit der Kunst ist ein hohes Gut, und wenn sie gefährdet erscheint, muss man protestieren. Genauso unbestreitbar hat aber auch der allgemeine Schutz der Persönlichkeit etwas für sich. Ich jedenfalls bin sehr einverstanden damit, dass das deutsche Gesetz mich nicht nur vor körperlicher, sondern auch vor verbaler Gewalt schützt. Es ist ein hohes demokratisches Gut, sich auf rechtlicher Grundlage wehren zu können gegen Beschädigungen der eigenen Person – auch gegen Beschädigungen sprachlicher Art.

Wo ist hier nun Zensur am Werke? Muss man die Gerichtsurteile zu Esra, die das Persönlichkeitsrecht gestärkt und die Freiheit der Kunst geschwächt haben, so nennen? Es gilt wachsam zu bleiben, ob sich auch in der Demokratie irgendwo nicht doch Zensurpraktiken einschleichen, weshalb die Öffentlichkeit auch über die Angemessenheit von Gerichtsurteilen diskutieren darf und muss. Wenn die Demokratie verletzt, wenn das Rechtssystem missbraucht und gar ausgehebelt wird, ist Einspruch unerlässlich. Grundsätzlich und von vornehrein jedoch demokratische Rechtsprechung mit Zensur durcheinanderzuwürfeln und den Zensurbegriff auf diese Weise zu verwässern, führt nicht weiter.

Viel gravierender als die Urteile in solch sporadischen Einzelfällen sind die strukturellen Folgen, die diese Urteile für die Literaturlandschaft und den Buchmarkt haben. In der Tat tendiert die deutsche Rechtsprechung schon seit Langem immer stärker dahin, dem Persönlichkeitsrecht den Vorrang vor der Kunstfreiheit zu geben. Auslöser dieser Tendenz war nicht erst der Esra-, sondern der Mephisto-Prozess. Klaus Mann veröffentlichte seinen Schlüsselroman bereits 1936 – eine deftige Abrechnung mit Gustaf Gründgens, einem ehemaligen Freund Klaus und Erika Manns. Gründgens ist das unverkennbare Vorbild des zynischen NS-Karrieristen Hendrik Höfgen, trotz einiger fiktionaler Verfremdungen. Doch erst Gründgens' Adoptivsohn und Erbe strengte in den 1960er-Jahren einen Prozess gegen die Veröffentlichung von *Mephisto* an – und gewann. Nach jahrelangen Prozessen, in denen über das Maß der ästhetischen Verfremdung einer historischen Persönlichkeit in einem fiktionalen Text gestritten wurde, bestätigte das Bundesverfassungsgericht 1971 das Verbot des Romans durch ein Grundsatzurteil. Das in Artikel 1 des Grundgesetzes festgeschriebene Persönlichkeitsrecht siegte über die Kunstfreiheit, bei *Mephisto* wie später bei *Esra*.

Und nicht nur in diesen beiden Fällen. Das Grundsatzurteil zu *Mephisto* hatte gravierende Auswirkungen auf die künftige Spruchpraxis deutscher Richter, nicht nur hinsichtlich der Kunstfreiheit, sondern auch der Meinungsfreiheit allgemein. Werner Fuld sprach 2002 von einem »Paradigmenwechsel in der Rechtsprechung von der Bewahrung der Meinungs- und Informationsfreiheit hin zum Schutz der Persönlichkeitsrechte«, den man »schon seit Längerem beobachten« könne. Viele seiner Beispiele – von Herbert Grönemeyer über Günter Grass bis Gerhard Schröder – stammen aus dem Sachbuchbereich. Berühmte Persönlichkeiten sahen sich nicht richtig dargestellt und klagten mit Erfolg gegen das Erscheinen eines Buches, zum Beispiel einer Biografie. Das ging so weit, dass sogar Mafiaromane nicht erscheinen konnten, weil Pizzeriabesitzer mit Erfolg ihr Persönlichkeitsrecht einklagten. Die Folge war nicht nur eine Einschränkung der literarischen Freiheit, sondern im letzten Fall auch, dass die Öffentlichkeit wichtige Informationen über die Ausbreitung des organisierten Verbrechens in Deutschland nicht erhielt. Der Zensurforscher Werner Fuld sieht damit private Einzelinteressen über die Rechte der Allgemeinheit gestellt. Er beklagt eine juristisch nicht fassbare Präventivzensur und sieht die

Meinungsfreiheit zunichtegemacht – ein weiter Zensurbegriff, den man nicht teilen muss.

Auf jeden Fall teilen sollte man jedoch seine Sorge um die Zukunft der Literatur. Denn was passiert, wenn Verlage und Buchhandlungen mutige Bücher systematisch meiden? Ihre Zurückhaltung ist für Kennerinnen und Kenner der Szene bereits deutlich spürbar – und sie lässt sich ja sogar nachvollziehen: Wer hat schon Lust, Zeit und Geld in ein geplantes Buch zu stecken, das wahrscheinlich sowieso nie auf den Markt kommen wird? Lieber sichert man sich vorher mithilfe der verlagsinternen Rechtsabteilung ab, geht auf Nummer sicher und investiert nur in Bücher, die harmlos und korrekt sind und keinen Anstoß erregen. Solche Entwicklungen, angestoßen durch eine wenig kunstfreundliche Rechtsprechung, sind wesentlich problematischer als die einzelnen Rechtsfälle selbst.

Allerdings stellt sich der Zusammenhang von Justiz und Markt auch hier nicht vollkommen eindeutig dar. Nicht in allen gerichtlichen Verfahren zu Kunstfreiheit versus Persönlichkeitsrecht steht fest, wer eigentlich die Gewinner und wer die Verlierer der Geschichte sind. 1980 erschien trotz Verbot eine Taschenbuchausgabe von *Mephisto* und verkaufte sich glänzend. Und auch im Fall *Esra* kann man sich durchaus fragen, ob Biller wirklich der Verlierer in diesem Spiel der Kräfte war. Er wusste genau, was er tat, als er seinen Schlüsselroman veröffentlichte, viele vermuten einen bewusst provozierten Skandal. Denn ein Gerichtsverfahren schafft große Sichtbarkeit und kann als Verkaufswerbung wirken. Und wie praktisch: Bei *Esra* trat genau das ein. Über die geringe literarische Qualität des Romans sind sich auch die Kritiker des juristischen Verfahrens ziemlich einig. Wer würde *Esra* heute noch kennen, wenn der Roman es nicht zum Literaturskandal gebracht hätte?

7 ZENSURSKANDAL UM EIN BILD

Die Zensurforschung hat sich ausführlich mit Maxim Billers Roman beschäftigt, das Feuilleton hat den Fall rauf- und runterdekliniert. Ihn hier erneut im Detail aufzurollen, brächte nichts Neues. Stattdessen soll nun ein Bild im Mittelpunkt stehen: *Open Casket* von Dana Schutz. Die Whitney Biennial, eine Ausstellung amerikanischer Gegenwartskunst, die im Frühjahr 2017 in New York stattfand, stellte das Gemälde aus und löste damit eine große Debatte um Kunst, Zensur und Identität aus. Die *Frankfurter Allgemeine* sprach am 8. Mai 2017 von der »erbittertsten Kontroverse, die die Kunst seit langem hatte«.

Worum ging es genau? Auf dem umstrittenen Bild ist ein schwarzer Junge zu sehen. Er liegt, in weißem Hemd und Anzug mit einer roten Rose zu sehen, den Kopf von einem gelben Tuch umhüllt, das braune Gesicht mit groben Pinselstrichen unkenntlich gemacht. Dass der Junge tot ist und in einem Sarg liegt, lassen die Faltenwürfe eines weißen Tuchs oberhalb von ihm nur erahnen, sicher weiß man das nur durch den Titel: *Offener Sarg*. Dana Schutz' Kunstwerk hat ein Vorbild: eine historische Schwarz-Weiß-Fotografie. Sie zeigt den vierzehnjährigen Emmett Till, der im Jahr 1955 im Bundesstaat Mississippi einem rassistischen Verbrechen zum Opfer fiel. Zwei weiße Männer folterten und töteten ihn, weil er angeblich die Frau des einen belästigt hatte. Die beiden Männer wurden freigesprochen. Emmetts Mutter wollte das Verbrechen für alle Welt sichtbar machen, sie bestand auf einem offenen Sarg. So konnte jeder das schrecklich verstümmelte, unkenntliche Gesicht ihres Sohnes sehen. Und sie bewirkte tatsächlich etwas: Der Fall war einer der Auslöser der Bürgerrechtsbewegung der 1960er-Jahre in den USA, die sich gegen rassistische Gewalt und Unterdrückung richtete. Erst 2008 übrigens gab die angeblich belästigte Frau zu, dass sie gelogen hatte; der Junge hatte sie gar nicht angesprochen. Dadurch kochte der Skandal noch einmal hoch – obgleich es für die Bewertung der Gewalttat einerlei ist, ob Emmett nun tatsächlich aufdringlich war oder nicht. Seine Ermordung war in jedem Fall ein Verbrechen.

Bis heute ist Emmett Till unvergessen. Nicht zuletzt das Internet sorgt dafür, dass das Bild seines zerstörten Gesichtes nicht aus dem kollektiven Gedächtnis verschwindet. Es ist eine Ikone geworden, Symbol des Rassenhasses, Symbol aber auch des Kampfes gegen den Rassenhass. Dana Schutz, eine einundvierzigjährige Amerikanerin, hat diese Ikone nun in ihrer Kunst aufgegriffen. Sie malte Emmett Tills Leiche in Öl, das Gesicht etwas verwischt durch grobe Pinselstriche, leicht abstrahiert, insgesamt in harmonisch-sanften Farben. Während die historische Fotografie des zertrümmerten Gesichts schrecklich anzusehen ist, kostet die Betrachtung des Gemäldes keine Überwindung. Die Monstrosität des grausamen Verbrechens hallt nicht nach. Man kann das Bild anschauen, ohne aufgewühlt und schockiert zu sein. Aber dennoch waren viele schockiert über ebendieses Bild – allerdings aus ganz anderen Gründen. Zum Skandal wurden im Jahr 2017 nicht etwa das ursprüngliche Verbrechen und auch nicht seine vielleicht zu harmonisierende Darstellung. Zum Skandal wurde die Hautfarbe der Malerin. Dana Schutz ist weiß. Und ihr Bild zeigt schwarzes Leid. Das geht gar nicht, jedenfalls nicht für eine schwarze Künstlerin namens Hannah Black. In einem offenen Brief an die Kuratoren der Whitney Biennial forderte sie daher, dass *Open Casket* nicht nur aus der Ausstellung verschwinden solle, sondern sogar zerstört werden müsse und niemals verkauft werden dürfe: »The painting must go.«

Vielleicht stocken Sie nun erst einmal und sind irritiert. Vielleicht denken Sie – wie auch ich zuerst – ganz spontan: Warum

soll bitte schön eine Weiße sich nicht auseinandersetzen, nicht
Mitleid empfinden dürfen mit Menschen anderer Hautfarbe?
Wieso soll sie sich nicht auf diese Weise gegen Rassismus en-
gagieren dürfen? Wer für die Gleichberechtigung von Menschen
verschiedener Hautfarbe kämpft, sollte doch gerade nicht auf
seine eigene Hautfarbe reduziert werden, das wäre paradox. Ein
weißer Musiker schrieb schon vor vielen Jahren einen Protest-
song über Emmett Tills Schicksal: Bob Dylan. Hätte er das also
gar nicht tun dürfen? Oder, weitergedacht: Wenn nicht – was
dürfen Künstler denn dann überhaupt noch tun, außer um den
eigenen Bauchnabel zu kreisen?

Das sind sehr berechtigte Einwände. Wahrscheinlich fühlen
die meisten Kunstinteressierten sich erst einmal unwohl bei Forderungen wie der von Hannah Black. Es sind Forderungen, die
auf einer rigiden Identitätspolitik basieren, auf einem Schwarz-
Weiß-Denken, das man doch gerade überwinden will. Wir verstehen uns als Erben der Aufklärung! Und fordern die Gleichberechtigung nicht nur als Ziel, sondern auch als Voraussetzung
unseres Handelns.

Hannah Black war nicht die Einzige, die das im Falle von
Open Casket anders sah. Ihr Künstlerkollege Parker Bright, ebenfalls von dunkler Hautfarbe, stellte sich am Eröffnungstag der
Whitney Biennial vor Dana Schutz' Gemälde. Mit einer Gruppe
von Mitstreitern gelang es ihm, bis zur abendlichen Schließung
des Museums die Sicht darauf zu verdecken. Den Besucherinnen
und Besuchern drehte er den Rücken zu, sodass auf seinem
T-Shirt zu lesen war: »BLACK DEATH SPECTACLE«. Außer
Parker Bright fanden sich weitere Unterstützer von Hannah
Blacks Anliegen. Fast fünfzig Sinnesgenossinnen und -genossen
signierten ihren offenen Brief. Übrigens nur Schwarze. Weiße
durften nicht mitmachen. Zwar hatten zuerst Menschen unter-
schiedlichster Hautfarbe den auf Facebook veröffentlichten Brief

mit unterschrieben, doch wenige Stunden später entschied sich die Briefschreiberin dafür, nur noch »black co-signs« zuzulassen. Eine knallharte Entscheidung. Eine schwarze Künstlerin fordert also nicht nur, dass Weiße keine rassismuskritische Kunst über schwarzes Leid machen dürfen. Sie sollen sich auch der Kritik an einer solchen ›kulturellen Aneignung‹ nicht anschließen dürfen. Spätestens hier regt sich bei mir ein heftiger innerer Widerstand. Und nicht nur bei mir. Niemand, mit dem ich darüber gesprochen habe, konnte diese rigide, ja eigentlich diskriminierende identitätspolitische Geste sofort verstehen oder gar für gut befinden. Auch in den Medien überwogen irritierte Reaktionen. Eine kubanisch-amerikanische Künstlerin, Coco Fusco, empfand besonders Blacks Anspruch, für alle Schwarzen zu sprechen, als anmaßend. Und auch anderen erschien es problematisch, wenn jemand die eigene Gruppe, identifizierbar über eine gemeinsame Hautfarbe, so stark über einen Kamm schert, nämlich den Kamm der exklusiven Erfahrung rassistischer Diskriminierung und Gewalt.

Viele empfanden die Forderung nach Zerstörung des Bildes als einen direkten Aufruf zur Zensur. Und sahen damit eine rote Linie überschritten. Kunst kritisieren, ja. Aber zerstören? Das erinnerte manche Teilnehmerinnen und Teilnehmer der Schutz-Debatte unheilvoll an Bilderstürme und Bücherverbrennungen diktatorischer Regime. Black stelle sich auf die ganz falsche Seite der Geschichte, die der Diktatoren, der Kunstfeinde, der repressiven Regime. Die Kunst müsse komplett frei sein, argumentierten ihre Kritiker energisch – und zuweilen ein wenig hysterisch. Kunst müsse machen dürfen, was sie will, sonst könne sie es gleich bleiben lassen. Wie könne bloß gerade eine Künstlerin die Zensur eines Kunstwerks fordern? Das fanden viele, die liberal denken und demokratische, aufgeklärte Werte vertreten, absurd.

Dabei übersahen sie allerdings etwas vorschnell die Unterschiede, die Blacks Protest gegen Kunst von echter Kunstzensur trennte. Die Situation stellte sich so dar: Eine einzelne junge Künstlerin argumentierte gegen ein Kunstwerk und verwendete dazu äußerst drastische sprachliche Mittel. Sie befürwortete aber weder strukturelle Grenzen der Meinungs- und Kunstfreiheit generell noch hätte sie die politische Macht gehabt, solche Grenzen systematisch zu institutionalisieren. Von Zensur kann also keine Rede sein, ganz egal, wie man zu Hannah Blacks Protestaktion steht. Und ist ihre Forderung nach Zerstörung eines Kunstwerks wirklich völlig abwegig?

Ich will einen neuen Anlauf machen, ihrer Position eine zweite Chance geben, den eigenen Blickwinkel ändern. Ich stelle mir vor: Ich bin vor Krieg und Zerstörung aus Syrien geflohen, meine Familie ist bei einem Bombenangriff ums Leben gekommen. Über meine Erlebnisse zu sprechen, ist unmöglich, denn innerlich bin auch ich längst tot. Da erscheint ein Buch von einem coolen Berliner Autor. Sein erster Bestseller. Er schreibt in der Ich-Form von der Flucht aus meiner Heimat. Rezensenten loben die beeindruckende Lebensnähe der Kriegsdarstellung.

Ich bin in der DDR aufgewachsen, mein Onkel ist bei einem Fluchtversuch ums Leben gekommen, meine Tante hat sich das Leben genommen. Als Angehörige von Staatsfeinden durfte ich nicht studieren, heute bin ich arbeitslos. In die Wohnung unter mir ist kürzlich ein Wessi eingezogen, ein Historiker mit dem Fachgebiet DDR-Geschichte. Als er vom Schicksal meiner Familie hörte, war er total begeistert. Er schreibt nämlich gerade ein Buch über die Grenztoten der DDR. Er hätte dafür gerne ein Foto meines Onkels, am liebsten natürlich tot.

Ich arbeite als Sozialarbeiterin in einer Obdachloseneinrichtung. In einer Kunstschau, die sich für Menschen ›am Rande unserer Gesellschaft‹ einsetzt, sehe ich ein malerisches Stillleben: Sonnenuntergangslandschaft mit Müllbergen und Luftmat-

ratzen, mittendrin ein junges Mädchen mit großen, traurigen
Augen. Wohlwollende Ausstellungsgäste stehen ergriffen davor.

Welches Gefühl bleibt am Ende zurück in diesen Situatio-
nen? Zweifellos ein bitteres: Ihr habt doch keine Ahnung! Was
maßt ihr euch an! Dieses Gefühl hatte offenbar auch Hannah
Black. Als schwarze Künstlerin identifiziert sie sich mit einer
Gruppe von Menschen, die in der amerikanischen Geschichte
lange – und zum Teil bis heute – Opfer rassistischer Gewalt und
Unterdrückung war. Für Black war das Kunstwerk ihrer weißen
Kollegin ein weiterer Gewaltakt, ein Akt der Ausbeutung. Ein
Akt, der die damalige weiße Gewalt gegen ein schwarzes Kind
wiederholt, sie außerdem noch ästhetisiert, indem sie »Black
pain as raw material« verarbeitet. Ein Akt, der die Wunde wieder
aufreißt, und zwar gerade dadurch, dass er erneut von weißer
Seite aus geschah. Hannah Black behauptet: »Es ist nicht zuläs-
sig, dass eine weiße Person aus schwarzem Leid Geld und Vergnügen macht, wenngleich diese Praxis lange Zeit als normal
galt.« Kolja Richter schrieb am 8. Mai 2017 in der *Frankfurter Allgemeinen*, Schutz habe »wenn wohl auch unbeabsichtigt und aus
reiner Naivität, die historische Gewalt symbolisch« fortgeführt:
»So gesehen, ist nicht Hannah Black die Ikonoklastin. Schutz
ist es, die der Ikone zwar nicht, wie einst üblich, die Nase abge-
schlagen hat, aber die bereits abgeschlagene Nase doch immerhin bunt angemalt hat.«

Ein besonders kluger Kommentar zur Schutz-Debatte
stammt von Julia Pelta Feldman, erschienen am 19. Juli 2017
im *Merkur*. Mit Bezug auf Adornos Thesen zur Vergangenheits-
bewältigung stellte sie fest: »In der Tat ist es nicht immer leicht,
zwischen einer heilenden und einer die ursprüngliche Verletzung
wiederholenden Geste zu unterscheiden.« Sie hat recht: Auch
hier geht es einmal mehr um die Kunst der Unterscheidung. Zu
unterscheiden ist eben doch, wer spricht und wer schweigt. Es

ist nicht egal, wer Subjekt und wer Objekt des Kunstwerkes ist. Man sollte sich nicht vormachen, von einem völlig neutralen, aufgeklärten Standpunkt aus zu argumentieren, der ganz absieht von der eigenen Person, den eigenen politischen, religiösen, sexuellen Einstellungen, der Geschichte, der Hautfarbe.

Dazu eine Rückfrage an die aufgeklärten Kunstkritiker und Kunstkritikerinnen: Dürfen wir euch daran erinnern, dass die universalen Ideen der europäischen Aufklärung selbst auf kolonialistischen und imperialistischen Machtverhältnissen basierten? Dass die Aufklärung weiß war und Opfer hatte, nämlich andersfarbige? Eigentlich haben uns doch spätestens die Postcolonial Studies diese – durchaus schmerzhafte – Erkenntnis verschafft, oder? Feldman schreibt: »Wir alle würden es vorziehen, wenn Schutz' Hautfarbe irrelevant wäre, aber sie ist es nicht – und sie wird es nicht sein, bis es die von Black nicht auch ist.«

Ein universeller Standpunkt, im luftleeren Raum gewissermaßen, ist eine Illusion. Wer das, wenn auch zähneknirschend, akzeptiert, kann auch die Empörung einer schwarzen Künstlerin über das Werk einer weißen Künstlerin besser verstehen und respektieren. Das heißt nicht zugleich, dass identitätspolitische Blicke die Kunst prinzipiell unfrei machen sollen und dürfen. Es heißt aber, dass Identitätspolitiken heute nicht nur zum Gespräch und zum Streit über Kunst gehören, sondern auch zur Kunst selbst.

8 DARF KUNST ALLES?

Was darf Kunst nun also? Alles? Ist sie vollkommen frei? Oder muss sie eben doch korrekt sein, respektvoll, rücksichtsvoll? Hannah Black würde sagen: Ja, sie muss. Sie klagt, die weiße Scham, die Schutz habe darstellen wollen, sei eben nicht »correctly represented« im Bild von einem toten schwarzen Jungen, das eine weiße Künstlerin gemalt habe. Das Wort ›correct‹ ist symptomatisch. Black will eine korrekte Kunst. Eine Kunst, die wie Dana Schutz' *Open Casket* kulturelle Aneignung betreibt – zumindest in der Wahrnehmung mancher Rezipientinnen und Rezipienten –, akzeptiert sie nicht. Solche Kunst gehöre zerstört und vernichtet, sie solle weder zur Betrachtung noch zum Verkauf zur Verfügung stehen. Das ist ein Anspruch, der zwar nicht Zensur im eigentlichen Sinne darstellt, aber doch an echte Zensur erinnert. Daher kann man Blacks Forderung auch nur retten, wenn man sie rhetorisch versteht, wie es Feldman im *Merkur* tut. Sie versteht »Blacks Aufruf zur ›Zensur‹« als »Plädoyer für die Umverteilung von Redefreiheit und eine Mahnung«.

Andere sehen Blacks Position wie gesagt viel kritischer – und hängen an ihr eine Generalkritik an Zensur in der gegenwärtigen Kunstszene auf. »Skulpturen werden vernichtet, Gemälde weggesperrt«: Wenn man die ersten Worte des Untertitels von Hanno Rauterbergs *Zeit*-Artikel *Politisch korrekte Kunst: Tanz der Tugendwächter* vom 26. Juli 2017 liest, hat man das Gefühl, die Diktatur dräue tatsächlich schon, auch hier bei uns, mitten in Deutschland. Zumindest die moralische Diktatur. Ich diskutiere Rauterbergs Artikel etwas ausführlicher, da er einige wichtige Fäden der Diskussion um Kunst und Korrektheit aufgreift und zusammenbringt. Seine Aktualität und Brisanz zeigt sich daran, dass der Text beim Reporterpreis 2017 in der Kategorie »Kulturkritik« den Reportagepreis gewann. Um es gleich zu Anfang klarzustellen: Für Rauterberg ist eine politisch korrekte Kunst keine Kunst mehr. Sein sentimentaler Rückblick auf eine vergangene Idylle wahrhaft freier Kunst verdient es, zitiert zu werden: »Nicht lange her, da war die Kunst von allem frei. Frei von Scham und Scheu, frei von inneren Zwängen und von äußeren meist auch. Nun aber stehen die Zeichen auf Widerruf. Was bis eben noch autonom war, soll kuschen. Was als radikal galt, soll beschnitten werden. Plötzlich sind Respekt und Rücksicht gefragt, viel ist von Anstand die Rede« ...

Das ist natürlich eine bewusst polemische Zuspitzung, die mit der Wirklichkeit wenig zu tun hat. Weder war die Kunst jemals ganz frei noch soll sie heute nur noch kuschen. Hier wird tief in die Rhetorikkiste gegriffen und Schwarz-Weiß-Malerei betrieben. Vor allem Schwarzmalerei. Düstere Szenarien vom Kunstjahr 2017 als einem »Jahr der Selbstzensur und Selbstauflösung« münden in der apokalyptischen Vision vom »Ende der Kunst«. So weit die *Zeit*-Diagnose, die offenbar, so legt es der verliehene Reporterpreis nahe, breite Zustimmung in der Kulturszene erfuhr. Wenn man die vereinfachende rhetorische Skandalisierung des Artikels ausblendet, bietet er eine praktische Zusammenstellung von Kunstereignissen aus dem Jahr 2017, an denen sich Themen wie Freiheit, Zensur und Korrektheit der Kunst diskutieren lassen. Nicht nur die Black-Schutz-Kontroverse findet Erwähnung als Beispiel für Kunstzensur, sondern etwa auch die Installation *Scaffold* des weißen amerikanischen Künstlers Sam Durant, die 2017 in Minneapolis ausgestellt wurde.

Scaffold reflektierte kritisch die Hinrichtungspraktiken der USA, indem es an ein Schafott erinnerte, auf dem im Jahr 1862 achtunddreißig Ureinwohner vom Stamm der Dakota in Mankato, Minnesota, hingerichtet worden waren. Dabei handelt es sich um die größte Massenhinrichtung, die in den USA je stattgefunden hat. *Scaffold*, das zur kritischen Reflexion über *white supremacy* anregen wollte, ist nicht erst im Jahr 2017 entstanden. Die Installation war bereits 2012 bei der *documenta* 13 in Kassel gezeigt worden und stand danach ein Jahr in Den Haag. Ein Skandal ereignete sich aber erst in einem anderen geopolitischen Kontext, eben in Minnesota, am historischen Ort des Geschehens, auf den das Kunstwerk referiert: 2017 präsentierte das Walker Art Center in Minneapolis *Scaffold* in seinem Skulpturengarten erneut. Angehörige und Unterstützer der Dakota protestierten daraufhin heftig gegen die Vereinnahmung ihres Völkermordes durch die Kunst. Es werde ein traumatisches Kapitel in der Geschichte der Dakota trivialisiert, wenn es in einem Skulpturengarten auf diese Weise zur Schau gestellt würde, klagten sie in einem gemeinsamen Statement. Ihre Argumentation: Die Ausbeutung einer Minderheit durch die Kunst verdopple und verstärke die historische Ausbeutung. Eine Argumentation, die direkt an Hannah Black anschließt.

Der Protest der Dakota hatte Erfolg: »Walker Art Center's Controversial Gallows Sculpture Will Be Removed and Ceremonially Burned« titelte die *Art World* am 31. Mai 2017. Der Künstler Sam Durant hatte sich in einem langen Gespräch mit Vertretern der Dakotas ausgetauscht – und stellte ihnen schließlich sein Kunstwerk zur Verfügung, um es abzubauen und womöglich feierlich zu verbrennen. Das Museum zahlte den Stammesältesten die Reisekosten, um an der Zeremonie des Abbaus teilzunehmen. Der sechsundfünfzigjährige Künstler zeigte sich in öffentlichen Stellungnahmen zerknirscht, lernbereit und verständnisvoll. Er entschuldigte sich für das Leid, das sein Kunstwerk ausgelöst habe, und hoffte, dass die Zerstörung von *Scaffold* als »path for healing« wirke. Der Museumsleiter bat ebenfalls um Verzeihung für mangelnde Empathie und sah in der Zerstörung eine vertrauensbildende Maßnahme der Verständigung und Versöhnung: Es sei ein erster Schritt seines Hauses »to rebuild trust with the Dakota and native communities throughout Minnesota«.

Gerade diese demütige Haltung von Kunstschaffenden brachte Kritikerinnen und Kritiker auf: Wieso sollen sich Künstler vorschreiben lassen, worüber sie arbeiten dürfen? Müssen sie immer erst Kontakt mit ihrem Gegenstand aufnehmen? Müssen sie in ihrer Kunst politisch korrekt handeln? In einem Interview vom 21. Juni 2017 in der FAZ, die ihn mit solchen Fragen konfrontierte, antwortete Durant mit einer Erläuterung des spezifischen Ausstellungskontextes: »Ich denke, es kommt auf die Art der Arbeit an. In diesem Fall spielten viele Faktoren eine Rolle. Die Skulptur stand in einem öffentlichen Park und war weithin sichtbar. Es gab aber keine Schilder mit Informationen zur Arbeit und zum Künstler. Zu erkennen war nur das Schafott von Mankato. Für Dakota, die vorbeifuhren, sah das aus wie ein Denkmal. Sie waren fassungslos: Warum wird unsere von Kolonialismus und Völkermord gezeichnete Geschichte in eine Skulptur in einem öffentlichen Park verwandelt?«

Durant plädierte für Differenziertheit, für die Einzigartigkeit jeder neuen Situation. Es war ein Einspruch gegen ungeduldig eingeforderte Pauschalismen, die allgemeingültige Antworten darauf haben wollen, was ›man‹ in der Kunst dürfen und können soll. In Minneapolis eskalierte die Situation übrigens: Weiße Rassisten versuchten die Deutungsmacht über Durants Kunstwerk zu erlangen. Sie beleidigten die demonstrierenden Dakota und bewarfen sie mit Steinen. »Sie zeigten auf meine Skulptur und riefen: ›Das ist unsere Trophäe!‹ Weiße Nationalisten haben dank Trump das Gefühl, sie könnten ungestraft Minderheiten angreifen.« Soweit Sam Durant.

Was folgt nun daraus? Der reale Kontext eines Kunstwerkes ist genauso real wie das Kunstwerk selbst. Man kann ihn nicht ignorieren. Ein Kunstwerk entsteht nicht in einem luftleeren, privilegierten Raum, isoliert von der gesellschaftlichen Realität. Bei *Scaffold* gehörte zu dieser Realität eine intensive interkulturelle Begegnung. Vielleicht denken Sie nun: Mehr postkoloniale Sensibilität schön und gut, einverstanden – aber Verbrennen ist nun einmal indiskutabel, gerade vor dem Hintergrund von Bücherverbrennung und Kunstzerstörung in der Geschichte und Gegenwart der Zensur. Auch Blacks Forderung, Schutz' Gemälde

Open Casket zu vernichten, hatte uns doch höchstens als rhetorische Geste überzeugen können, nicht aber als Aufruf zu echter
Zensur! Ich sehe das genauso: Für mich überschreitet das Verbrennen von Kunst eine rote Linie und kann nie der richtige Weg
sein. Trotzdem ist anzuerkennen, dass die Situation in Minneapolis eine ganz spezifische war. Für die Dakota, so argumentierte
der Künstler, bedeute Verbrennung nichts Destruktives, sondern
etwas Heilendes. Es sei eine spirituelle, keine gewalttätige Handlung. Sam Durant erklärte nach seiner Aussprache mit den Vertretern des Stammes, dass er selbst sich nicht zensiert, sondern
sogar freier fühle durch den Weg, den sein Kunstwerk nun nehme. Seine Demut kommt schlecht an bei vielen stolzen weißen
Aufklärerinnen und Aufklärern. Mir imponiert sie.

9 KORREKTE KUNST

Ich komme noch einmal zurück zum *Tanz der Tugendwächter*. Ne-
ben einzelnen Beispielen wie Dana Schutz' *Open Casket* und Sam
Durants *Scaffold* machte Rauterberg seine Kritik an korrekter
Kunst vor allem an der *documenta* fest, jener großen Kasseler
Ausstellung, die 2017 vorwiegend politische Kunst zu aktuellen
Themen wie Migration und Fremdenfeindlichkeit präsentierte.
Rauterberg schimpft über eine »von neuen Grenzen durchzogene
Kunst«, eine »Betroffenenkunst«, eine »furchtbar aufgeräumte
Kunstwelt«, in der jeder nur noch für sich selbst sprechen dürfe,
aber niemand mehr sich in den anderen hineinversetzen und
von einem universelleren Standpunkt aus einfach *alles* machen
dürfe. Er trauert einer Kunst hinterher, die sich Fremdes völlig
selbstverständlich aneignet und mit kolonialem Blick unbekümmert Exotismen kreiert. Gauguins Südseebilder sind eines
seiner Beispiele. Und so etwas soll es jetzt nicht mehr geben

dürfen, weil »hegemoniale Blicke« verboten seien? Die Kritik an politischer Korrektheit und ihren Konsequenzen für die Kunst ist also endgültig in der medialen Debattenkultur angekommen. Und der *Zeit*-Artikel steht mit ihr wie gesagt nicht alleine. Dabei ist offensichtlich, dass diese Position selbst wiederum aus einer hegemonialen Perspektive formuliert ist. Oder besser gesagt: Die Hegemonialität dieser Perspektive wird gar nicht erst als solche wahrgenommen.

Ich habe die aktuelle Kontroverse zwischen aufgeklärtem Universalismus und postkolonialer, zum Teil identitätspolitischer Bewusstseinsbildung schon weiter oben diskutiert; ich greife sie hier noch einmal auf und spitze sie auf das Thema Zensur hin zu. Den Vorkämpferinnen und Vorkämpfern für hegemoniale Blicke in der Kunst – bzw. für alle Blicke überhaupt einschließlich hegemonialer – geht die universelle Freiheit über alles. Die Kompromisslosigkeit, mit der diese Freiheit zuweilen in der aktuellen Debatte über Kunst und Zensur eingefordert wird, schreibt sich durchaus schon aus dem 18. Jahrhundert her. Symptomatisch dafür ist ein Essay über die Pressefreiheit, der 1796 anonym in den *Beyträgen zur Geschichte der französischen Revolution* erschien und sich mit lauter Stimme in die deutsche Zensurdebatte des letzten Jahrhundertdrittels einmischte. Unter dem Titel *Versuch über die Freiheit der Presse* argumentiert der unbekannte Verfasser vehement für die Freiheit der Presse. Kompromisslos und radikal kämpft er für ihre Durchsetzung: »Die Freiheit der Presse ist unbeschränkt, so lange Jedes Rechte heilig geachtet werden, und Kritik, über alles menschliche Thun und Treiben, ein Recht, das mit Gewalt darf behauptet werden. [...] die Preßfreiheit bleibt deßhalb immer schrankenlos, und kein Zwang darf sie beeinträchtigen.« Dies gelte auch dann, wenn diese Freiheit anderen schaden oder sogar »die Welt zu Grunde richten« würde. Denn es sei ja ohnehin schwer und nur rein sub-

jektiv zu entscheiden, was wirklich schädlich sei – »darf das, was
Pflicht ist, unterbleiben, wenn es auch durch seinen Schaden die
Welt zu Grunde richten sollte? Ich behaupte alles was recht ist,
und wozu der Handelnde entweder eine Pflicht, oder ein voll-
kommnes Recht hat, soll und darf ohne Rücksicht auf den Schaden und den Vortheil, der daraus folgt, durchgesetzt werden.
Und was nennt man denn schädlich, und was ist das Subjekt, das
Schaden leidet? Der Schade ist ein positives physisches Uebel,
das gar keinen allgemeingeltenden Maaßstaab für alle Menschen
zuläßt: denn je reitzbarer die Empfänglichkeit ist; desto empfindlicher ist ihr Schmerz.«

Viele Kunstfreundinnen und -freunde heute, die sich in der
Nachfolge des aufklärerischen Kampfes für die Meinungsfreiheit
sehen, würden diese Sätze vermutlich unterschreiben. »Alles ist
erlaubt!«, sagen sie. Lasst uns endlich in Ruhe mit eurer sub-
jektiven Empfindlichkeit, mit eurer politischen Korrektheit.
Erst recht in der Kunst. Ihnen erscheint es als normal, alles sagen zu können, immer und über alles und jeden. Es erscheint
ihnen ebenso normal, dass das nichts mit Subjektivität zu tun
hat, nichts mit Hautfarbe oder Herkunft. Diese Freiheit haben
wir uns mit der Aufklärung errungen und geben sie als moderne
Menschen auch nicht mehr aus der Hand, basta!

Aber was ist eigentlich *normal*? Und: Wer sind *wir*, und wer ist
wirklich *frei*? Hannah Black erklärt, weiße Meinungs- und Kunstfreiheit gründeten auf der Beschränkung anderer und seien keine
natürlichen Rechte. Und gerade weil ich zu den von Black an-
geklagten privilegierten Weißen gehöre, will ich es mir nicht gar
so leicht machen und diese Einwände einfach zugunsten eines
idealen Universalismus der Freiheit – ja, auch der Freiheit der
Kunst – wegwischen. Der anonyme Verfasser aus dem 18. Jahrhundert hat die Dialektik der Aufklärung vermutlich noch nicht
durchschauen können. Dass die Aufklärung Sieger und Siegerin-

nen, Verliererinnen und Verlierer kennt, dass die erkämpften Rechte der einen immer auch auf Unrecht den anderen gegenüber basieren, war ihm noch nicht bewusst. Mit viel Idealismus und ungebrochener Naivität erklärt er, die Pressefreiheit sei »das Palladium der Rechte der Menschheit und das einzige und sichere Mittel, das den Menschen gegen Sklaverei, Niederträchtigkeit und Barbarei schützt«.

Wer heute noch derart auf der universalen Freiheit von uns modernen Menschen beharrt, dem sei noch einmal zu bedenken gegeben: Wir Postmodernen – und eben auch: wir Postkolonialen – dürfen da inzwischen schon etwas sensibler sein. Es muss nicht alles ›okay‹ sein. Im Leben sowieso nicht, aber in der Kunst auch nicht. Die Kunst soll frei sein, ja. Sie muss aber kein Freifahrtschein sein, alles auf Gedeih und Verderb durchzuziehen, mit der Brechstange, mit dem Holzhammer. Das bedeutet nicht zugleich, dass Kunst immer braver, zahmer, unkritischer und stromlinienförmiger werden soll. Geschenkt: Wer würde das wollen oder auch nur behaupten wollen! Wer sieht nicht Selbstzensur höchst kritisch! Das gilt erst recht für formelle Zensur. Niemand von denjenigen, die aktuell in der Kunstszene das Bewusstsein schärfen wollen für unterschiedliche Blickwinkel – und eben auch für die Hegemonialität und Gewalt bestimmter Blickwinkel –, befürwortet tatsächlich formelle, gar staatliche Zensur.

Natürlich darf nichts verboten sein, was dem Gesetz nicht widerspricht. Natürlich darf auch harte, grausame Kunst in diesem gesetzlichen Rahmen keiner Zensur unterliegen, auch nicht solche Kunst, die respektlos und demütigend ist – Brechstangenkunst, Holzhammerkunst. Mit dieser Forderung nach Zensurfreiheit rennt man allerdings nur weit offen stehende Türen ein.

Die Kunst verändert sich. Aber nicht durch Zensur, sondern durch Bewusstseinsschärfung und Auseinandersetzung mit Diversität, mit kolonialer Vergangenheit und Gegenwart. Der

Diskurs über Freiheit und Unfreiheit, Macht und Ohnmacht gehört zur Kunst dazu. Skandale wie die Schutz-Debatte oder die
Durant-Debatte schaden ihr nicht. Erst recht nicht den Kunstschaffenden. Sie erfahren eine größtmögliche Aufmerksamkeit
und werden – manche zum ersten Mal – ernst und wahrgenommen. Und handeln Künstlerinnen und Künstler tatsächlich brav
und zahm, wenn sie kolonisierende Gesten ablehnen? Wenn sie
sich bewegen lassen von der Verletzung anderer? Bewusstseinsschärfung für kulturelle Diversität ist kein Verbrechen. Respekt,
Rücksicht, Anstand sind keine Schimpfwörter.

»In der Kunst wohl!«, widersprechen die Korrektheitskriti-
ker. Ästhetik vor Ethik. In der Kunst muss alles erlaubt sein, auch
Ausbeutung: Mit Unruhe sieht Rauterberg die »Macht der Minderheit, die sich gegen jede Art von künstlerischer Ausbeutung
wehren«, wachsen, auch in der Kunstszene. Dadurch komme es
zu segregierendem Denken, zu abgeschotteten Gettos, zu uni-
formierenden Reservaten, die von vormodernen Kunstfeinden
errichtet würden. Ich bin mir nicht sicher, ob diese beinahe hysterisch klingenden apokalyptischen Visionen dienlich sind, um
die Freiheit der Kunst zu schützen – denn das ist ja offenbar ihr
Anliegen, und das muss auch unser Anliegen sein. »Nur in der
Übertreibung fasst man die Wahrheit an«, hat der Schriftsteller
Hans-Jürgen von der Wense einmal gesagt. Hanno Rauterberg
würde das bestimmt unterschreiben. Ich mag Wenses pointierte
Aphorismen sehr. Doch hier erscheint es mir eher, als würde die
Übertreibung nicht die Wahrheit anfassen, sondern vom Thema
ablenken. Eine differenzierte Auseinandersetzung mit Korrektheit versus Freiheit der Kunst, die der Komplexität des Themas
gerecht wird, steht noch aus.

10 EXKURS: WENN ZENSUR ZU KUNST WIRD

Zensur und Kunst: eine unheilvolle Paarung.

An dieser Stelle sei ein Exkurs erlaubt, der das Thema der Zensurpolemik kurz verlässt, um den Blick auf das hochinteressante und vielschichtige Verhältnis von Zensur und Kunst noch einmal schärfer zu stellen. Es geht mir um Fälle, in denen Kunst sich mit dem Phänomen Zensur auseinandersetzt und selbst ganz bewusst am Zensurbegriff arbeitet.

Eine solche kritische Zensurkunst entwickelte sich im 19. Jahrhundert, zugleich mit der publizistischen Zensurkritik. Und sie findet von Anfang an deutliche Worte: »Die Zensur ist die jüngere von zwei schändlichen Schwestern, die ältere heißt Inquisition. Die Zensur ist das lebendige Geständnis der Großen, daß sie nur verdummte Sklaven treten, aber keine freien Völker regieren können. Die Zensur ist etwas, was tief unter dem Henker steht, denn derselbe Aufklärungsstrahl, der vor 60 Jahren dem Henker zur Ehrlichkeit verholfen, hat der Zensur in neuester Zeit das Brandmal der Verachtung aufgedrückt.« Diese scharfzüngige Anklage lässt Johann Nestroy, der Wiener Volksdramatiker, eine Figur in seiner Revolutionsposse *Freiheit in Krähwinkel* aus dem Jahr 1848 sagen, und zwar den Provinzredakteur Ultra, der sich im kleinen Ort Krähwinkel für die Werte der Revolution einsetzt. Um ihn kaltzustellen, wollen seine reaktionären Gegenspieler dem Redakteur Ultra selbst den Posten des Zensors aufdrängen – seine Worte sind ein Protest gegen diese Zumutung. Nestroy sprach sie übrigens höchstpersönlich aus, da er die Rolle des Ultra bei der Aufführung im Wiener Carltheater spielte. Obgleich die *Krähwinkel*-Posse auch die provinziellen Revolutionäre nicht von Kritik und Spott ausnimmt, ist Nestroys prorevolutionäre Haltung eindeutig. Es verwundert

daher kaum, dass sein Stück bald selbst der Zensur zum Opfer
fiel. Zensurkunst findet immer da statt, wo die Kunst um ihre
Freiheit kämpft und dafür die Zensur selbst zum Thema macht.
Ein Paradebeispiel stellt das Werk des Dramatikers Frank Wedekind dar. Sein berühmtestes Stück *Die Büchse der Pandora*, das
im Jahr 1904 erstmalig im Druck erschien, durfte jahrelang
nicht aufgeführt werden. Dieser Umstand regte Wedekind zu
vielfältiger literarischer Auseinandersetzung mit der Zensur an.
Seiner *Pandora* stellte er zwei Texte voran, ein Vorwort und einen
»Prolog in der Buchhandlung«. Beide zeugen von Wedekinds
lebenslanger Auseinandersetzung mit den Zensurbehörden. Im
Buchhandlungs-Prolog treffen der normale Leser, der rührige
Verleger, der verschämte Autor und der hohe Staatsanwalt auf-
einander. Zunächst scheinen die Machtverhältnisse klar, wenn
der Staatsanwalt mit den Worten hereinstürmt:

> Ich muß ein Buch bei Ihnen konfiszieren,
> Vor dem die Haare mir zu Berge stehn.
> Erst sah den Kerl man alle Scham verlieren,
> Nun läßt er öffentlich für Geld sich sehn.
> Drum werden wir ihn nach dem Paragraphen
> Einhundertvierundachtzig streng bestrafen.

Jener erwähnte Unzuchtsparagraf lautete im deutschen Strafgesetzbuch: »Mit Gefängnis bis zu einem Jahr und mit Geldstrafe
oder mit einer dieser Strafen wird bestraft, wer 1. unzüchtige
Schriften, Abbildungen oder Darstellungen feilhält, verkauft,
verteilt, an Orten, welche dem Publikum zugänglich sind, aus-
stellt oder anschlägt oder sonst verbreitet, sie zum Zwecke vorrä-
tig hält, ankündigt oder anpreist.« Der zweite Abschnitt verwies
auf zusätzlich möglichen »Verlust der bürgerlichen Ehrenrechte
sowie auf Zulässigkeit von Polizeiaufsicht«. Das alles beirrt den –

eigentlich gar nicht verschämten – Autor in Wedekinds *Pandora*-Prolog nicht. Er fürchtet einen Gerichtsprozess nicht, zumal er fest von seiner Unschuld überzeugt ist. Die Fantasie bezeichnet er als seinen »Lieblingsregisseur«, die Muse als seine »Herrscherin«.

Im Text behält also der Autor die Oberhand über den Staatsanwalt. In der Realität blieb *Pandora* verboten, was Wedekind zu weiterer künstlerischer Arbeit am Zensurbegriff veranlasste. 1907 verfasste er das Stück *Die Zensur. Theodizee in einem Akt*, das 1908 im Druck erschien. In der Uraufführung am 27. Juli 1909 spielte das Ehepaar Frank und Tilly Wedekind die beiden Hauptfiguren, den Dichter Walter Buridan und seine Geliebte Kadidja. Buridans Gegenspieler ist Dr. Cajetan Prantl, »Sekretär des Beichtvaters Seiner Majestät«, wie es im Personenverzeichnis heißt. Prantl tritt als unnachgiebiger, reaktionärer Zensor auf, der sich auf keinen Kompromiss einlässt und Buridans Stück *Pandora* (!) auch nicht erlaubt, als der verzweifelte und beinahe schon demütige Dichter eine kirchliche Hochzeit mit seiner Lebensgefährtin in Aussicht stellt.

Wedekind reflektiert hier auf ironische Weise die eigene unbefriedigende Situation als Schriftsteller, der sein Publikum nicht erreicht. Sein persönlicher Zensor hieß übrigens nicht Prantl, sondern von Glasenapp. Jener berüchtigte Oberregierungsrat entschied damals im preußischen Polizeipräsidium darüber, was auf die Bühne gelangen durfte und was nicht, und war auch für das Verbot der *Pandora* verantwortlich. Als Wedekind im Mai 1906 seine Lebensgefährtin Tilly heiratete, lud er Zensor Glasenapp zum Hochzeitsfrühstück ein. Auch ein ironischer Akt? Wedekinds zynischer Humor spricht durchaus dafür. Er offenbart sich nicht zuletzt in dem Motto, das dem Stück *Die Zensur* beigegeben ist: »Wenn der Wedekind sich einbildet, daß wir ihm seines Einakters ›Die Zensur‹ wegen ›Die Büchse der Pandora‹

freigeben, dann täuscht er sich gewaltig. Oberregierungsrat von Glasenapp«.

Zensur, die zu Kunst wird: Für dieses Phänomen stellen Nestroy und Wedekind besonders berühmte Fälle dar, aber natürlich sind sie nicht die einzigen. Als Zensurkunst lässt sich auch ein ganz anders gearteter Fall aus der Gegenwart beschreiben, der international für großes Aufsehen gesorgt hat. Besagtes Kunstwerk trug den Namen *Fixierung*. Es bestand darin, dass ein Mann namens Pjotr Pawlenski seinen Hoden auf dem Roten Platz in Moskau festnagelte. Nicht zum ersten Mal setzte der russische Performancekünstler den eigenen, verwundbaren Körper ein, um gegen die repressive Politik seines Landes, gegen Polizeistaat und Zensur zu protestieren. Begonnen hatte er damit bereits im Sommer 2012. Als die Putin-kritische Punkband *Pussy Riot* in Haft saß, nähte er sich den Mund zu, um die zunehmende Zensur in der Kunst und in den Medien zu demonstrieren. Ein Jahr später rollte er sich nackt in einen Stacheldraht ein und protestierte damit vor dem Petersburger Stadtparlament gegen verschärfte staatliche Repressionen gegen Homosexuelle. Weitere Kunstaktionen gegen den russischen Unterdrückungsapparat folgten. Im November 2015 setzte Pawlenski die Tür der Zentrale des russischen Geheimdienstes FSB in Brand und ließ sich mit Benzinkanister in der Hand und ausdruckslosem Gesicht davor fotografieren: ein starkes Bild.

Am aufsehenerregendsten war jedoch die Sache mit dem angenagelten Hoden. Sie machte ihn zu einem der international bekanntesten russischen Oppositionellen. Am 10. November 2013, dem russischen ›Tag der Polizei‹, führte Pawlenski die Aktion durch. Die Wochenzeitung *der Freitag* erzählt sie am 13. Februar 2014 wie eine spannende Geschichte: »An einem schneefreien, aber frostigen Nachmittag zu Beginn des Moskauer Winters läuft ein junger Mann mit ausgemergeltem Gesicht über den riesigen

Roten Platz. Unweit des Mausoleums von Wladimir Iljitsch Lenin beginnt er sich auszuziehen. Keine Minute später ist er nackt. Ein mit einer Handkamera gedrehtes Video, das nur wenige Minuten später bereits online sein wird, zeigt ihn dann, wie er auf dem Boden sitzt und sich eine Schar verblüffter Touristen um ihn versammelt. Schon fährt ein Polizeiauto heran, ein Beamter steigt aus und fordert den Mann auf, aufzustehen. Das kann der aber gar nicht. Sein Hodensack ist mit einem langen Nagel ins Kopfsteinpflaster geschlagen.« Eine sehr öffentlichkeitswirksame Zensurkunst. Pjotr Pawlenski wusste genau, wie er ein breites, internationales Publikum erreicht. Nicht nur die deutsche Presse griff den Skandal gerne und genüsslich auf. Wann lassen sich auch schon einmal Überschriften kreieren wie »Dicke Eier gegen Putin« und Wörter erfinden wie »Hodennagler«?

In einer Stellungnahme erläuterte der Performer seine Aktion auf dem Roten Platz: Der nackte Künstler, der »seine ans Kreml-Pflaster genagelten Eier betrachtet«, sei eine »Metapher für die Apathie, die politische Gleichgültigkeit und den Fatalismus der russischen Gesellschaft«. Diese schaue der Entwicklung Russlands zu einem Polizeistaat nämlich untätig zu. Die Idee für die schmerzhafte Fixierungs-Performance war ihm während eines kurzen Aufenthaltes im Gefängnis gekommen; dort hatte er erfahren, dass im Gulag, also in sowjetischen Arbeitslagern, Häftlinge aus Protest ihre Hoden an Bäume genagelt hätten. Zwischen Russland und einem Gefängnis sieht er keinen Unterschied. Pawlenskis Zensurkunst macht den eigenen Körper zum Kunstobjekt. Sie lässt ihn zur Metapher für die beschädigte Freiheit werden und damit zugleich zu einer Waffe. Dazu gehört auch, dass er seinen Körper der Staatsgewalt ganz bewusst ausliefert. Er verharrt in seiner Stellung, er läuft nicht vor der Polizei weg, sondern will gerade die Reaktion der Staatsgewalt als Teil der Performance zur Schau stellen.

Im Grunde ist derartige oppositionelle Kunst prinzipiell paradox, insofern sie ihre Energie aus der Unfreiheit, aus der Unterdrückung gewinnt. Politische Repression verwandelt sich in künstlerische Radikalität. Für Außenstehende ist es nicht immer einfach, diese künstlerische Radikalität nachzuvollziehen – gerade dann nicht, wenn sie aus einem freieren, liberaleren, demokratischeren Land kommen. Wenn sie sich »wohl zu sehr in demokratischer Sicherheit« wiegen, »um den hintergründigen Schmerz seiner Aktionen wirklich nachzuempfinden«. So formuliert es Elisabeth Wellershaus in ihrer auf 10 nach 8 am 13. Juni 2016 veröffentlichten Reportage unter der Überschrift *Pjotr Pawlenski: Die Schmerzen russischer Künstler. Laut oder leise gegen die Zensur?*

Tatsächlich ist der politische Kontext der Kunstaktion hier entscheidend. Es kommt darauf an, wer sie wo und warum ausführt. Anders und etwas derber ausgedrückt: Hoden irgendwo festnageln kann jeder. Zum Beispiel auch der Däne Uwe Max Jensen, der im Luther-Jahr 2017 sein Geschlechtsteil an einem Baum in Wittenberg befestigte. Dazu zitierte der Performance-Künstler zwei Luther-Sätze. Den mit dem Apfelbaum und den mit dem »Hier stehe ich«. Kurz darauf zog er sich wieder an und fuhr mit dem Auto schnell zurück nach Dänemark, um nicht von der deutschen Polizei festgehalten zu werden. Also noch ein Hodennagler! Allerdings ein ganz anderer. Die politische Aussage der Kunstperformance ist hier undeutlicher als bei Pawlenski – falls überhaupt eine solche beabsichtigt war. Denn Jensen macht generell sehr viel mit seinem Penis, und das hat dann nicht immer unbedingt etwas mit Politik zu tun. Zum Beispiel hat er Kim Kardashian damit gemalt. Oder in Installationen anderer Künstler uriniert. Von einer Zensurkunst kann jedenfalls bei Jensens Wittenberger Nagel-Aktion vom 5. Dezember keine Rede sein. Dass Luther die zwei Sätze nie gesagt hat, die der Künstler auf Englisch ausrief, erscheint dabei fast schon zweitrangig.

Ein besonders auffälliges Gegenwartsbeispiel für Zensurkunst habe ich in diesem Buch schon mehrfach erwähnt: Marta Minujíns *Parthenon of Books*. In ihm gingen Kunst und Zensur eine besonders enge Verbindung ein. Als Zensurmahnmal präsentiert der *Parthenon* verbotene Bücher aus der ganzen Welt. Die *documenta*-Gäste konnten an Tausenden Fällen das Ausmaß globaler Meinungsunfreiheit nachvollziehen, wenn sie die Säulen des Tempels umwanderten und die in Plastik wetterdicht verpackten Bücher näher betrachteten. Doch der *Parthenon* regte nicht nur dazu an, intensiv über das globale historische und gegenwärtige Ausmaß von Zensur zu diskutieren. Das Kunstwerk geriet auch selbst in die Zensurkritik. Übte Minujín, so fragten einige pfiffige Kritiker und Kritikerinnen, nicht selbst Zensur aus, und zwar dadurch, dass sie nicht *alle* verbotenen Bücher für das Kunstwerk zuließ?

Erstens waren nämlich Werke ausgeschlossen, die auf dem Index der Bundesprüfstelle für jugendgefährdende Medien stehen und damit nach deutschem Recht nicht öffentlich beworben und ausgestellt werden dürfen. So hatte es die Künstlerin in Zusammenarbeit mit dem *documenta*-Team entschieden. Man hätte natürlich auch anders entscheiden und deutsches Gesetz ignorieren können. Dann hätte die Polizei den *Parthenon* vermutlich schon zu Beginn seines monatelangen Entstehungsprozesses blockiert und unmöglich gemacht. Man hätte auch das als eine interessante Art von Performance ansehen können. Die Künstlerin entschied sich jedoch dagegen. Sie wollte etwas anderes und hat damit vielleicht, wie in der Presse zu lesen war, das »größte Kunstwerk der Welt« errichtet.

Zweitens waren Werke mit nationalsozialistischem, rassistischem oder antisemitischem Inhalt vom *Parthenon of Books* ausgeschlossen. Also zum Beispiel die braune Mainstreamliteratur aus den 1930er-Jahren, die auf der »Liste der auszusondernden Literatur« der sowjetischen Besatzungszone nach 1945 stand,

aber auch Hitlers *Mein Kampf* oder aktuelle Neonazi-Publikatio-
nen. Studierende der Universität Kassel haben jedes gespendete
Buch daraufhin geprüft, ob es Teil des Kunstwerks werden konnte und sollte.

Orientierung bot dabei die bereits erwähnte »Kasseler Liste«, aber auch eine Richtungsweisung der Künstlerin selbst. In
einer Mail vom 2. Januar 2017 schrieb Marta Minujín mir: »In
diesem Kunstwerk darf es nur wirklich gute Bücher geben, die
von bösen autoritären Regimen verboten wurden. In der Welt
kämpfen immer das Gute und das Böse gegeneinander, wir wollen uns nur mit dem Guten in allen seinen Erscheinungsformen
beschäftigen.« – Bewusst spitzt Minujín hier die Gegensätze von
Gut und Böse zu. Sie macht eine klare Ansage. Aber übt sie dadurch nun Zensur aus? Wohl kaum. Es ist wenig zielführend,
derartige Auswahlentscheidungen von Kunstschaffenden als
›Zensur‹ zu bezeichnen. Wenn man das konsequent weiterdäch-
te, käme man zwangsläufig zu dem Schluss, dass jedes Kunstwerk, jedes Buch prinzipiell Zensur betreibt, ja betreiben muss.
Ein unterhaltsamer Liebesroman, der über die schönen Seiten
des Lebens schreibt, zensiert die schlechten. Ein vegetarisches
Kochbuch zensiert Fleisch. Ein Reiseführer über die Malediven
zensiert die Kanaren, ein Handbuch über Golden Retriever zensiert Pitbull-Terrier. Irgendwie zensiert er auch Goldfische, je
nach Betrachtungsweise.

Diese nicht ganz ernst gemeinte rhetorische Überspitzung
hat einen wahren Kern. Tatsächlich wäre der Zensurbegriff ins
Unendliche ausgedehnt, wenn man darunter »jede vollzogene
Selektionsleistung« versteht, »die etwas zum Thema macht und
anderes am Horizont beläßt, also ›zensiert‹«: So formuliert es
Armin Biermann schon 1988 in seinem Aufsatz *Gefährliche Li-
teratur*. Er macht vor allem Michel Foucault, den französischen
Philosophen und Diskursanalytiker, als Bösewicht aus, der an

einer solchen irreführenden Begriffsverwässerung schuld sei. In einer Gesellschaft, zumindest einer nicht anarchischen, gebe es immer Begrenzungen durch Normen und Regeln, so Biermann. Wenn man diese Begrenzungen sämtlich als ›Zensur‹ bezeichnen würde, fiele Zensur eigentlich zusammen mit Zivilisation und Kultur. Zensur und Gesellschaft wären identisch.

Was Minujíns Büchertempel betrifft, so lag der polemische Zensurvorwurf vermutlich deshalb nahe, weil das Kunstwerk selbst die Zensur zum Gegenstand macht. Ha, ertönte es mit unverhohlenem Spott, ein Zensurmahnmal, bei dem zensiert wird, ha! Dabei wurde – über dem etwas selbstverliebten Triumph ob der eigenen Scharfsinnigkeit – einiges ausgeblendet. Zum Beispiel die Frage, wie man es eigentlich gefunden hätte, wenn Minujín tatsächlich rechtsradikale Bücher zu ihrem *Parthenon* zugelassen hätte, »unzensuriert« sozusagen. Bekanntlich wurden die Bücher bei Abschluss der *documenta* an alle verteilt: ein partizipatives Element, das von Beginn an zum Kunstprojekt gehörte. Man stelle sich vor, wie schnell sich das herumgesprochen hätte, dass man hier verbotene Bücher aller Art kostenlos auf größtmöglicher Bühne ausstellen könnte. Wahrscheinlich hätte sich die *documenta 14* vor großzügigen Buchspenden von ultrarechts über völkisch bis identitär gar nicht retten können. Ihr größtes Kunstwerk wäre zu einem Schulungsort für Neurechte und Neonazis mutiert.

Auch wenn bei der Debatte um die Kunstzensur der Zensurkunst also einiges durcheinandergeriet – grundsätzlich war die Zensurdiskussion über den *Parthenon of Books* eine gute Sache. Der Kasseler Büchertempel forderte zur gesellschaftlichen Auseinandersetzung eben nicht nur mit dem Phänomen Zensur heraus, sondern auch mit dem Begriff. Diese Zensurkritik erwies sich gerade nicht als strategischer Diskussionsblocker, wie das bei der rechtspopulistischen Zensurpolemik der Fall ist. Sie er-

öffnete vielmehr eine Diskussion darüber, was Zensur bedeutet
und was nicht. Am Zensurbegriff wurde konstruktiv gearbeitet,
ein gesellschaftlicher Selbstverständigungsprozess kam in Gang.
Mehr kann man von einem Kunstwerk nicht erwarten.

11 ZENSURGEDÖNS.
ABNUTZUNGSERSCHEINUNGEN

Ob Gomringer-Debatte, *Esra*-Urteil, Dana-Schutz-Kontroverse
oder Minujíns *Parthenon*: Der Blick auf einige kulturelle Aufreger
der Gegenwart haben gezeigt, dass es nicht nur Politpolemiker
sind, die gerne einen unkenntlich weiten, undifferenzierten und
polemischen Zensurbegriff verwenden. Gesellschaftskritische
Akteure und Akteurinnen aus Medien, Kunst und Kultur fühlen
sich genauso wenig dazu bemüßigt, sich mit engen, gar juristischen Zensurdefinitionen aufzuhalten.

Das müssen sie natürlich auch nicht! Dieses Kapitel hat vor
allem die Inflation und den Missbrauch des Zensurbegriffs in
den Fokus gerückt. Aber das heißt natürlich nicht zugleich, dass
ein *weiter* Begriff von Zensur immer und überall grundsätzlich
schädlich ist. Man muss auch hier wieder genau hinschauen und
unterscheiden. Die meisten Geistes- und Sozialwissenschafts-
wissenschaftler etwa haben einen viel weiteren Zensurbegriff
als die Juristinnen. Und das ist legitim: So können sie in ihrer
Forschung auch Phänomene in den Blick und in den Griff bekommen, die nicht oder noch nicht juristisch relevant und identifizierbar sind. Sie müssen ihr Untersuchungsfeld nicht von
vornherein einschränken. Und genauso wie der Geisteswissen-
schaft kann man auch Politik, Kultur, Kunst und Medien durchaus zugestehen, einen Zensurbegriff zu verwenden, der über
die enge juristische Semantik hinausgeht. Er ermöglicht ihnen,

effektvoll auf kritikwürdige Kontrollmechanismen der gesellschaftlichen Kommunikation hinzuweisen.

Gerade dieser Effekt steht aber zunehmend infrage, wenn
man den Zensurbegriff ins Unendliche ausdehnt und noch dazu
inflationär verwendet. Der aktuelle Missbrauch des Wortes in
den Debatten von Politik, Kultur, Kunst und Gesellschaft hat
Folgen. Die Abnutzungsgefahr wächst. Alle, die ›Zensur‹ zu
ihren Lieblingswörtern zählen und gerne als Kampfbegriff im
Register der politischen und kulturellen Rhetorik einsetzen,
werden merken, dass diese Waffe nicht unendlich scharf ist. Sie
stumpft ab durch inflationären Gebrauch. Und dann besteht die
Gefahr, dass alle nur noch gelangweilt gähnen, wenn wieder einmal jemand aus Politik oder Kultur, von rechts oder von links
empört das böse Z-Wort ausruft. Falls der Ruf dann überhaupt
noch wahrgenommen wird auf den analogen und digitalen Mei-
nungsmärkten, die brutal nach signalhaften Reizwörtern organisiert sind. Wenn ›Zensur‹ kein solches Reizwort mehr darstellt,
kein Aufmerksamkeits- und Skandalisierungspotenzial mehr
hat, wird man Zensurpolemiken entweder mit müdem Schulter-
zucken zur Kenntnis nehmen – oder eben gar nicht. Achtung,
Zensur!? – Immer dieses Zensurgedöns.

Die eigentlich wichtige Frage wird dann aber sein: Was ist
mit den echten, bedrohlichen Einschränkungen der Meinungsfreiheit, mit der knallharten Zensur? Erfassen wir sie überhaupt
noch, nehmen wir sie noch wahr? Oder brauchen dann auch wir
ein ›anderes, neues Wort für die gleiche Sache‹?

KAPITEL III
Zensur paradise lost: Sehnsucht nach Grenzen

Kennen Sie das auch? Manchmal wünscht man sich die Zensur geradezu herbei. Wenn jemand gefährlich-dumm daherschwätzt, Verschwörungstheorien ungehindert ausbreitet, hetzerische Bücher schreibt. Wir sehnen uns nach Verboten, damit schädliche und böse Gedanken sich nicht allzu weit ausbreiten können. Zwar wissen wir, dass das Gesetz hier nichts ausrichten kann, solange keine rechtswidrige Handlung begangen wird, dass es auch diejenigen schützt, die uns Sorgen machen. Natürlich sind wir überzeugt vom Recht auf Meinungsfreiheit. Und doch ...

Wenn Sie so etwas kennen, können Sie die kritische Mail nachvollziehen, die mich im Frühjahr 2017, in der Vorbereitungszeit von Minujíns *Parthenon of Books*, erreichte. Das Kunstwerk wurde, wie ich schon erzählt habe, von der Universität Kassel wissenschaftlich begleitet. Wir erstellten eine Liste verbotener Bücher, an der sich Buchspenderinnen und Buchspender orientieren konnten. Diese »Kasseler Liste« irritierte dabei so manche Kunstinteressierte: »Überrascht war ich dann über die Bücherliste, die zu einem erheblichen Teil Veröffentlichungen enthält, die nach dem 2. WK (1946–1948) auf einer Liste ›auszusondernder Literatur‹ aufgeführt sind. Dabei handelt es sich um Veröffentlichungen mit überwiegend bereits im Titel erkennbaren nationalsozialistischem und explizit ›völkischem‹ Inhalt, z. T. Schulbücher aus der nationalsozialistischen Zeit, aber auch bis hin zu Interpretationen der Werke von A. Hitler, Werke über die SS und stramm militaristischen Veröffentlichungen. Wenn diese ›Werke‹ nach dem 2. WK aus dem Verkehr gezogen bzw. aus den Schulen entfernt wurden, dann halte ich das für ausgesprochen verständliches Handeln.« Die Absenderin ist sichtlich empört; das hört man ihrer kritischen Mail trotz des sachlich-höflichen Tonfalls an. Es ist doch gut, so argumentiert sie, dass man braune Literatur verboten hat. Wenn ein Staat, gerade in krisenhaften Zeiten, von vornherein *böse* Bücher verbietet und *gute* erlaubt (also: formale Vorzensur ausübt), sei das ein »ausgesprochen verständliches Handeln«.

Wirklich?

1 GIBT ES GUTE ZENSUR?

Sollte man Zensur tatsächlich unter bestimmten Voraussetzungen befürworten? Und mit ›man‹ sind hier nicht etwa absolutistische Herrscher gemeint, die der Staatsräson folgen und deshalb Zensur schätzen, oder Diktatoren von gestern, heute und morgen, die ihre Macht auf diese Weise abzusichern trachten. Gemeint sind hier Befürworterinnen und Befürworter von Zensur wie die kritische Mailerin. Nicht Regierende, sondern Regierte, die für Meinungsfreiheitsgrenzen plädieren. Zensurwillen ›von unten‹ gewissermaßen.

Ich komme auf diese brisante Frage gleich zurück, erläutere aber zuerst, warum sie die »Kasseler Liste« nicht wirklich tangiert: Diese stellt nämlich eine prinzipiell wertfreie Zusammenstellung verbotener Bücher in allen Teilen der Welt dar. Sie ist, im Gegensatz zum *Parthenon of Books* selbst, nicht politisch-ideologisch ausgerichtet. Bei einer solchen globalen Verbotsliste die Zensur ›guter‹ Bücher von der Zensur ›böser‹ Bücher zu unterscheiden, wäre unwissenschaftlich gewesen. Zensur ist Zensur. Die Liste macht Schreib-, Lese- und Denkverbote in alle Richtungen sichtbar. Und zwar auch in solche Richtungen, die wir heute besser nachvollziehen können als andere. Auch dieser Teil der Zensurgeschichte, die ›gut gemeinten‹ Bücherverbote, darf nicht ausgeblendet werden. Sternchen an den betreffenden verbotenen Büchern in der Liste markieren den Gap zwischen wissenschaftlicher Registrierung und Kunstwerk.

Nun aber zurück zur Frage nach der Befürwortung von klassischer Zensur: Lässt sich Zensur überhaupt von einer demokratisch-freiheitlichen Grundhaltung aus – von unten – vertreten? In welcher Relation stehen Freiheit, Demokratie und Zensur eigentlich? Schon im Kapitel zur klassischen Zensur hat sich gezeigt, dass die Linien in der Geschichte von politischen Ordnungen und ihren Zensurpraktiken und -theorien nicht eindeutig verlaufen. Will sagen: Nicht nur unfreie, undemokratische Gesellschaften kennen Zensur, und nicht nur angepasste Fürstenknechte sehen sie als legitimes Machtmittel von Herrschenden an.

Signifikantes Beispiel dafür war die Aufklärung, die sich nicht zum Abschied von der Zensur durchringen konnte, allen Freiheitsforderungen zum Trotz. Statt Konsequenz gab es Kompromisse, statt Meinungsfreiheit Mittelweg.

Einen solchen beschritt zum Beispiel auch der ökonomische Reformer Johann Heinrich Gottlob Justi im 18. Jahrhundert. Er wollte staatliche Wohlfahrt und Glückseligkeit erreichen und benötigte dazu – bei allem Aufklärungsstreben, bei allem Anspruch auf geistige Freiheit – die Zensur. In seinen *Grundsätzen der Policey-Wissenschaft* (1756) schreibt Justi: »Um die Ausbreitung ärgerlicher und gefährlicher Lehrsätze zu verhüten, ist die Censur der Bücher nöthig.« Zwar solle die »vernünftige Freiheit zu denken« keine Grenzen kennen. Unvernunft jedoch ist für den Aufklärer Justi nicht nur einfach unvernünftig, sie ist sogar verboten. Ein für uns heute befremdlicher Gedanke. Oder vielleicht doch nicht? Justi jedenfalls will keine »allzu große Strenge in der Censur«, aber eben auch keine »ganz uneingeschränkte Freiheit der Presse«; beides sei gleich schädlich. Er: »Die Mittelstraße ist wohl unstreitig am rathsamsten.«

Ein weiteres Beispiel: Der wohl aufgeklärteste und reformwilligste unter den Monarchen des 18. Jahrhunderts, der österreichische Kaiser Joseph II., entwarf bei seinem Amtsantritt im Jahr 1780 »Grundregeln zu Bestimmungen einer ordentlichen künftigen Büchercensur«. Von einer Abschaffung der Zensur war auch bei ihm keine Rede. Er war davon überzeugt: Gerade das ungebildete Volk brauche weiterhin Lenkung, nur eben von den ›richtigen‹ Führern, den aufgeklärten Intellektuellen. Bücher, in denen etwas Unaufgeklärtes stand – abergläubische, altkirchliche Weltanschauungen –, sollten verschwinden, um nicht falsche Gedanken weiter zu nähren und zu verbreiten. Gefährlich erschienen dem Kaiser diejenigen Bücher, die mit seiner Politik nicht harmonierten. Mit anderen Worten: Kritik darf nicht den Staat tangieren, auch nicht einen aufgeklärten, reformorientierten. Joseph erklärt in seinen insgesamt durchaus liberalen Zensurregeln: »Es scheint, dass folgende Massnahmungen das Wahre enthalten, nämlich wenn man gegen alles, was ungereimte Zotten enthält, aus welchen keine *Gelehrsamkeit*, keine *Aufklärung* jemals entstehen kann, streng, gegen alles übrige aber, wo *Gelehrsamkeit*, *Kenntnisse* und *ordentliche Sätze* sich vorfinden, um so mehr nachsichtig ist, als erstere nur vom grossen Haufen und von schwachen Seelen gelesen, letztere aber nur von schon bereiteten Gemüthern, und in ihren Sätzen standhaften Seelen unter die Hände kommen.«

Wenn Freiheitskämpfer Freiheit von unten oder von oben durchsetzen wollten, griffen also auch sie zu restriktiven Mitteln – und als ein besonders taugliches galt die Zensur. Die Lo-

gik dahinter war und ist: Um das Gute durchzusetzen, muss das
Schlechte weg. Das sahen sogar die kühnsten Utopien, die das
18. Jahrhundert erdachte, nicht anders: »Wir haben einmüthig
auf einer weiten Ebene alle die Bücher zusammengebracht, die
wir entweder für läppisch, oder für unnütze, oder für gefährlich
hielten. Wir haben daraus eine Pyramide aufgeführt, die an
Höhe und Stärke einem ungeheuren Thurme glich: ganz gewiß
war es ein neuer Thurm zu Babel. Die Journale krönten dieß lächerliche Gebäude, das von bischöflichen Verordnungen der Par-
lamenter, Befehlen und Leichenreden behangen war. Es bestund
aus fünf bis sechs hundert tausend Bänden Juristischer Bücher,
aus funfzig tausend Bänden Wörterbücher, aus hundert tausend
von Gedichten, aus sechzehn hundert tausend Reisebeschrei-
bungen und aus tausend Millionen Romanen. Wir haben diesen
ungeheuren Haufen, als ein Versöhnopfer, das wir der Wahrheit,
dem gesunden Verstande und dem guten Geschmacke brachten,
in Brand gesteckt. Die Flammen haben die Thorheiten der Menschen, alter und neuerer Zeiten schnell verzehrt.«

So berichtet es ein Bibliothekar dem träumenden Icherzähler der berühmtesten (und übrigens sogleich zensierten) Utopie
des 18. Jahrhunderts: Louis-Sébastien Merciers L'An 2440, rêve
s'il en fut jamais. Das Werk erschien 1771, ein Jahr später folgte
die deutsche Übersetzung Das Jahr Zwey tausend vier hundert und
vierzig. Ein Traum aller Träume. Der deutschsprachige Band kam in
Leipzig heraus, auch wenn auf dem Titelblatt »London« stand.
In Merciers Utopie ist die absolutistische Monarchie durch eine
Revolution besiegt, die Bastille zerstört, Paris eine ganz andere
Stadt geworden: ordentlich, sauber, gesund, überwacht von Polizei und Zensurbehörde. Und was die Zensur angeht, so gehen
Merciers Utopier im Jahr 2440 radikal zu Werke, denn: »Nichts
führt den Verstand mehr irre, als schlechte Bücher: denn die
ersten Begriffe, die man einmal ohne hinlängliche Untersuchung

angenommen, werden in der Folge übereilte Schlüsse, und die
Menschen gehen so von Vorurtheile zu Vorurtheil, von Irrthume
zu Irrthum.« Theologen und Philosophen werden ebenso als un-
nütz verbrannt wie alle gegen die christliche Religion gerichteten
Schriften. Aus manchen dicken Wälzern werden selektiv, nach
moralischer Überarbeitung, die besten Passagen herausgeschrie-
ben und neu gedruckt. Insgesamt bleibt nur eine kleine Menge
von ›vernünftigen‹ Büchern übrig. Der Icherzähler ist zunächst
erschrocken über das Ausmaß der Kulturrevolution – »Himmel,
welche Verwüstung! wie viel große Bücher waren in Rauch auf-
gegangen!« –, räumt aber dann ein: »Die Weisheit und die Liebe
zur Ordnung hatten die Aufsicht bey dieser nützlichen Verwüstung gehabt.«

Tatsächlich meinte Mercier seine Utopie positiv, und die
Zeitgenossen nahmen sie offenbar auch so wahr. Was uns er-
schauern lässt und wie eine grauenhaft ›schöne neue Welt‹ vorkommt, konnte im 18. Jahrhundert als konstruktive Idee gesellschaftlicher Veränderung gelesen werden. Zensur erschien
sinnvoll und gut. Der Zensurexperte Werner Fuld erklärt das
damit, dass individuelle Freiheit damals nicht so hoch gewertet
worden sei wie Sicherheit und gesellschaftliche Geborgenheit:
»Der Tugendterror, die permanente Überwachung und Zensur,
die Auslöschung des kulturellen Gedächtnisses durch die Vernichtung der Bibliotheken und die Manipulation des Denkens«,
all das könnten erst wir Heutigen in seiner Bedrohlichkeit, als
»Warnung vor diktatorischen Exzessen« wahrnehmen. Und zwar,
weil es seither eben ganz reale Versuche gegeben habe, derartige
totale Geistesdiktaturen zu errichten. Die Dialektik der Aufklärung war den Aufklärern selbst noch nicht bewusst. Sie hatten
sie zumindest noch nicht am eigenen Leibe erfahren.

Gibt es also tatsächlich gute Zensur? Der ›von unten‹
geäußerte Gedanke, dass staatliche Zensurmaßnahmen (wenn

auch nicht gleich gigantische Bücherverbrennungen wie die aus
dem Jahr 2440) etwas Gutes haben können, nützlich seien und
Schädliches vermeiden hülfen, ist zumindest nicht nur zur Zeit
der Aufklärung verbreitet. Auch später gibt es in bestimmten
politisch-historischen Situationen demokratiebewusste Für-
sprecher einer undemokratischen Zensur. Und nie geht dies
ohne Paradoxien ab. Erwähnt wurden die Legitimationsversuche
von Zensur in der frühen DDR gerade durch die ostdeutschen Intellektuellen – auch hier ging es um Bewusstseinsbildung durch
Zensur. Gut gemeinte, natürlich. Um gute Linke zu bilden, muss
man böses rechtes Gedankengut ausmerzen. Menschen müssen
angeleitet werden bei ihrer Lektüre; schädliche Bücher sollen
sie gar nicht erst zu Gesicht bekommen, um nicht irregeführt zu
werden. Die Überzeugung, dass Menschen (>das Volk<!) gelenkt
werden müssen, wird also nicht nur von oben, von den Herrschenden, vertreten, sondern durchaus auch von unten.

Was kann man wem zumuten? Man traut den Lesenden das
Selberdenken nicht zu (sich selbst natürlich schon); man fürchtet Verbildung statt Bildung. Ein Gedanke, den man in freiheit-
lich-demokratischen Systemen vornehmlich im Jugendschutz
findet. Nicht jedes Buch, nicht jeden Film will man Kindern
und Jugendlichen zumuten. Zum Beispiel verstörende Gewaltdarstellungen oder antisemitische Hetze, die von unerfahrenen
jungen Menschen ohne Begleitung Erwachsener nicht angemes-
sen eingeordnet werden könnten. Das erscheint nachvollziehbar,
unbenommen der Gefahr, dass Jugendschutzargumente auch für
die Einführung einer umfassenden Zensur missbraucht werden
können.

Doch nicht nur im Jugendschutz ist der gut gemeinte
Wunsch nach Begrenzung der Meinungsfreiheit auch heute noch
spürbar. Auch allgemeingesellschaftlich existiert, um es etwas
pathetisch zu formulieren, die Sehnsucht, durch Zensur das

Böse zu zähmen. Das machte schon die besorgte Mailerin sichtbar, die eine Zensur von rechtem Gedankengut befürwortete.
Andere Bürgerinnen und Bürger machen sich ähnliche Sorgen.
Sie wünschen sich Restriktionen der Meinungsfreiheit für sich
ausbreitende antidemokratische Ideen. Und wie eine Antwort
darauf schallt das ›Zensurgeschrei‹ von rechts zurück.

Es ist eine offene Frage, die viele heutzutage umtreibt: Wie
viel kann man der Gesellschaft zumuten an rechtem Gedankengut, ohne die Demokratie zu gefährden? Wie viel Freiheit kann
man den Feinden der Freiheit geben? Eigentlich ist die Antwort
darauf gar nicht so kompliziert. Zumindest aus juristischer Perspektive stellt sich die Lage ziemlich eindeutig dar: Solange eine
Meinungsäußerung nicht gesetzwidrig ist – solange sie also
nicht volksverhetzend ist, zu Straftaten aufruft, die persönliche
Ehre einer Person verletzt, das Andenken Verstorbener verunglimpft oder Ähnliches –, darf sie keinem Verbot unterliegen.
Wie das Grundgesetz schon sagt: Zensur findet nicht statt. Eine
präventive Einschränkung von Meinungsäußerung gibt es zwar
trotzdem, sie ist aber nur in ganz spezifischen Fällen möglich.
Etwa, wenn in dringlichen Situationen aus bestimmten Gründen
vorläufiger Rechtsschutz geltend gemacht wird, durch einstwei-
lige Verfügungen, Anordnungen oder Arrest. Möglich ist ein
Präventivverbot im Bereich Meinungsäußerung zum Beispiel
dann, wenn das Bundesamt für Verfassungsschutz eine Gefähr-
dungseinschätzung ausspricht, die ein sicherheitsbehördliches
Handeln erforderlich macht. Das sind aber wie gesagt spezifische Fälle. Im Normalfall gilt die Meinungsfreiheit.

Trotzdem ist sich unsere Gesellschaft in konkreten Fällen,
durchaus auch in ›Normalfällen‹, keineswegs einig in Sachen
Meinungsfreiheit und Zensur. Sie diskutiert heftig darüber, was
gesagt und was unterdrückt werden darf. Sie streitet erbittert
über Sagbarkeitsgrenzen.

2 SKANDAL AUF DER BUCHMESSE

Gesellschaftliche Debatten über Sagbarkeitsgrenzen und Zensur haben in der letzten Zeit durch verschiedene Ereignisse Zündstoff erhalten. Zu diesen Ereignissen gehörte auch die Frankfurter Buchmesse 2017. Schon lange versteht sich die Frankfurter Buchmesse selbst als politisches Event, nicht nur als Handelsumschlagplatz für Bücher und andere Medien. In einer Pressemitteilung vom 10. Oktober ist die Rede von einem »Ort politischer Auseinandersetzung und Meinungsfreiheit«. Die Buchmesse sei »mehr denn je ein Forum, auf dem das Weltgeschehen reflektiert wird und Autoren und politische Aktivisten eine Bühne für ihr Anliegen finden«.

Tatsächlich erwies sich gerade die Frankfurter Buchmesse 2017 als Bühne für politische Aktivisten – und zwar in einem Sinne, der in dem zitierten Statement sicherlich nicht gemeint war. Einen Tag vor der Eröffnung gab sich Jürgen Boos, der Direktor der Frankfurter Buchmesse, in seinem Plädoyer für demokratischen Diskurs kampflustig: »Wir liberal-demokratisch gesinnten Büchermenschen müssen in Zeiten, in denen giftige Narrative Hochkonjunktur haben und die Verbreitung von Angst und Hass wieder gesellschaftsfähig wird, mit attraktiveren Gegenentwürfen antworten […]. Die Frankfurter Buchmesse bringt Menschen zusammen, die eine Vielzahl von unterschiedlichen Meinungen vertreten. Sie ist deshalb bestens dazu geeignet, leidenschaftliche Diskussionen und Auseinandersetzungen zu beherbergen.«

Leidenschaftlich ging es tatsächlich zu. Lesungen mussten wegen Pfeif- und Brüllkonzerten abgebrochen werden, es kam zu Handgemengen und Handgreiflichkeiten. Was war der Grund für die Eskalationen in den Messehallen? Der Stein des Anstoßes: 2017 präsentierten sich zum ersten Mal auch einige rechte bis rechtsextreme Verlage mit Ständen und Autorenlesungen in Frankfurt. Linke Proteste führten zu Tumulten, die Messe hatte am letzten Tag ihren handfesten Skandal. Nach dem roch es aber bereits lange vorher. Denn schon vor der Veranstaltung hatte die Zulassung von neurechten Verlagen für öffentliche Empörung in Medien und sozialen Netzwerken gesorgt. Eine Empörung, die im Nachhinein noch einmal bekräftigt wurde: Wie konntet ihr bloß den neuen Rechten eine solche Bühne bieten? Wieso habt ihr sie überhaupt eingeladen?

Die Buchmesse verwahrte sich zu Recht dagegen, diese Verlage eingeladen zu haben. Sie verwies, ebenso wie etliche Journalisten, darauf, dass Verlage keine Einladung zur Messe erhielten, sondern sich selbst anmelden müssten. Man hätte eben höchstens diese Anmeldungen nicht akzeptieren können. Hat man aber. Der Hauptgeschäftsführer des Börsenvereins des Deutschen Buchhandels, Alexander Skipis, der im Online-Newsletter des Börsenvereins die Haltung der Veranstalter verteidigte, erklärte die umstrittene Entscheidung so: »Auf der Frankfurter Buchmesse präsentieren sich in diesem Jahr auch einige rechte bis rechtsextreme Verlage. Im Sinne der Meinungsfreiheit, die für uns nicht relativierbar ist, lassen wir diese Auftritte zu.«

Das Argument pro rechte Verlagspräsenz auf der Buchmesse war also die Meinungsfreiheit, und das wurde immer wieder bekräftigt: »Der Börsenverein tritt aktiv für die Meinungsfreiheit ein. Das bedeutet, dass wir Verlage oder einzelne Titel, die nicht gegen geltendes Recht verstoßen, nicht von der Frankfurter Buchmesse ausschließen. Allerdings bedeutet das nicht, dass wir das Gedankengut, das solche Verlage verbreiten, gutheißen.« Auch Messedirektor Boos verkündete, eine Buchmesse könne Aussteller nicht aus politischen Gründen ausschließen, und ihm schlossen sich viele abwägende Stimmen aus Medien und Öffentlichkeit an: Die Buchmesse habe keine Wahl gehabt.

Wenn man Verlage ausschlösse, die nicht strafrechtlich auffällig geworden seien, schrieb die *taz*, sei das tatsächlich Zensur, und auch die *Süddeutsche Zeitung* riet denjenigen, die die Zulassung rechter Aussteller zur Messe kritisierten, zu einem »Blick ins Grundgesetz«: »Man kann einen Stand nur verbieten, wenn er sich strafrechtlich schuldig macht.«

Das trifft allerdings nicht zu. Das Meinungsfreiheitsargument gilt hier höchstens in einer schwachen Lesart, nicht in einer starken. Denn die Frankfurter Buchmesse GmbH ist ein privatwirtschaftliches Unternehmen, Tochtergesellschaft des Börsenvereins des Deutschen Buchhandels. Sie ist keine staatliche Institution, und Ausschlusspraktiken wie die zur Debatte stehende stellen daher zumindest keine Zensur im verfassungsrechtlichen Sinne dar. Das Unternehmen Frankfurter Buchmesse hat sich Werte wie Toleranz, Offenheit, Vielfalt und Solidarität auf die Fahne geschrieben und lehnt Fremdenfeindlichkeit und Rassismus ausdrücklich ab. Aus diesen Gründen hätte es sich legitimerweise gegen die Zulassung von rechten Verlagen zu ihrer Veranstaltung entscheiden dürfen.

So einfach ist die Buchmesse also nicht aus der Nummer raus: Sie *musste* neurechte Aussteller nicht zulassen. Sie *wollte*. Und dies aus guten Gründen. Sie wollte einen offenen Diskurs, sich »aktiv mit der Präsenz dieser Verlage auseinandersetzen«, und dabei für die eigenen Werte eintreten, wie Skipis erklärte. *Mit Rechten reden* gewissermaßen, nicht nur ein auf der Buchmesse diskutierter Titel, sondern in gewissem Sinne auch ihr Programm im Herbst 2017. Ein Programm, das gründlich schiefging. Es redeten die Fäuste und die Trillerpfeifen. Sicher stand außer der proklamierten Diskursbereitschaft der Messeveranstalter noch ein anderes, ebenso nachvollziehbares Motiv hinter der Entscheidung, nämlich die Kontraproduktivität eines Ausschlusses der Rechten. Das *Journal Frankfurt* brachte es in

einem Kommentar auf den Punkt: »Ein Ausschluss rechtskon-
servativer, nationalistischer oder rechtsextremer Verlage wäre
ohnehin Wasser auf die Mühlen der öffentlich geschickt agierenden rechten Verlage gewesen, Stichwort: Selbstviktimisierung.« Es wäre ein großer, von rechter Seite ausgeschlachteter
Zensurskandal geworden, wenn die weltgrößte Fachmesse für
Publishing bestimmte Verlage ohne strafrechtliche Gründe von
der Ausstellung ausgeschlossen hätte. Apropos von rechter Seite
ausgeschlachteter Zensurskandal: Zu dem kam es sowieso.

Die verfeindeten Lager gerieten aneinander, hinzu kamen
Beschädigungen rechter Verlagsstände von links und körperliche
Gewalt gegen einen linken Verleger von rechts. War das etwa die
›aktive Auseinandersetzung‹, die die Buchmesse beabsichtigt
hatte und die der Börsenverein mit seinem ausdrücklichen Hinweis auf die neurechten Verlage mit genauen Standortangaben
und Lesungsterminen angeregt hatte? Sicher nicht. Die Situation
auf der Frankfurter Buchmesse 2017 ist aus dem Ruder gelaufen – und im Nachhinein versuchten alle Beteiligten möglichst
schnell, die Deutungshoheit über die Ereignisse zu bekommen.
Von rechts wurden die verhinderten Lesungen reflexartig als
›Zensur‹ beklagt, ›freie Rede‹ sei unmöglich gemacht worden,
auf der Buchmesse habe Meinungs- und Gesinnungsdiktatur
stattgefunden – Stichwort: Selbstviktimisierung ...

Nur wenige Tage nach Ende der Buchmesse erschien in den
Medien ein Appell mit dem wahrhaft vollmundigen Titel »Charta
2017«. Initiatorin war eine pegidanahe Dresdener Buchhänd-
lerin. Die immer gleiche Gesinnungsdiktatur-Leier, die in dieser
sogenannten Charta gespielt wird, sei hier nicht erneut wiederholt. Bemerkenswert erscheint mir vielmehr die erste Leser-
reaktion, die sich unter dem offenen Brief der Dresdnerin auf SZ-
online findet. Ich bin mir nicht sicher, ob eine wirkliche Person
dahintersteht oder vielleicht ein *social bot* – so maßgeschneidert,

so modellhaft angepasst an die neurechte Ideologie erscheint dieser Kommentar: »Respekt. Es gibt noch Persönlichkeiten, welche sich dem immer mehr ausufernden Gesinnungsterror der selbsternannten Eliten entgegenstellen. Es bleibt dennoch die Angst, dass nach Political Correctness der Bücherscheiterhaufen kommt. Und mehr.« Wenn hinter diesen Worten eine reale Person steht, dann hat die rechtspopulistische Propaganda bei ihr jedenfalls auf ganzer Linie gewirkt. Gefühle von Unsicherheit, Angst und Abgehängtsein werden mit Verfolgungswahn und Abgrenzung kompensiert. Eine Gemengelage, die folgerichtig in Zensurpolemik mündet.

Und wie reagierte man von links auf den Buchmessen-Eklat? Man tadelte vor allem die schlechten Strategien der linken Akteurinnen und Akteure im Umgang mit den Rechten bzw. mit der in Frankfurt versammelten »Crème de la Crème des neudeutschen Opferkultes«, wie die *Süddeutsche Zeitung* treffend schrieb. Man hätte sich nicht provozieren lassen sollen. Lieber, so ließen sich die optimistischen Aufklärer hören, hätte man die Rechten im Diskurs entlarven sollen. Mit Rechten reden ... da war es wieder.

3 RAUCHMELDER ODER FEUERLÖSCHER?

Auf der einen Seite wird Zensur also vielfach polemisch behauptet und geschmäht. Auf der anderen Seite fordern gerade diejenigen Zensur ein, für die Werte wie Freiheit und Toleranz besonders wichtig sind. Sie fordern Zensur, wenn sie sich Sorgen um die Demokratie machen. Zumindest ersehnen sie bestimmte Grenzen der Meinungs- und Äußerungsfreiheit – gerade zum Schutz einer freien Gesellschaft. Was darf man sagen, was darf man verbieten? Zensurgeschrei hier, Zensursehnsucht dort:

Doppelte Dissonanzen prägen die gesellschaftspolitischen Auseinandersetzungen um und mit Neurechts.

Hier geht es nun also um Zensursehnsucht. Dazu vorab eine kurze Frage: Welcher Typ sind Sie – Rauchmelder oder Feuerlöscher? Sorgen Sie eher vor und verhindern einen Brand von vornherein, oder kümmern Sie sich im Nachhinein um gute Feuerbekämpfung? Wahrscheinlich tendieren die meisten von Ihnen zu Variante eins. Denn es steht außer Zweifel, dass aus sicherheitstechnischen und gesundheitlichen Gründen der Rauchmelder dem Feuerlöscher vorzuziehen ist. Vorbeugung ist bei Feuer besser als Nachsorge.

Was hat das nun mit dem Thema Zensur zu tun? Kann man die Gretchenfrage nach Rauchmelder oder Feuerlöscher darauf übertragen – auf brandgefährliche Diskussionen sozusagen? Der preußische Wirkliche Geheime Staats- und Polizeiminister Graf zu Sayn-Wittgenstein-Hohenstein war jedenfalls ein Fan von Rauchmeldern. Am 29. Mai 1819 mischte er sich mit einem *Memorandum* in die öffentliche Zensurdebatte ein. Er verteidigte die staatliche Zensur und betonte die destabilisierende Wirkung einer völligen Pressefreiheit. Sie schädige Staat und Religion, außerdem seien die Ehre und Ruhe des einzelnen Bürgers gefährdet, »wenn ihr Nahme, ihre Grundsätze und ihre Handlungen der Bosheit, dem Hasse, und den Leidenschaften eines Jeden öffentlich preisgegeben« würden – *hate speech* und *hate crimes* gibt es offenbar nicht erst seit heute. Dem gräflichen Zensurfreund reichte es nicht, dass man mit rechtlichen Mitteln gegen einen Kontrahenten vorgehen konnte: »Vergebens erwidert man, die nachfolgende Bestrafung des Preß-Vergehens gewähre dafür die vollständigste Genugthuung.« Dies sei nicht der Fall. Das »von boshaften und leichtsinnigen Schriftstellern gegen Religion, Sitte und Staat ausgestreute Gift« werde durch Strafe nicht gemildert oder gar ausgerottet.

Graf zu Sayn-Wittgenstein-Hohenstein wollte es auch in Sachen Meinungs- und Pressefreiheit gar nicht erst zu Bränden kommen lassen. Vorsorge ist angesagt bei heißen Themen. Wenn, so der Graf, der Staat sagen wollte: »Ich werde das Verbrechen bestrafen, aber ihm nicht vorbeugen! – so würde er den Leidenschaften, dem Haß, und der Discretion eines Jeden Religion, Sitten, Regierung, Ruhe, Ordnung und Zufriedenheit im Innern des Staats, den guten Namen eines jeden Staatsbürgers, ja selbst die auswärtigen Regierungen schuldige Achtung Preis geben, und alle übrigen Freyheiten der Preßfreyheit unterordnen und überliefern, und sich nur das Recht vorbehalten, Verbrechen, deren Begehung er hat nicht vorbeugen wollen, sondern geduldet hat, zu bestrafen.« Zensur ist also dringend geboten. Alles andere, argumentiert der Minister, sei Verletzung der staatlichen Fürsorgepflicht. Und was wäre, wenn eine solche Fahrlässigkeit auch für »alle andern Verbrechen reklamiert werden sollte«?

Das ist natürlich eine polemische Zuspitzung. Nicht alle möglichen Fälle von bürgerlichem Verhalten und staatlichem Eingreifen lassen sich über einen Leisten spannen. Gewiss wäre es weder damals noch heute wünschenswert, wenn die Polizei seelenruhig zuschaute, wie jemand einen Mord plant, ihn die Tat ausführen lässt und erst danach bestraft. Im Bereich der Meinungsäußerung stellt sich die Sache heute jedoch anders dar. Dass jemand erst einmal etwas äußern darf, ohne vorsorglich daran gehindert zu werden, ist allgemeines Menschenrecht. Demokratinnen und Demokraten müssen also aus Überzeugung der Typ Feuerlöscher sein, jedenfalls, was das Thema Meinungsfreiheit angeht. Spiele mit dem Feuer sind hier ebenso erlaubt wie brandgefährliche Ansichten.

Und selbst wenn wir das bei anderen manchmal beunruhigend finden – für uns selbst nehmen wir diese Freiheit ja ganz selbstverständlich in Anspruch. Wir wollen gefälligst alles lesen, hören und sehen dürfen, von links außen bis rechts außen, und uns unsere eigene Meinung dazu bilden. Keinesfalls soll man uns schon im Vorhinein lenken und leiten, und sei es auch in die richtige Richtung. Die Ausbreitung eines Feuers ist in unübersichtlichen Situationen, bei mehreren Brandherden zum Beispiel, tatsächlich nie ausgeschlossen. Aber sie ist eben auch kein Automatismus, wie es der preußische Graf – und auf andere Weise viele besorgte Demokratinnen und Demokraten von heute – zu glauben scheinen. Ich persönlich traue mir zum Beispiel durchaus zu, auf einer Buchmesse einen Stand mit rechtsextremen Büchern zu besuchen und trotzdem kein Nazi zu werden, und Sie sicher auch. Offenbar sind wir dann doch nicht ›das Volk‹, in das das rechte Gedankengut einzusickern droht.

Aber wer ist schon das Volk?

4 KULTURELLE ANEIGNUNG: WINNETOU UND WIR

Was darf man sagen, was soll man verbieten? Ist die Begrenzung von Meinungsfreiheit schlimmer oder der Missbrauch grenzenloser Meinungsfreiheit? Das sind Fragen, die durch Ereignisse wie den Buchmessenskandal entstehen und die aktuellen Zensurdebatten anheizen. Doch Grenzen der Meinungsfreiheit ersehnen nicht nur demokratiefreundliche Menschen zum Schutz vor demokratiefeindlichen. Zensursehnsüchte ›von unten‹ spielen nicht nur in politischen, sondern auch in anderen aktuellen Debatten eine zentrale Rolle. Eine dieser Debatten dreht sich um die sogenannte kulturelle Aneignung.

Sie findet dann statt, wenn in westlichen Haushalten Buddhastatuen die Fensterbänke schmücken, wenn sich im Ver-

gnügungspark Afrika neben Chinatown befindet oder Models be-
hängt mit Aborigines-Symbolen über den Laufsteg stolzieren. –
Und was ist daran schlimm? Wenn Sie zu denjenigen gehören,
die es übertrieben finden, dass man Schokoschaumgebäck nicht
mehr als ›Negerkuss‹ bezeichnen soll, bringen Sie womöglich
auch für die Diskussion um kulturelle Aneignung wenig Verständnis auf. Diese Diskussion lohnt sich jedoch, wenn es um
Zensur geht.

Vor Kurzem brachte mich in meinem Privatleben eine Frage
zum Grübeln: Was sollen sie bloß werden? – Es war nicht die
berufliche Perspektive meiner Söhne an sich, um die ich mir
Gedanken machte. Nein, es ging um eine wesentlich konkretere
Zukunft. Eine, die bedrohlich näher rückte. Es ging um Fasching
und um die Frage nach der passenden Verkleidung. Die beiden
wollten unbedingt Winnetou werden. Dagegen wäre prinzipiell
nichts einzuwenden gewesen, wenn die fiktiven Wildwestfiguren
des 19. Jahrhunderts nicht eben auch reale Menschen von heute
und ihre Kultur gewissermaßen ›mit meinen‹ würden. Feder-
schmuck und Friedenspfeife aus ihrem Kontext zu reißen und
zu Fasching zweckentfremdet zu verwenden, so erklärte ich,
entwürdigt Zeitgenossen von uns, nämlich die Angehörigen
indigener Stämme, denen diese kulturellen Objekte heilig sind.
Meine Söhne waren enttäuscht: Also auch kein Pfeil und Bogen?
Nein. Und Pistolen? Ich zögerte. Nicht, dass sich dann die US-
Waffenlobby kulturell von uns enteignet fühlen könnte.

Es fällt nicht nur Kindern schwer, das spontan nachzuvollziehen und zu verstehen. Denn hinter der Aneignung indigener
Kultursymbole steht ja kein böser Wille. Im Gegenteil: Interesse,
Sympathie, Bewunderung treibt kleine und große weiße Fans an,
sich anzumalen und zu verkleiden, Tipis zu bauen und heulend
im Kreis zu tanzen. Sie wollen gerade *nicht* die indigene Bevölke-
rung unterdrücken, sondern sie ehren. Am liebsten würden sie

mit ihr Blutsbrüderschaft trinken. So wie Old Shatterhand mit Winnetou.

In Karl Mays Roman *Winnetou 1*, der 1908 in Freiburg erschien, soll der weiße Icherzähler nach einigen kühnen Heldentaten »in den Stamm der Apachen aufgenommen werden und als Häuptling gelten. Es soll so sein, als ob er rote Farbe hätte und bei uns geboren wäre«, so bestimmt es der Häuptling Intschu tschuna: »Er wird das Blut Winnetous trinken, und dieser wird das seinige genießen; dann ist er Blut von unserm Blute und Fleisch von unserm Fleische.« Der Häuptling lässt alle Stammesangehörigen mit »Howgh« zustimmen, und Old Shatterhand ist als erfahrener Bücherleser ganz aufgeregt: »Also eine Blutsbruderschaft, eine richtige, wirkliche Blutsbruderschaft, von der ich so oft gelesen hatte! Sie kommt bei vielen wilden oder halbwilden Völkerschaften vor und wird dadurch geschlossen, daß die beiden Betreffenden entweder Blut von sich mischen und dann trinken oder daß das Blut des Einen von dem Andern und so auch umgekehrt getrunken wird. Die Folge davon ist, daß diese Beiden dann fester, inniger und uneigennütziger zusammenhalten, als wenn sie von Geburt Brüder wären.«

Old Shatterhand und Winnetou sind eines der berühmtesten Paare der Literaturgeschichte. Ihre Freundschaft besteht in wortloser Verständigung und vollkommener Harmonie. Ihr Erfinder plädierte in vielen seiner Werke ausdrücklich gegen kolonisierende Übergriffe auf indigene Stämme und ihr Land und im Gegenzug für die Gleichberechtigung aller Menschen und Ethnien. Trotzdem gilt gerade Karl May als Paradebeispiel für kritikwürdige kulturelle Aneignung. Als er *Winnetou* schrieb, hatte er Amerika bekanntlich noch nie bereist und auch keinen echten Ureinwohner gesehen. Das Naserümpfen darüber ist uns allen längst zur Routine geworden: Wie konnte der Kerl, noch dazu ein windiger Typ, ein Kleinkrimineller und Hochstapler, sich bloß anmaßen, etwas ihm völlig Fremdes und Unbekanntes literarisch darzustellen und es sich auf diese Weise kulturell anzueignen? Man könnte hier allerdings noch weitergehen und fragen: Wie können nicht nur Wildwestromane, sondern wie kann die Literatur allgemein sich so etwas anmaßen? Sie tut das nämlich ständig und ununterbrochen. Sie besteht geradezu aus kultureller Aneignung. Ich werde auf dieses Thema gleich noch einmal zurückkommen.

Ganz allgemein ist mit kultureller Aneignung die Übernahme und Anverwandlung von kulturellen Elementen in eine andere Kultur und damit in einen neuen Kontext gemeint. Viele, die Kritik an kultureller Aneignung als postmoderne Empfindsamkeit verurteilen, betonen, dass Kultur ohne Aneignung gar nicht vorstellbar sei. Zumindest sei sie viel ärmer und nicht so vielfältig. Man denke an Tee und Kaffee. An Sprache, Schrift und Zahlen. An Glas, Porzellan, Papier. An Pizza, Burger und Döner. An Fußball. Ohne Zweifel: Keine kulturelle Aneignung gibt es nicht. Sie hat immer stattgefunden, wo sich Menschen begegnet sind: durch Reisen und Migration, in Krieg und Frieden, beim Verhandeln und Geschäftemachen. Einsprüche gegen Yogakurse oder internationale Küche in Kantinen, wie sie Kritiker und Kritikerinnen kultureller Aneignung an amerikanischen Universitäten in der letzten Zeit verschiedentlich erhoben haben, erscheinen aus einer solchen global-kulturhistorischen Perspektive tatsächlich übertrieben und ziemlich hysterisch.

Man kann die Befremdung eines in den USA lehrenden Universitätsdozenten gut verstehen, der in der *Zeit* vom 28. Januar 2016 unter dem Titel *Die Debatten-Polizei* unter anderem über das Oberlin College in Ohio berichtet. Im Herbst 2015 kam es hier zu einem Skandal, genauer: zu einer heftigen Debatte über esskulturelle Aneignung. Auslöser war eine neue Speisekarte der Mensa, auf der nun auch – Sushi stand. Welch eine Anmaßung der weißen Kantinenköche! Und erst recht, weil es offenbar ziemlich mittelmäßiges Sushi war. Privilegierte Weiße dürften nicht einfach ein Gericht nehmen, das eigentlich einer unterprivilegierten Minderheit gehört, es verändern, dann aber als authentisch anpreisen, so beschwerte sich die Studentenvereinigung *Asian American Alliance* über das Mensaangebot. Der Verfasser des *Zeit*-Artikels, der aus Angst um seinen Job lieber anonym bleiben will, kommentiert: »Man könnte den Kampf der Oberlin-Studenten als absurdes Kuriosum abtun. Die Realität ist leider viel ernster. Denn die Sushi-Posse mag zwar ein Extremfall sein; ein Einzelfall ist sie keineswegs.«

Ein Jahr später übte die gleiche Wochenzeitung erneut scharfe Kritik an der Skandalisierung kultureller Aneignung, wie sie vor allem in den USA zunehmend Einfluss erlange. Josef Joffe erklärte am 6. Januar 2017, die »Identitätspolitik«, wie sie die Kritiker kultureller Aneignung betrieben, bedeute »Abkapselung, Stillstand, letztlich Verdummung im Mäntelchen ›kultureller Empfindsamkeit‹, weil sie mit Zensur und Selbstzensur einhergeht. Kultur als unantastbarer Besitzstand heißt, dass nur Schwarze den Blues singen und nur Bayern den Gamsbart tragen dürfen.« In dieser vereinfachenden Zuspitzung dürfte das ein Standpunkt sein, der vermutlich auf wenig Widerstand trifft. Kein Nichtbayer will auf seinen Gamsbart verzichten müssen! Im Ernst: Wer will schon eine monolithische, nationalistische Einheitskultur? Immer noch die wenigsten, glücklicherweise.

Doch eine derartige polemische Pointierung – »Ohne ›kulturelle Aneignung‹ wäre die ganze Welt wie Nordkorea«, spottet Joffe – geht vorbei am Anliegen von seriösen Kritikerinnen und Kritikern kultureller Aneignung. Sie zielen ja gar nicht auf alle möglichen Arten von Anverwandlungen und Neukontextualisierungen von kulturellen Symbolen. Vielmehr geht es ihnen – zum Beispiel der amerikanischen Critical-Whiteness-Bewegung – um hegemoniale, kolonisierende Praktiken einer Mehrheitskultur, von denen vor allem gesellschaftliche und ethnische Minoritäten betroffen sind. Wenn ich als Deutsche Nudeln koche, fühlt sich wohl kaum eine Italienerin kulturell ausgebeutet. Und deshalb ist der Fall der entfremdeten Pasta, so feuilletontauglich er womöglich wäre, auch nicht relevant. Der Fall des indianischen Federschmucks ist dies aber sehr wohl.

Womit wir wieder bei Fasching wären. »Werdet doch Dinosaurier!«, schlug ich meinen Söhnen vor. Proteste sind hier nicht zu befürchten. Obwohl, wenn man an *Jurassic Park* denkt … und bei *Godzilla* knackt ja am Ende auch plötzlich ein überlebendes Monster-Ei. Außerdem sind Dinokostüme echt schwer und stickig. Und teuer.

Grundsätzlich berührt die Frage nach der Zulässigkeit kultureller Aneignungspraktiken ein ernsthaftes und ernst zu nehmendes Problem. Wer die Kritik an kultureller Aneignung prinzipiell als hypersensibel, hysterisch oder gar als Zensur bezeichnet, macht es sich viel zu einfach. Man kann durchaus verstehen, warum sich Angehörige indigener Gruppen – übrigens schon seit Jahrzehnten – gegen die allzu gedankenlose Ausbeutung ihrer spirituellen Werte zur Wehr setzen. Als meine Kinder noch klein waren, wollten ihre Kita-Erzieherinnen im Rahmen eines Indianerprojektes ein Tipi mieten und dabei auch die Friedenspfeife mit den Kindern rauchen. Der Tipi-verleihende Indianerverein – eine sehr ostdeutsche Tradition – wies das Ansinnen empört zurück: Dieses heilige Symbol sei doch kein Kinderspielzeug! Aha. Sie ahnen meinen nächsten Gedanken: Wie hätte sich wohl ein echter Apache oder Dakota angesichts einer rauchenden Runde erwachsener deutscher Vereins-Indianer gefühlt?

Die Sache mit der kulturellen Aneignung ist also kompliziert. Man kann sie nicht schnell abhandeln und abhaken. Polemische Vereinfachung durch Gegner und auch durch Befürworter ist fehl am Platz. Auf der einen Seite ist es eine Frage des Respekts und des Anstands, die Gefühle betroffener Minoritäten ernst zu nehmen und in interkulturellen Fragen eine hohe Sensibilität an den Tag zu legen. Auf der anderen Seite sind Zensur oder zensurähnliches Handeln keine Option, nicht in diesem Fall wie auch in keinem anderen. In einer freien, offenen Gesellschaft ist das Tragen von Kostümen grundsätzlich erlaubt. Man kann es nicht verbieten – wohl aber eine kritische Debatte darüber führen.

Das dachte sich wohl auch eine Mitarbeiterin an der University of Yale im Herbst 2015, die Kinderpsychologin Erika Christakis. Im Oktober hatte ein universitäres Gremium in Yale Studierende vor dem Tragen kulturell aneignender Halloween-Kostüme gewarnt. Winnetou war definitiv tabu. Christakis schrieb den Studierenden des Silliman College, eines Yale-Wohnheims, das sie als Associate Master mit betreute, dass sie sich trotz ihrer Sorgen über die kulturelle Darstellung von Minderheiten nicht anmaßen wolle, über die Kleiderwahl Studierender zu bestimmen. Sie schrieb laut Zeit: »Wessen Aufgabe ist es, die Kostümwahl von jungen Leuten zu kontrollieren? Auf jeden Fall nicht meine, soviel weiß ich.« Christakis verweigerte also gewissermaßen den Job der Zensorin. Sie wollte den jungen Erwachsenen die Entscheidung über ihr Handeln selbst überlassen und die freie Meinungsäußerung nicht einschränken.

Das war ein Fehler, jedenfalls was die Karriere der Psychologin betraf: Viele Studierende, häufig aus der linksliberalen, gutsituierten, weißen Mittelschicht stammend, protestierten energisch gegen die Unterlassung des Verbots. Sie forderten gewissermaßen Zensur ein und verlangten von der Universitätsverwaltung den Rauswurf ihrer Dozentin. Irgendwann hielt Christakis dem Druck nicht mehr stand und gab ihre Lehrtätigkeit in Yale auf. Die Zensursehnsucht, die sich hier Bahn

brach, irritierte kritische Intellektuelle diesseits und jenseits des
Atlantiks. Der Zeit-Artikel zur Debatten-Polizei erkennt im Hallo-
ween-Skandal von Yale ein gravierendes gesellschaftspolitisches
Problem. Die Protestierenden, die nicht zu einer Diskussion, zu
einem offenen Meinungsaustausch bereit gewesen seien, hätten
»auf nicht weniger als eine radikale Veränderung freiheitlicher
Normen« abgezielt. »Falls sie es schaffen, ihre Weltsicht durchzusetzen, werden sie die Grundregeln des Zusammenlebens in
einer liberalen Gesellschaft untergraben.« Das hört sich vielleicht
etwas zu dramatisch an, trifft aber einen wichtigen Punkt: Wenn
eine Meinungsäußerungskontrolle strukturelle und institutionelle Formen annimmt und umfassend ausgeübt wird, wird
es in der Tat gefährlich. In solchen Fällen kann man mit guten
Argumenten von Zensur oder zumindest von einer starken Zensuranalogie sprechen.

Mit Ereignissen wie dem amerikanischen Halloween-Skan-
dal kommt das Thema kulturelle Aneignung an seine ebenso komischen wie tragischen Grenzen. Es scheint, als würden gerade
in der intellektuellen Atmosphäre einer hochangesehenen Elite-
Universität die Spielräume des Denkens, Redens und Handelns
immer kleiner, die – noch dazu erwünschte – Kontrolle der Meinungsfreiheit immer rigider. Was darf man hier überhaupt noch
sagen oder tun? Manch einem hierzulande erscheint diese Entwicklung sehr transatlantisch. Doch sie übt eine Strahlwirkung
aus, die auch uns betrifft.

5 DIE FORDERUNG NACH LITERARISCHER UNFREIHEIT

Das komplexe Thema der kulturellen Aneignung ist in den USA und Großbritannien zum wichtigen gesellschaftlichen Diskussionsthema geworden und schwappt allmählich übers Meer zu uns herüber. Kulturelle Aneignung betrifft jedoch nicht nur die Dinge des täglichen Lebens wie Kleidung oder Essen. Gleichfalls betroffen sind künstlerische und literarische Darstellungen kultureller Phänomene. Das haben schon Winnetou, Old Shatterhand und ihre kritische Rezeption gezeigt, aber auch die aktuellen Rufe nach Bilderstürmen und Literaturverboten wie etwa in der Debatte um Dana Schutz. Ihre Kontrahentin Hannah Black, die das Gemälde *Open Casket* von der New Yorker Whitney Biennial entfernt wissen wollte, griff ausdrücklich das Konzept der kulturellen Aneignung auf. Es ist längst in der Gegenwartskunst angekommen – und damit zugleich die kritische Gegenfrage, ob die Kunst sich durch ihre identitätspolitische Wende nicht freiwillig unfrei mache. Wem gehört was in der Kunst, wer darf was sagen? Oder dürfen alle alles sagen? Hier kollidieren universale, aufgeklärte Freiheitsansprüche und postkoloniale, identitätspolitische Bewusstseinsbildung.

Auch die Kunst – einschließlich der Literatur – wird also nicht verschont von Vorwürfen. Und dabei beherrscht doch gerade sie die kulturelle Aneignung über die Maßen gut! Sie tut beinahe nichts anderes, als sich Fremdes zu eigen zu machen, sich in andere Kulturen, in andere Menschen hineinzuversetzen und sie zu gestalten. Kulturelle Aneignung ist sozusagen ihr Metier. Einer der größten deutschen Dichter hat die kulturelle Aneignung übrigens zu ganz besonderer Perfektion gebracht. Als Goethe 1786 nach Italien reiste, schrieb er schon nach we-

nigen Wochen in sein Tagebuch: »Ich habe nun erst die zwei
Italiänischen Städte gesehn [...] und habe noch fast mit keinem
Menschen gesprochen aber ich kenne meine Italiäner schon
gut.« ›Meine Italiäner‘! Mit unbekümmertem Selbstbewusstsein
vollzieht Goethe hier eine kulturelle Aneignung, die von keiner
Problematisierung weiß. Es sei ihm, so schreibt der Italienrei-
sende vollmundig, »fast keine Existenz ein Rätsel«; es »spricht
eben alles zu mir und zeigt sich mir an«.

Goethe be- und ergreift Italien von Anfang an ganz und
gar, zumindest in der literarischen Fiktion. Dass das scheinbar
so perfekt gelingt, ist den Aneignungsstrategien des Reisenden
geschuldet. Er macht sich das Neue, das Fremde, das andere »eigen«, wie er immer wieder schreibt. Die Mühelosigkeit des An-
eignens – »Hab’ ich einem Gegenstande nur die Spitze des Fin-
gers abgewonnen, so kann ich mir die ganze Hand durch Hören
und Denken wohl zueignen« – gelingt Goethe dadurch, dass er
im Fremden häufig das Eigene bestätigt sieht: »wohin ich gehe,
finde ich eine Bekanntschaft in einer neuen Welt; es ist alles, wie
ich mir’s dachte, und alles neu«.

Echte kulturelle Fremderfahrung sieht anders aus. Soll man
Goethe nun also zensieren? Das Verbot kultureller Aneignung
in der Literatur hätte weitreichende Konsequenzen. Autorinnen
und Autoren dürften keine Themen mehr verarbeiten, die nicht
aus ihrem eigenen Kulturbereich stammen. Besonders dann
nicht, wenn sie selbst einer Mehrheitskultur angehören und
über eine ihnen eigentlich fremde Minderheitenkultur schreiben
wollen. Karl May hätte als weißer Deutscher nicht über die indi-
genen Stämme Nordamerikas schreiben und sich nicht in seinen
Romanen ihre Sitten und Symbole anverwandeln dürfen. Amerikanische Literatur dürfte nicht von Afrika handeln, chinesische
nicht von Tibet etc. All das wäre unbotmäßige kulturelle Aneignung via Kunst.

Der Protest gegen kulturelle Aneignung mündet also geradewegs in einer Forderung nach literarischer Unfreiheit. Zu den alten Argumenten der Zensur kommt im 21. Jahrhundert ein brandneues hinzu, das der neoimperialistischen Aneignung. Und es findet immer mehr Widerhall. Zugleich jedoch regt sich Widerstand gegen derartige zensurähnliche Übergriffe, nicht zuletzt bei den Schriftstellerinnen und Schriftstellern selbst. So protestierte die Romanautorin Lionel Shriver auf dem *Brisbane Writers Festival* am 8. September 2016 mit sarkastischer Ironie dagegen, dass literarische Texte neuerdings auf »cultural appropriation« verzichten sollten. Der Schriftsteller sei nun einmal ein »appropriator par excellence«, ein »professional kidnapper«, der in fremde Köpfe eindringe und Seelen stehle. Wenn man ihm dies verbiete, sei das ein vehementer Angriff auf die Freiheit der Kunst und zugleich Ausdruck eines wachsenden gesellschaftlichen Konformismus und Konservativismus – den sie im linksliberalen Spektrum verortet.

Shriver bekräftigte ihre Position in einem Essay in der *New York Times* und einer Interviewreportage. In der Reportage *The Future TO SAY WHAT I WANT*, die im Dezember 2016 im Online-Magazin *spiked* veröffentlicht wurde, machte sie das Recht fiktionaler Literatur auf Nichtauthentizität, auf Aneignung von Fremdem noch einmal stark. Wenn eine irische Autorin wie Edna O'Brian über die nigerianische Terrororganisation Boko Haram schreibe, dann sei dies bewundernswert. Es sei ein positiver künstlerischer Impuls, sich für anderer Leute Probleme zu interessieren und nicht nur um sich selbst zu kreisen, den Blick zu weiten und aus dem eigenen »tiny garden« herauszukommen.

Shriver, die bei ihrer Rede provokanterweise einen mexikanischen Sombrero trug, traf in Brisbane selbst vor allem auf Zustimmung, als sie behauptete, Literatur solle von ganz unterschiedlichen kulturellen Themen und Charakteren handeln dürfen. Man könnte auch sagen: Sie verteidigte erfolgreich das übliche literarische Verfahren, Geschichten und Erfahrungen anderer Menschen und Kulturen zu verarbeiten. Der Skandal erfolgte zeitversetzt, erst nach der Festivalveranstaltung. Eine muslimische Aktivistin löste ihn aus, die offenbar während der Rede selbst den Saal aus Protest verlassen hatte und ihre Empörung im Anschluss sehr öffentlichkeitswirksam zum Ausdruck brachte. Yassmin Abdel-Magied begann sogleich zu twittern und platzierte im *Guardian* vom 10. September 2016 ihre kritische Replik *As Lionel Shriver made light of identity, I had no choice but to walk out on her.* Sie warf Shriver vor, ihre Rede sei von weißem Überlegenheitsgefühl geprägt.

Drei Tage später lieferte der *Guardian* auch die Originalrede Shrivers nach, und erst jetzt entwickelte sich in angelsächsischen Medien und an Universitäten eine heftige Kontroverse über kulturelle Aneignung, Identitätspolitik und Zensur. An ihr beteiligte sich unter anderem Ken Kalfus, der Shrivers Roman *The Mandibles* wegen rassistischer Figurenstereotype kritisch rezensiert hatte. Seine Stellungnahme erschien in der *Washington Post* vom 20. September 2016 unter der Überschrift *No, Lionel Shriver, the problem is not cultural appropriation.* Es ginge, so Kalfus, gar nicht um kulturelle Aneignung. Shriver habe mit ihrem Angriff auf die Aneignungskritiker nur die rassistischen Tendenzen ihres Romans verhüllen wollen, genauso wie es Leute machten, denen frauen- oder minderheitenfeindliche Äußerungen vorgeworfen würden und die sich dann gleich von der »political correctness police« verfolgt fühlten.

Die Schriftstellerin Zadie Smith wiederum, Engländerin mit jamaikanischen Wurzeln, zeigte sich eher genervt über die Debatte. In einem Interview mit dem zur *Washington Post* gehörigen Online-Magazin *Slate* vom 16. November 2016 bemängelte die Britin eine Art falsche Frömmigkeit bei den neuen gesellschaftlichen Sprechverboten. Sie seien aus einer weißen Perspektive formuliert und würden alle nicht weißen Autorinnen und Autoren unterschiedslos als Opfer statuieren. Smith stieß außerdem die identitätspolitische Vorstellung ab, dass sie als Angehörige einer ethnischen Minderheit durch kulturelle Aneignung grundsätzlich beschädigt würde.

Shrivers Stimme, ihr Kampf für Individualität und Freiheit, sticht in jedem Fall schrill heraus aus der gegenwärtigen hypersensiblen *You can't say that culture*, die in den USA und Großbritannien immer mehr Einfluss gewinnt. Identitätspolitische Positionen, wie sie im Kampf gegen kulturelle Aneignung – auch in der Kunst – vertreten werden, sieht sie als verfehlt an: »It's encouraging us to think of each other in terms of stereotypes and little boxes.« Shrivers irritiert der hier sichtbare politische Wandel. In ihrer Biografie seien es die älteren Konservativen, die politisch Rechten, gewesen, die stets die Dos und Don'ts aufgelistet hätten, während ihre eigene Generation sich in den 1960ern gegen Konformismus gewehrt und für eine freie Lebensgestaltung gekämpft hätte. Heute sei alles genau andersherum: Es sei nun die Linke, die die Leute kontrollieren und regulieren wolle in ihrem Reden und Handeln. Die dadurch erzeugten Mechanismen seien fatal: Forderungen nach Respekt und Höflichkeit erzeugten Vorsicht, Zaghaftigkeit und Konfliktscheue. Anstelle echter politischer Auseinandersetzung herrschten Zensur und Selbstzensur.

Dennoch liegt auch Shrivers Kontrahentin Yassmin Abdel-Magied, die empörte Aktivistin, nicht vollkommen daneben, wenn sie begründet, warum die literarische Ausbeutung der Erfahrungen anderer unter dem Vorwand der Fiktionalität eben doch nicht immer okay sei. Wenn ein weißer Mann eine Geschichte über eine junge nigerianische Frau schreibe (wie der Brite Chris Cleave, den Shriver in ihrem Vortrag erwähnt), sei das problematisch – weil die Frau gar nicht in der Lage sei, selbst veröffentlichen zu können: »It's not always OK if a white guy writes the story of a Nigerian woman because the actual Nigerian woman can't get published or reviewed to begin with. It's not always OK if a straight white woman writes the story of a queer Indigenous man, because when was the last time you heard a queer Indigenous man tell his own story?«

Abdel-Magieds energischer Protest stellt eine beachtenswerte Position in der Debatte um kulturelle Aneignung dar. Man muss ihn nicht gleich als politisch korrekten Wutausbruch lächerlich machen, wie dies im deutschen Feuilleton geschah. Trotzdem teile auch ich ihre Position nicht. Ein fiktionaler Text ist meiner Überzeugung nach immer – und immer noch – ein Möglichkeits- und Simulationsraum. In ihm findet die Aneignung fremder Gedanken, Situationen, Meinungen und Empfindungen statt, und zwar auch dann, wenn man sie niemals gedacht, erlebt, erfahren und empfunden hat. Denk- und Sprechverbote sind fehl am Platz. So-tun-als-ob ist genuin literarisch.

In dem Sinne ist Literatur in der Tat immer ausbeuterisch. Abdel-Magied klagt, Shriver fordere das Recht auf Ausbeutung der Geschichten anderer ein, wenn dies der Story diene. Das trifft ins Schwarze. So ist das tatsächlich mit der Literatur! Sie nutzt die Welt für ihre Geschichten aus, die Welt ist ihr Laboratorium, in dem sie experimentiert. Sie verwendet das, was sie braucht, aus dem eigenen Leben und aus dem anderer, egozentrisch und rücksichtslos. Literatur ist nicht moralisch. Jedenfalls muss sie nicht moralisch sein. Sie muss weder belehren noch erziehen, diese Freiheit hat sie sich schon im 18. Jahrhundert erkämpft. Sie ist frei in der Wahl ihrer Themen und Mittel und wird dies hoffentlich auch immer sein – quasidogmatischen Vorstellungen von Konformismus, Korrektheit und kultureller Nichtaneignung zum Trotz.

Man stelle sich vor, wie die Literatur aussähe, wenn jede/r

nur über seinen/ihren eigenen begrenzten (nationalen, politischen, geschlechtlichen etc.) Erfahrungsraum schreiben dürfte. Ein großer Teil der Weltliteratur fiele damit der Zensur oder Selbstzensur zum Opfer. Wenn man das weiterdenkt, wären riesige Bereiche der Literatur in ihrer Existenz gefährdet. Da wäre zum Beispiel die gesamte Kinder- und Jugendliteratur, die überwiegend von Erwachsenen verfasst wird. Welcher über achtzehnjährige Schriftsteller dürfte sich anmaßen, sich in die Gedanken- und Erlebniswelt eines Kindes hineinzuversetzen? Krimis könnten nur noch von Kriminellen oder Kommissaren verfasst werden, im Theater dürften die Schauspieler nur noch sich selbst spielen. Solche Fantasien spitzen die aktuellen identitätspolitischen Vorgaben in der Literatur freilich stark zu. Doch sie treffen den wunden Punkt der Literatur, die ohne Aneignung nicht existieren kann. Schriftsteller-Schuster, bleib bei deinem Leisten: Soll wirklich Provinzialität und Begrenztheit zur literarischen Pflicht erhoben werden? Hätte Karl May nur über seine Heimat Sachsen schreiben dürfen, seine Fantasie weder nach Nordamerika noch in den Orient schweifen lassen dürfen? Wohl kaum. Kunst darf grundsätzlich alles sagen und zeigen, das steht fest. Jedenfalls dann, wenn man Freiheit immer noch für ihre Grundvoraussetzung hält.

Und doch gibt es auch hier ein Aber. Die Freiheit, auch die Kunstfreiheit, stellt nie einen absoluten Wert in einer gesetzlich geordneten Gemeinschaft dar. Sie findet ihre Grenzen stets in den Rechten und der Würde anderer Menschen. Insofern existieren auch im künstlerisch-literarischen Bereich kulturelle Aneignungsmethoden, die zweifellos kritikwürdig, wenn auch nicht zensurwürdig sind. Gerade die populären Werke über amerikanische Ureinwohner und Ureinwohnnerinnen gehören in jene Kategorie von Aneignungsphänomenen, die man einer kritischen Prüfung unterziehen sollte. Hier ist tatsächlich nicht

immer alles okay. Das literarische und filmische Wildwestgenre
bedient Klischees und Stereotypen und verbreitet sie dadurch.

Doch selbst bei diesen heiklen künstlerischen Adaptati-
ons- und Transformationsstrategien verbieten sich vorschnelle
Schlüsse; wieder liegen die Dinge komplizierter, als es auf den
ersten Blick scheint. Denn zugleich steht außer Zweifel, dass
gerade Winnetou, Old Shatterhand und ihre Gefährten die Aufmerksamkeit auch auf die reale, nicht klischeehafte indigene
Kultur nordamerikanischer Ureinwohnerinnen und Ureinwohner
gelenkt haben. Die Fantasiegeschichten Karl Mays, jenes Meis-
ters der kulturellen Aneignung, haben Kinder und Erwachsene
durch Bücher, vor dem Fernseher und bei Open-Air-Festspielen
seit mehr als hundert Jahren neugierig auf authentische indigene
Kulturen gemacht. Nicht immer wird also politisch korrekte Empörung von ihrer realen Wirkung her gedacht.

Besonders schwer wiegt derartige Empörung tatsächlich,
wenn Betroffene sie äußern. In solchen Fällen der persönlichen
Betroffenheit kommt die magische Formel zum Tragen, die Shrivers Kontrahentin Abdel-Magied in ihrer Protestschrift wie ein
Mantra verwendet: *not always*. Es ist *nicht immer* okay, wenn Kunst
Minderheiten zu Objekten ihrer Darstellung macht. Besonders
nicht, wenn diese sich dadurch tatsächlich ausgebeutet fühlen.
Wenn Geflüchtete sagen: Hört endlich auf, unsere Geschichten
für eure Kunstwerke zu verwerten. Wenn eine schwarze Künstlerin zu einer weißen sagt: Verwende schwarzen Schmerz nicht
als Rohmaterial. Dann ist der Moment gekommen, an dem der
universal aufgeklärte Anspruch auf Kunstfreiheit kritisch zu
überprüfen ist – als ein vielleicht doch kolonialer Habitus, der
sich als solcher erkennen sollte. Die angemessenste Reaktion auf
Wünsche Betroffener, die künstlerische Freiheit einzuhegen, ist,
diese Wünsche umfassend zu hören, zu würdigen, zu bedenken,
sie kontrovers zu diskutieren. Den Kunstschaffenden steht es

dann ihrerseits frei, wie sie mit derartigen Reaktionen auf ihre
Kunstwerke umgehen. Sam Durant übergab den Dakota seine Installation, Dana Schutz' Gemälde wird nun zusammen mit einer
schriftlichen Erklärung der Malerin ausgestellt: »Ich weiß nicht,
wie es ist, eine Schwarze in Amerika zu sein, aber ich weiß, wie
es ist, eine Mutter zu sein.«

Unterschiedliche Reaktionen auf kulturelle Aneignung in
der Kunst zeigen auch die Betroffenen selbst. Die wenigsten
fordern die Zerstörung von Bildern oder das Verbot von Texten.
Die afroamerikanische Schriftstellerin Toni Morrison zum Beispiel, deren literarisches Lebenswerk dem Kampf gegen den
Rassismus gewidmet ist, hat die demütigende Wirkung von
Literatur am eigenen Leib erfahren – und sprach sich dennoch
energisch gegen Zensur aus. Entsprechend zu Wort gemeldet hat
sie sich in der Kontroverse um Mark Twains Roman *Adventures
of Huckleberry Finn* (1884), der bis in die amerikanische Gegenwart hinein im Mittelpunkt kontroverser Kanondebatten steht.
Schon zur Schulzeit der 1931 in Ohio geborenen Toni Morrison,
die aus einer schwarzen Arbeiterfamilie stammt, stand der Roman auf der Lektüreliste. Wie viele schwarze Intellektuelle in
Amerika verbindet sie mit *Huckleberry Finn*, in dem Sklaverei und
Südstaatenrassismus im 19. Jahrhundert zentrale Themen sind,
sehr schlechte Erinnerungen. Denn selbst wenn Mark Twain mit
seinem Roman keine rassistischen Absichten verfolgte – im Gegenteil –, konnten allein die ständige Wiederholung des Wortes
›Nigger‹, mit der der Icherzähler Huck seinen Freund, den ent-
laufenen Sklaven Jim, bezeichnet, und das dadurch ausgelöste
Gekicher im Klassenraum als demütigend erfahren werden. Toni
Morrison sind »Furcht und Entsetzen« in Erinnerung geblieben
von der ersten Begegnung mit *Huckleberry Finn*, später empfand
sie erstickte Wut. Und lehnte ein Lektüreverbot an Schulen dennoch strikt ab, was für sie einen »puristischen und gleichzeitig

ganz elementaren Akt der Zensur« dargestellt hätte, »der eher
auf die Beschwichtigung von Erwachsenen abzielt als auf die Er-
ziehung von Kindern: das Problem amputieren, die Lösung dick
verbinden«. So zitiert sie Frank Schäfer, der der Zensurgeschichte von *Huckleberry Finn* ein ganzes Kapitel seiner *Zensierten Bücher*
widmet. Und was ist nun hier der richtige Weg? Vielleicht erst
einmal das Gekicher zu hinterfragen, gemeinsam mit den Kindern: Warum lacht ihr eigentlich?

Zu einer klugen und sensiblen Pädagogik gibt es hier wohl
kaum eine Alternative. Zensur ist jedenfalls keine. Literatur darf
keinem Äußerungsverbot unterliegen, sie darf in einer offenen
Gesellschaft auch politisch unkorrekt sein. Sie darf kulturell an-
eignen. Kritik ja, Zensur nein.

Kritik ja, Zensur nein ...? Ich gestehe, dass ich in meinem persönlichen Faschingskostüm-Dilemma nicht so konsequent war.
Als meine Söhne Winnetou werden wollten, hatte zwar kein
Angehöriger des Stammes der Apachen persönlich protestiert.
Doch je mehr ich über Heiligtümer indigener Kulturen erfuhr,
desto weniger konnte ich mich zum Kauf einer Plastik-Friedens-
pfeife entschließen. Die Kinder nahmen es gelassen und bal-
lerten über Fasching mit ihren Pistolen herum.

Schließlich muss ich noch etwas gestehen am Ende dieser
Überlegungen zur kulturellen Aneignung: Ich habe gar keine
Söhne. Ich war so frei, sie zu erfinden und mir die Rolle der
Sohnmutter vorübergehend anzueignen. Meine Freundin Astrid,
die im Gegensatz zu mir tatsächlich zwei Jungs hat, wird es mir
hoffentlich verzeihen.

6 GESCHLECHTERGERECHTE SPRACHE

»O Freiheit! Güldene Freiheit!« So ruft es der Hofmeister in Jacob Michael Reinhold Lenz' gleichnamiger Tragikomödie von 1774 sehnsüchtig aus – und wer würde da nicht heute noch einstimmen können. Was geht über die Freiheit? Die Freiheit zu denken, zu sprechen, zu handeln, ist eines der höchsten menschlichen Güter. Sie wird schmerzlich vermisst, wenn sie fehlt, und viel zu selbstverständlich genommen, wenn sie da ist. Natürlich wollen alle Freiheit, und zwar die ganze. Allerdings – hier und da wünscht man sich doch zuweilen ein bisschen mehr Unfreiheit. Die Sehnsucht nach Grenzen, die Sehnsucht auch nach Zensur bricht sich, auch in offenen, liberalen Gesellschaften, immer wieder Bahn. Zu sehen war das am Umgang mit politischen Radikalismen: Rechtsextreme Bücher zu zensieren, erscheint auch liberalen Geistern zuweilen sinnvoll, gerade um die Demokratie zu schützen. Und zwar obwohl Zensur ein undemokratisches Mittel zu diesem Zweck ist. Ein anderes Beispiel für jene paradoxe Verbindung von freiheitlicher Gesinnung und Zensurwillen ist der Kampf gegen kulturelle Aneignungspraktiken. Unter dem Banner von Respekt, Toleranz und Gleichberechtigung bekämpft man die Freiheit der Kunst.

Die aktuelle, oft widersprüchliche Sehnsucht nach Grenzen zeigt sich auch in anderen gesellschaftlichen Bereichen. Ein solcher Bereich ist die Geschlechterpolitik mit ihren sprachlichen Begleiterscheinungen. Auch hier geht es um Sagbarkeitsgrenzen, auch hier wird leidenschaftlich debattiert. Seit Jahren erhitzen gegenderte Sprachformen in regelmäßigen Abständen die Gemüter. Meistens geht es um wenige Buchstaben – und meistens nur um eine spezielle grammatische Form, die zum Stein des Anstoßes wird: die Pluralbildung. Was meinen Sie: Heißt eine gemischtgeschlechtliche Gruppe von jungen Menschen, die an einer Universität etwas lernen wollen, Studenten, Studierende, StudentInnen, Student/innen, Student_innen oder Student*innen? Schon diese Liste der Möglichkeiten wird einigen meiner geschätzten Leser das Blut in den Kopf steigen und den Puls höherschlagen lassen. »Wieder dieser Genderquatsch!«, brach es kürzlich aus einem meiner Kollegen heraus, als in einer wissenschaftlichen Diskussion biologiegeschichtliche Kuriosa zu Gehirn und Geschlecht zur Sprache kamen. Zwischen den Zeilen klang das bekannte Mantra durch: Wir sind doch keine Frauenfeinde, im Gegenteil, wir respektieren euch! Noch nerviger als dieses ständige Gleichberechtigungsgejammer empfindet Mann die »formalen Mätzchen«: So nennt *Zeit*-Redakteur Thomas Kerstan im Streitgespräch vom 16. Januar 2016 mit seiner Kollegin Anna-Lena Scholz die geschlechtergerechte Sprache. Mein Gott, ihr dürft doch nun wählen gehen und sogar studieren, was wollt ihr denn noch!?

Wie kommt es eigentlich zu dieser großen und immer wiederkehrenden Aufregung über sprachliche Ausdrucksweisen, und zwar auf beiden Seiten? Warum fühlen sich so viele hier betroffen und bedroht? Wer nimmt hier wem was weg? Die Parteien stehen sich relativ unversöhnlich gegenüber.

Die Genderfront klagt: Ihr Ewiggestrigen habt immer noch nicht verstanden, dass Sprache Denken formt. Männliche Formen werden nun einmal nicht geschlechtsneutral interpretiert, Frauen werden eben nicht als automatisch ›mit gemeint‹ wahrgenommen, geschweige denn andere sexuelle Orientierungen. Geschlechtergerechtigkeit muss sich auch in der Sprache zeigen.

Die Sprachkonservativen entgegnen: Ihr hypersensiblen Moralapostel wollt uns das Wort verbieten, wollt unsere gute alte deutsche Sprache verbiegen: Sprachpolizei! Gesinnungsdiktatur! Zensur! Die einen möchten in einer sprachlich ungerechten Gesellschaft das Bewusstsein für geschlechterpolitische Diskriminierung schärfen und neue Sprachnormen etablieren. Die anderen fühlen sich von dogmatischen Sprachvorschriften bevormundet. Weder stehen auf der einen Seite nur Neurotikerinnen noch auf der anderen nur Holzköpfe. Es lohnt genau zu prüfen, wo und wie geschlechterpolitische Bewusstseinsbildung konstruktiv und weiterführend ist und wo und wie nicht. Wo sie Freiheit im Sinne von Gleichberechtigung fördert und wo sie Freiheit im Sinne zensurähnlicher Dogmatismen beschränkt.

Grundsätzlich gilt der Anspruch auf eine geschlechtergerechte Sprache in unserer Gesellschaft heutzutage als Selbstverständlichkeit. Er sollte es zumindest sein. Wenn sogar das Bundesverfassungsgericht ein drittes Geschlecht anerkannt hat bzw. in einem Beschluss vom 10. Oktober 2017 dessen positiven Eintrag im Geburtenregister fordert, darf man schon erwarten, dass die Gesellschaft auch die *sprachliche* Präsenz von mehreren Geschlechtern (fangen wir erst einmal mit zweien an?) inzwischen akzeptiert hat und eine entsprechende Sensibilität an den Tag legt.

Die psycholinguistische Forschung hat herausgefunden, dass es für Zuhörende und Lesende einen großen Unterschied macht, ob jemand von ›Studenten‹ oder von ›Studierenden‹ spricht oder schreibt. Bei der ersten Variante stehen vor dem inneren Auge Männer, bei der zweiten Variante Personen verschiedenen Geschlechts. Sich diese Zusammenhänge bewusst zu machen, ist durchaus konstruktiv und weiterführend.

Konstruktiv ist es auch, neue Sprachalternativen in die Diskussion einzubringen und auszuprobieren. Sprache verändert sich ja nicht nur einfach so; sie kann auch bewusst verändert werden: durch Entscheidungen, die eine Sprachgemeinschaft trifft. Zum Beispiel, unverheiratete Frauen nicht mehr mit der Diminutivform ›Fräulein‹ anzusprechen. Gerade solche bewussten Entscheidungen, die in Form von expliziten Sprachnormen

daherkommen, werden von ihren Gegnern als Manipulation, als
Restriktion, gar als Zensur erlebt.

Lassen Sie es mich so formulieren: Jede Gesellschaft hat die
Sprache, die sie verdient. Die unsrige hat sich die Gerechtigkeit
und Gleichheit der Geschlechter zum politischen Ziel gesetzt.
Dass sie jetzt auch sprachlich dazu stehen muss, versteht sich
eigentlich von selbst. Falsch und richtig gilt hier weniger als alt
und neu. Erproben und Experimentieren, Versuchen und Ver-
werfen ist im sprachlichen Handeln einer Gesellschaft möglich –
und allgemein üblich: Manche Innovationen sind nur ein vorü-
bergehender Sprachtrend und verlieren sich, manche hingegen
setzen sich durch (und werden irgendwann sogar in den *Duden*
aufgenommen). Veraltete Wörter und grammatische Formen
kommen einem irgendwann fremd und merkwürdig vor. Wer
sagt heute noch ›Neger‹, außer vielleicht einem etwas unbedarften bayerischen CSU-Politiker oder einem weniger unbedarften
AfD-Politiker, der bewusst einen Skandal provozieren will?

An neue, unvertraute Wörter und Formen hingegen muss
man sich erst einmal gewöhnen. Und das wird in der Zukunft
genauso sein. Bei einer Reise mit meiner Zeitmaschine landete
ich neulich im Jahr 2118, mitten in einer Grammatikvorlesung.
Ein Professor erklärte dem staunenden Publikum: »Früher, vor
hundert Jahren, waren die Deutschen noch sehr alten Sprach-
traditionen verhaftet. Man bezeichnete Studierende immer noch
als ›Studenten‹, Geflüchtete als ›Flüchtlinge‹, Lehrende als ›Lehrer‹, und zwar geschlechterübergreifend. Das lag daran, dass die
überwiegende Mehrheit der Deutschen weiterhin dem Irrglauben
anhing, es gebe tatsächlich nur zwei Geschlechter, und das eine
würde das andere sprachlich mit meinen. Das hört sich für Sie
jetzt total schräg an – es wird aber in der Klausur drankommen.«

Zurück ins Jahr 2018: Die Traditionalisten mischen in der
Tat noch kräftig mit – und entsprechen damit einer (nicht nur

sprach-)historischen Konstante: Wenn etwas Neues auf- oder
eintritt, aktiviert der Mensch automatisch Beharrungskräfte,
bremst und blockiert und weiß das mit ausgefeilten Argumenten abzusichern. Insofern ist auch der Sprachkonservativismus,
der ›das Gendern‹ ablehnt, menschlich tief verwurzelt. Und
wird obendrein sprachwissenschaftlich differenziert begründet.
Allerdings herrscht auch unter Wissenschaftlern Uneinigkeit.
Während die einen Sprache als von ihren Nutzern und Nutzerinnen bestimmbare Praxis ansehen und im Austausch mit
Soziologie, Politikwissenschaft und Philosophie über geschlechtergerechte Alternativen in Grammatik und Lexik nachdenken
wollen, bewerten die anderen geschlechterpolitisch motivierte
Veränderungen als illegitimen Eingriff in und Angriff auf die
Sprache.

Der Linguist Peter Eisenberg ist einer jener konservativen
Hüter der deutschen Sprache, der nicht möchte, dass »wichtige,
tief verwurzelte Wortbildungsprozesse« untergraben und »jahr-
hundertealte« Wörter »diffamiert werden« – beispielsweise,
indem man statt von ›Flüchtlingen‹ von ›Geflüchteten‹ spricht.
Nicht nur in wissenschaftlichen Publikationen, sondern auch
in feuilletonistischen Beiträgen wie dem gerade zitierten Essay
Das missbrauchte Geschlecht, der am 2. März 2017 in der *Süddeutschen*
erschien, stellt Eisenberg sich einem genderpolitisch motivierten
Sprachwandel entgegen. Er regt seine Leser dazu an, sich mittels
juristischer Klagen für die deutsche Sprache einzusetzen und damit deren Wandel zu verhindern.

Seine Argumente sind grammatikgeschichtlich, ich deute
sie hier nur kurz an: Das generische Maskulinum sei im Deutschen nicht an das biologische Geschlecht des Mannes gebunden, weshalb zum Beispiel das Wort ›Bäcker‹ sprachgeschichtlich
Männer und Frauen meine. In natürlichen, nicht manipulierten
Sprachen gebe es nie vollkommene Symmetrie, eine gramma-

tische Kategorie von zweien müsse als die unmarkierte fungieren. Meistens bedeutet das: Pech für die Frauen. So sei das im Deutschen, basta. Beinahe beschwörend klingen gerade die Aussagesätze in Eisenbergs Suada: Das ist nun einmal so, das gibt es nicht, das ist niemals so, das ist unzweideutig so. Pluralbildungen mit Unterstrich oder Sternchen »gibt es im Deutschen nicht. Sie stellen einen Eingriff in unsere Grammatik dar, in der sie keinen Platz finden«.

Aber was passiert eigentlich genau, wenn man diese Pluralbildungen schlicht verwendet, wenn man Wörter wie ›Student*innen‹ einfach schreibt, und zwar unbekümmert ob grammatiktheoretischer Bedenken, wie daraus bloß ein Singular zurückzubilden sei. Dann sind sie einfach da, diese schlimmen Wörter – und mit der Zeit immer daer. Daer? Auch dieses Wort existiert nicht laut deutscher Grammatik, weil ›da‹ nicht steigerbar ist, und doch habe ich es gerade verwendet. Und habe noch nicht einmal das Gefühl, *unsere* (wer ist hier eigentlich schon wieder *wir?*) Sprache dabei geschändet zu haben. Ich liebe das Deutsche bestimmt genauso wie mancher Genderfeind, aber es scheint irgendwie eine andere Art von Liebe zu sein. Vielleicht eine, die loslassen kann, ohne Helikoptermütterlichkeit. Sprachkonservative Ängste teile ich nicht. Am wenigsten das Angstphantasma von einem aus dem Gleichgewicht geratenen Sprachsystem, das mit physikalischen oder biologischen Systemen vergleichbar wäre. Eine solche Systemanalogie, in apokalyptischem Raunen vorgebracht, wirkt – womöglich aber auch nur für Nichtlinguistinnen wie mich – unfreiwillig komisch: »So wenig wie in der Gentechnik kann man in einer natürlichen Sprache überblicken, was passiert, wenn man irgendwo ins System hineingreift. Man denke nur an die als korrekt propagierte, um sich greifende Ersetzung von abgeleiteten Substantiven durch zu Substantiven konvertierte Partizipien.«

Nicht auszudenken! Was geschieht aber eigentlich, wenn man ein Element verändert im System der Sprache? Wenn die Haie sterben, kippt das Ökosystem Ozean, wenn die Bienen weg sind, sterben die Menschen. So weit, so schlimm. Doch das Sprachsystem funktioniert anders – und hat darüber hinaus auch keine vergleichbar existenziellen Auswirkungen. Wenn jemand ein Wort oder eine grammatische Struktur hinzutut oder wegnimmt, bricht das System nicht zusammen. Sprache ist lebendig, flexibel und zäh, und sie findet immer neue Aus- und Umwege.

Diejenigen, die das Deutsche vor geschlechterpolitischen Übergriffen bewahren wollen (ich bin versucht, sie als ›ängstliche weiße Männer, Variante 2‹ zu bezeichnen), möchten am herkömmlichen Sprachgebrauch festhalten. Möglicherweise gelingt es ihnen, die sprachliche Geschlechtergerechtigkeit hinauszuzögern. Möglicherweise ist unsere Gesellschaft tatsächlich noch nicht so weit und braucht noch Zeit: für Debatten, für Auseinandersetzung, für Streit. Zu diesen Debatten tragen die Befürworter und Befürworterinnen einer geschlechtergerechten Sprache, wie zu sehen war, schlagkräftige Argumente bei, die als hypersensibel abzutun ihnen nicht gerecht wird.

Doch stopp: Der Blick sollte sich hier ja eigentlich gerade *nicht* auf ein sinnvolles, konstruktives Sprachgendering richten, das nur fälschlicherweise als ›Zensur‹ kritisiert wird. Hier geht es nicht mehr um Zensurpolemik, sondern um Zensursehnsucht. Und diese kann sich auch auf geschlechterpolitischem Terrain zu dogmatischen, regelrecht jakobinischen Tendenzen auswachsen. In derartigen Fällen erscheint die Zensuranalogie dann eben doch nicht mehr so weit hergeholt. Ich werde das nun an Beispielen zeigen. Dazu lüfte ich zunächst ein lange gehütetes persönliches Geheimnis.

7 MEIN PINKES GEHEIMNIS

Jetzt kann ich es ja zugeben. Endlich. Jetzt, wo es die »Fashionistas« gibt. Im Jahr 2016 brachte die Firma Mattel nämlich eine neue Barbie-Linie unter diesem Namen heraus. Die berühmteste deutsche Puppe, die 1959 nach dem Vorbild eines Bild-Zeitungs-comics entwickelt worden war, hatte bis dahin viele Mädchengenerationen auf der ganzen Welt mit ihrem perfekten Aussehen begeistert: weiße Haut, lange blonde Haare, BH-Größe E plus, Wespentaille, unendlich lange Beine. Barbie eben. Und nun wurde sie ganz neu erfunden! Barbie tauchte auf einmal mit verschiedenen Körpertypen, Hautfarben, Augenfarben und Frisuren auf, ganz wie in der realen Welt. Die »Diversity-Barbie« – so wurde sie von der Presse spöttisch genannt, insgesamt aber wohlwollend begrüßt – erblickte das Licht der Welt. Endlich, so die einhellige Reaktion, war dieses verheerende, nie zu erreichende, unrealistische und stereotype Barbie-Schönheitsideal über den Haufen geworfen worden, mit dem Mädchen jahrzehntelang verdorben und gepeinigt wurden. Endlich war die Gefahr der Magersucht, der Barbiefans vermeintlich vermehrt zum Opfer fielen, zumindest von dieser Seite aus gebannt. *Curvy Barbie* sei Dank.

Dass die Kausalbeziehungen natürlich nicht so einfach sind und die meisten jungen Mädchen zwischen Fiktion und Wirklichkeit, zwischen Spiel und Realität sehr wohl unterscheiden können, wurde zwar immer mal wieder in die Diskussion um die umstrittene Puppe eingeworfen – dennoch half es nicht dabei, das Image der klassischen Barbie aufzupolieren: Sie galt als sexistisches Spielzeug, welches das weibliche Selbstbild negativ beeinflusst. Wer seinen Töchtern (natürlich nur im Prä-Fashionista-Zeitalter) Barbies erlaubte, machte sich eines schweren

erzieherischen Vergehens schuldig. So sitzt es noch heute fest in
vielen verantwortungsbewussten Elternköpfen.

Hallo. Mein Name ist Nikola, und meine Töchter dürfen
mit Barbies spielen. So, jetzt ist es raus. Ich erwarte mildernde
Umstände durch mein Geständnis. Und eben auch dadurch,
dass unsere Mitbewohnerinnen, die Fashionista-Barbies, nicht
weiß, eher kurzbeinig und ziemlich flachbrüstig sind. Manche
scheinen sogar ein wenig Hüftspeck zu haben. Übrigens vermel-
dete der Hersteller im Folgejahr 2017 deutliche Umsatzeinbußen.
Nicht alle Mädchen mögen die realistischeren Barbie-Versionen
so gerne wie meine Töchter, nicht alle wollten die »größere
Bandbreite von Schönheit«, die Mattel bei der Einführung der
Fashionista-Linie vollmundig versprach, tatsächlich im Kinder-
zimmer haben.

Wie dem auch sei, mir macht die Barbie-Diversität es leich-
ter, hier und heute mein dunkles Geheimnis zu lüften. Oder
vielmehr: mein pinkes Geheimnis. Besonders gut habe ich es ge-
hütet in einer Zeit, in der ich an einem Projekt zur Geschlechter-
forschung teilgenommen habe. Zu ihm gehörten einige junge
Wissenschaftlerinnen, die über sehr interessante, zumal gesellschaftlich hochrelevante Genderthemen arbeiteten. Ich erinnere
mich gut, wie wir einmal beim Tee zusammensaßen. Zuerst
wurde über die genderkorrekte Farbe der Servietten diskutiert –
mit einem Schuss Selbstironie. Dann kam das Gespräch auf die
Farbwahl bei der Kinderkleidung. Leider diesmal ohne einen
winzigen Schuss Ironie. Während die Teerunde außer mir noch
kinderlos war, befanden sich meine Mädchen gerade in ihrer absoluten Pink-Phase. Worüber ich wohlweislich schwieg. Meine
innere Zensorin leistete stets ganze Arbeit in diesen Gesprächs-
runden, weshalb mein Wohlbefinden auch nie ungetrübt war.
Entspannen konnte ich mich dort selten, zu viel bitterer Ernst
prägte die Stimmung, zu viele Fallen und Fehltritte lauerten hier

und da. Bei den Teesorten, bei den Servietten. Bei der Themen-
wahl, der Ausdrucksweise, den Anreden. Wenn ich das mit den
pinken Kinderklamotten zugegeben hätte – und noch dazu das
mit den Barbies –, ich wäre mindestens geteert und gefedert
worden. Das bestätigte mir kürzlich noch eine Sinnesgenossin,
die in jener Teerunde dabei gewesen war und manch ähnliche Situation erlebt hat in jenem Kreis politisch engagierter, sensibler
und sehr ernster junger Menschen.

Wenn man sich unsere Teerunde um ein Vielfaches potenz-
iert und in größerem Maßstab vorstellt, dann versteht man so
ungefähr, was das Buch *Beißreflexe* kritisiert, das 2017 in mehreren Auflagen erschien und viel Aufmerksamkeit erhielt. Es ist
ein selbstkritisches Porträt der aktuellen Queerszene und ihrer
dogmatischen Tendenzen. Herausgegeben wurde der Aufsatz-
band, dessen Untertitel *Kritik an queerem Aktivismus, autoritären
Sehnsüchten, Sprechverboten* lautet, von einer Queer-Queen namens
Patsy l'Amour laLove. Angehörige, Kenner und Kennerinnen der
Szene üben hier scharfe Kritik (nicht nur) an der Entwicklung
von Queer, das einmal für Freiheit und Vielfalt der Geschlechter,
für Unangepasstheit, Andersheit und Provokation gestanden
habe. Inzwischen hätten sich die ehemaligen Ideale in autoritäre
Dogmen verwandelt. Statt Freiheit gälten vielfältige Verbote und
Zensursehnsüchte, stets im Sinne der queeren Ideologie. Rigide
Forderungen nach perfekter Unangepasstheit und Andersheit
scheinen im Ergebnis geradezu umgekehrt zu Korrektheit und
Konformismus zu führen.

Patsys Bestandsaufnahme des gegenwärtigen Queer-Aktivis-
mus porträtiert einen Quasi-Überwachungsstaat von unten, ein
Sprachpolizeiregime, in dem inquisitorische Praktiken wie De-
nunziation, Strafen, Sühnerituale zur Anwendung kommen. Man
fühlt sich zuweilen erinnert an dystopische Zukunftsvisionen wie
Aldous Huxleys *Brave New World* oder George Orwells 1984. Ob

dieses Queer-Porträt tatsächlich so stark verallgemeinerbar ist
oder vielmehr genderaktivistische Tendenzen mit dem Ziel der
Kritik bewusst verzerrt, sei dahingestellt. Wichtig ist an dieser
Stelle die erneute Beobachtung der Sehnsucht nach Grenzen,
nach Zensur. Freiheit schlägt um in Unfreiheit.

In der großen Politik, also gewissermaßen ›von oben‹, findet
dieser Umschlag erfahrungsgemäß immer wieder statt. Kämpfe
für Freiheit und Gerechtigkeit werden oft mit fragwürdigen,
geradezu konträren Mitteln geführt. In der Französischen Revolution werden aus aufgeklärten Kämpfern für Menschenrechte
brutale Gewaltherrscher. Kommunistische Regime, die eigentlich das kollektive Wohl aller erstreben, mutieren zu Diktaturen.
Auch einzelne historische Persönlichkeiten vollziehen manchmal einen solchen Umschlag von Freiheit in Unfreiheit. Ein Paradebeispiel dafür ist der Radikalaufklärer Eulogius Schneider
aus dem 18. Jahrhundert. Schneider wurde zunächst noch vom
reformfreudigen Kölner Kurfürsten protegiert, erlebte dann aber
1791 die Zensur seiner Schriften und den Landesverweis. Er ging
nach Frankreich und wurde dort jakobinischer Publizist. Gegner
der Revolution ließ er guillotinieren, bis er selbst 1794 in Paris
unter der Guillotine starb. Für Freiheit, Gleichheit und Brüder-
lichkeit über Leichen gehen – das nennt man wohl Dialektik der
Aufklärung.

Auch wenn der Maßstab der ganz großen Geschichte über-
dimensioniert ist im Hinblick auf gegenwärtige geschlechterpolitische Aktivitäten – muss einem diese historische Wieder-
holungsstruktur nicht zu denken geben, gerade wenn man für
eine gute Sache kämpft? Der Zensurforscher Frank Schäfer findet
dazu treffende, kompromisslose Worte: »Zensur ist Anmaßung.
Hybris. Einige wissen, was andere besser nicht wissen sollen –
und nicht immer steckt knallhartes Machtkalkül dahinter, oft
sind es lautere Vorsätze, die den Weg zur Hölle pflastern.«

Die Sehnsucht nach Grenzen der Meinungs- und Redefreiheit ist oft verständlich, aber immer gefährlich. Mit der Zensur lieb-äugeln ist heikel. Jedenfalls dann, wenn man eigentlich dafür ist, dass Respekt vor kulturellen Minderheiten nicht zu rigiden Ver-haltensvorschriften führt. Dass Kunst nicht geknebelt wird und Literatur nicht nur lieb ist. Dass Teerunden ohne Tyrannei aus-kommen und kritische Subkulturen ohne Selbstkontrollsysteme.

8 SICHERHEIT GEHT VOR: DIE SEHNSUCHT NACH SAFE SPACES

Wie viele Versicherungen haben Sie eigentlich? Fünf, sechs? Mindestens zwei jedenfalls. Die Deutschen gelten als überversi-chertes Volk. Eine Krankenversicherung haben die meisten, eine Haftpflichtversicherung auch. Wer ein Auto hat, lässt sein Auto versichern, wer ein Haus hat, sein Haus, wer Hausrat hat, seinen Hausrat. Wer einen Beruf hat, lässt sich gegen Berufsunfähigkeit versichern. Wer lebt, versichert sich (und vor allem seine Anver-wandten) gegen den Tod. Beim Reisen versichert man sich gegen das Nichtreisen, beim Brillenkauf gegen Brillenbruch. Man kann sich übrigens in Deutschland auch dagegen versichern lassen, dass man im Fahrstuhl steckenbleibt oder von Außerirdischen entführt wird. Ich persönlich habe dazu noch eine Schlüsselver-sicherung, weil es sehr teuer wäre, wenn ich den Schlüssel zu meinem Büro verlöre. (Verloren habe ich allerdings leider die Unterlagen zu der Schlüsselversicherung, sodass ich nicht genau weiß, ob sie überhaupt noch gilt.) Eigentlich würde ich mich ger-ne noch gegen ganz andere Dinge versichern lassen. Dagegen, dass meinen Kindern jemals in ihrem Leben Schmerz zugefügt wird. Gegen den Klimakollaps. Gegen Kometeneinschläge. Ge-gen Krieg.

Sicherheit ist in der westlichen Moderne ein sehr hoher
Wert. Zugleich wird sie als Normalfall wahrgenommen, der
selbstverständlich ist, den man einfordern kann vom (Sozial-)
Staat – oder auch gegen Bezahlung von Versicherungen. Das war
in früheren Epochen ganz anders. Naturkatastrophen wie Über-
schwemmungen, Erdbeben oder Brände erschienen als von oben
hereinbrechende Schicksalsschläge, als Gottesstrafen, vor denen
man nie sicher war. Erst seit dem 18. Jahrhundert veränderten
sich die Sicherheitsvorstellungen der Menschen allmählich.
Um 1800 wurde Sicherheit zum Riesenthema auf wissenschaft-
lichem, juristischem und lebenspraktischem Gebiet. Man begann, aktiv etwas für die Sicherheit zu tun, Unsicherheiten nicht
mehr schicksalsergeben hinzunehmen, vorzusorgen; so schildert
es zum Beispiel Cornel Zwierlein in seinem Buch *Der gezähmte
Prometheus* in Bezug auf Brände. Erst in der zweiten Hälfte des
18. Jahrhunderts entstanden in den deutschen Ländern Feuer-
versicherungen und Brandkassen in größerer Zahl.

Sicherheitsgefühl und Sicherheitsbedürfnis sind allerdings
nicht nur von Epoche zu Epoche verschieden, sondern auch von
Kultur zu Kultur, von Land zu Land und von Person zu Person.
Die einen stürzen sich mit einem Gleitschirm halsbrecherisch
zwischen Felswänden hinunter, die anderen fühlen sich bereits
beim Fahrradfahren mit Helm unsicher. Einige allgemeine Tendenzen lassen sich dabei feststellen. Zum Beispiel sind jüngere
Menschen in der Regel weniger sicherheitsorientiert als ältere,
politisch links orientierte weniger als Rechte; entsprechend ist Sicherheit ein vom rechten Politspektrum stärker besetztes Thema.

Doch diese ›Regeln‹ werden aktuell in spektakulärer Weise
gebrochen. Es sind tatsächlich gerade junge und politisch links
stehende Menschen, die heute durch ein extremes Sicherheitsbedürfnis und einen hohen Sicherheitsanspruch auffallen und
diese deutlich, zuweilen sogar aggressiv zum Ausdruck bringen.

Sie sehnen sich nach rigiden Regeln und Grenzen, nach Schutz und Geborgenheit – nach sicheren Räumen. Noch ist der hier gemeinte Trend der sogenannten *safe spaces* vornehmlich ein amerikanisches Phänomen. Eine gesellschaftliche Tendenz, die an US-Universitäten vor wenigen Jahren entstanden ist und dort inzwischen breiten Einfluss gewonnen hat. Doch so, wie die Idee der *cultural appropriation* auch in Europa allmählich Fuß fasst, ist es auch mit den *safe spaces*. Es lohnt also, dieses Phänomen genauer anzuschauen, wenn man die Sehnsucht nach Zensur oder zumindest nach zensurähnlicher Kontrolle verstehen will.

Was bedeutet das Schlagwort *safe spaces* nun genau? Gemeint sind damit Räume, in denen diejenigen, die sich dort aufhalten, geschützt und sicher sind, und zwar dadurch, dass bestimmte Regeln gelten, vor allem Sprachregeln. Das Konzept der *safe spaces*, das auf die geschlechterpolitischen Forderungen der 1960er-Jahre in den USA zurückgeht, will vor allem marginalisierte oder einer Minderheit angehörende Menschen schützen, und zwar vor alltäglicher Aggression, Diskriminierung und Vorurteilen. Im weiteren Sinne versteht man unter einem *safe space* einen diskriminierungs- und gewaltfreien Ort für alle. Einen Ort, wo man nicht mit unangenehmen Dingen konfrontiert wird. Einen Ort, wo einem niemand etwas tut.

Gibt es so einen Ort überhaupt? Eine schwierige Frage. Genauso schwierig ist die zweite Frage: Ist ein solcher Ort überhaupt sinnvoll? Bei den medialen Debatten werden als Fälle, wo *safe spaces* in der Tat gut und wichtig erscheinen, häufig therapeutische Situationen genannt. Zu Recht: Wer sich in einer Gruppe anonymer Alkoholikerinnen und Alkoholiker zu seiner Krankheit bekennt, muss sich in einem geschützten Umfeld wissen. Unverständnis, Spott, Verletzung, Anfeindung wären kontraproduktiv für die emotionale Lage der Betroffenen. Dennoch handelt es sich hier um zeitlich und räumlich sehr begrenzte Schonräume und -fristen. Um utopische Scheinrealitäten gewissermaßen, wie auch in der kritischen Debatte um die *safe spaces* betont wird. Denn für die Betroffenen geht es nach den Therapiesitzungen in sicheren Räumen immer wieder zurück in die wirkliche Wirklichkeit. Und in der kommen Unverständnis, Spott, Verletzung und Anfeindung nun einmal vor, auch Grausamkeit und Gewalt. Ein genereller Schutz davor ist nicht möglich. Die Welt ist leider kein *safe space*, wahrlich nicht.

Aber dann doch wenigstens die Uni! So fordern es jedenfalls seit einigen Jahren vehement Studierende an US-amerikanischen Hochschulen. Sie wollen ihre Lernorte zu geschützten Räumen machen, an denen sie sicher sind vor Diskriminierung und Belästigung, vor Konflikten und schmerzhaften Erfahrungen. Die engagierten *safe space*-Befürworterinnen und Befürworter werden zuweilen auch als *social justice warriors* tituliert; sie sehen sich an der Spitze einer neuen sexuellen und ethnischen Emanzipation, die auch sprachlich zum Ausdruck kommen soll. Als Mittel des Fortschritts fordern sie unter anderem Sprechverbote, die die akademische Freiheit begrenzen.

Moment mal: Ist die Freiheit nicht das höchste akademische Gut, die Voraussetzung jeder Wissenschaft? Zweifellos. Trotzdem stehen auch liberal gesinnte Universitätsleitungen vor einem Dilemma, wenn ihre Studierenden zensuranaloge Sicherheitsmaßnahmen einfordern. Klagen über fehlende *safeness* können sie keineswegs einfach wegwischen. Es gilt abzuwägen zwischen studentischem Wohl, das ein positives Klima ohne Belästigung benötigt, und Freiheit der Meinungsäußerung, Wissenschaft, Lehre und Kunst.

Ich erinnere mich gut daran, wie ich vor ungefähr drei Jahren mit einem Kollegen aus der Sprachwissenschaft den Campus der Universität Kassel überquerte. En passant erzählte er mir, in den USA gebe es massive Kritik an der Verwendung von Wörtern wie ›verletzen‹, da diese wiederum selbst verletzend wirken könnten. Ich weiß noch, dass ich ihn ungläubig anstarrte und dachte, er mache Witze. Es war meine erste Begegnung mit der *safe space*-Debatte.

Erst später las ich von der Jura-Professorin Jeannie Suk. Ihre Geschichte erzählt Ruth Sherlock im *Telegraph* vom 28. November 2015 unter der Überschrift: *How political correctness rules in America's student ›Safe Spaces‹*. Suk berichtet von einem Kollegen, der auf studentischen Wunsch das Wort ›violate‹ nicht mehr verwenden sollte, und zwar auch in sprachlichen Wendungen, die mit physischer oder psychischer Verletzung von Menschen gar nichts zu tun haben, wie zum Beispiel in der Frage: *Does this conduct violate the law?* – Verletzt dieses Verhalten das Gesetz? Suk selbst hatte Ähnliches erlebt. Auf dem Lehrplan ihrer Universität, der renommierten Harvard Law School, steht unter anderem das Thema ›sexuelle Belästigung‹ und deren Strafverfolgung. Die Studierenden forderten ihre Professorin nun dringend dazu auf, das Thema nicht im Examen abzuprüfen: Es könnte unter den Prüfungskandidatinnen und -kandidaten Opfer sexueller Belästigung geben, die durch eine Konfrontation mit diesem Thema erneut traumatisiert werden könnten.

Der hier geäußerte Wunsch der Studierenden steht dem Inhalt ihres Studiums diametral entgegen. Die Rechtswissenschaften drehen sich zu einem großen Teil um die dunklen Seiten der Welt und des menschlichen Zusammenlebens. Es geht um Betrug und Verbrechen, sexuelle Belästigung und Rassismus, Gewalt, Mord und Totschlag. Wer kann ernsthaft glauben, das Negative während eines Jurastudiums umschiffen zu können? Rechtswissenschaftliche Fakultäten sind als *safe spaces* undenkbar. Und nicht nur sie, sondern eigentlich alle universitären Bereiche. In den Politik- und Geschichtswissenschaften geht es notwendig auch um Terrorismus und Krieg, in Geografie um

Regenwaldvernichtung, in Biologie um Tierversuche, Epidemien und genetische Defekte, in den Geschichtswissenschaften um Antisemitismus und Genozid, in den Wirtschaftswissenschaften um Krisen, Armut und Arbeitslosigkeit. In der Medizin hat man es recht häufig mit Krankheiten zu tun, manchmal sogar mit dem Tod. Und in den Kunst-, Literatur- und Filmwissenschaften mit all diesen Dingen auf einmal.

9 MINENFELD UNIVERSITÄT? TRIGGER UND MICROAGGRESSIONS

Dem Schlechten auf der Welt zu entkommen, ist unmöglich. Man kann es natürlich trotzdem mal versuchen. Überall in den USA haben Studierende ähnliche zensuranaloge Verbotsforderungen erhoben wie in den Seminaren von Jeannie Suk und ihrem Kollegen, und zwar nicht nur in Bezug auf juristische Gegenstände, sondern zum Beispiel auch auf literarische. Weg mit allen verstörenden Romanen und Gedichten aus den Prüfungen, fordern sie. Am liebsten gleich ganz aus dem Lehrplan. Zumindest sollte es vorher eine Warnung geben, damit man beim Lesen nicht unvermutet mit schrecklichen Dingen konfrontiert wird. Um Schlimmeres zu verhindern, sollten wir also vorsorglich ein rotes Etikett vorne auf den Umschlag von Goethes *Werther* kleben: »Achtung, unglückliche Liebe mit Suizidfolge.« Und eigentlich müsste man auch die meisten klassischen Tragödien, ob griechische, englische, französische oder deutsche, mit Warnschildern versehen. Auf denen stünde unisono: »Großes Gemetzel: Gewalt, Mord, Selbstmord.« Tatsächlich sind derartige Etikettierungen immer häufiger auf Leselisten amerikanischer Universitäten zu finden; Verlage drucken neuerdings Klassikerausgaben mit solchen Triggerwarnungen ab.

Der Eintritt der Triggerwarnungen in den universitären Unterricht Amerikas fand im Frühjahr 2014 statt. Damals entwickelte die University of California in Santa Barbara auf studentische Forderungen hin eine offizielle *trigger warning policy*. Weitere Universitäten zogen nach. Eine breite Debatte über Triggerwarnungen an den Hochschulen und in den Medien war die Folge. Dabei wurde und wird der aus der Traumaforschung stammende Begriff ›Trigger‹ nicht sachgemäß eingesetzt. Ursprünglich hatten Triggerwarnungen den Sinn, tatsächlich traumatisierte Menschen zu schützen. Inzwischen hat eine Bedeutungserweiterung stattgefunden, übrigens ebenso bei der Bezeichnung ›Trauma‹ selbst. Gemeint sind mit ›Traumata‹ nicht mehr nur pathologische, langwierige Erkrankungszustände, sondern auch alltägliche Unannehmlichkeiten: Drei Knöllchen an einem Tag, das ist echt traumatisch! Und eine Fitnesswerbung ist echt ein blöder Trigger nach einem sportarmen Winter.

Eine solche heute durchaus gängige Begriffsverwendung trivialisiert die Probleme wirklicher Traumapatientinnen und -patienten. Das ist heikel: Triggerwarnungen werden gegenwärtig von Studierenden eingefordert, die zwar unangenehme, womöglich diskriminierende Erfahrungen vermeiden wollen, die aber selbst keineswegs traumatisiert sind. Till Randolf Amelung bringt es in seinem *Tagesspiegel*-Beitrag vom 22. Mai 2017, *Ein Safe Space kann nur eine Utopie sein*, auf den Punkt: »Es gibt einen grundlegenden Unterschied, ob ich meine negativen Gefühle als Folge von Diskriminierungen bewusst zuordnen kann oder ob ich mit Traumafolgeschäden ungewollt von den Gefühlswelten überrollt werde, die den traumatischen Ereignissen von extremer Hilflosigkeit, Ausgeliefertsein und gegebenenfalls Lebensgefahr entsprechen.« Falsche Begriffsverwendungen führten zu effekthascherischer, unwissenschaftlicher Skandalisierung, schreibt Amelung. Nichtsdestoweniger sind Triggerwarnungen hoch im

Kurs an amerikanischen Universitäten. Wenn sich jemand im literaturwissenschaftlichen Seminar angesichts eines bestimmten
Buchs *unsafe* fühlt, muss er oder sie es an mancher Hochschule
gar nicht erst lesen und darf sich zu einem anderen Stoff prüfen
lassen.

Der Ursprung der Triggerwarnungen, die zu einem so prominenten und kontrovers diskutierten Thema der US-amerikanischen Gegenwartskultur aufgestiegen sind, liegt in den Anfängen des Internets. Selbsthilfegruppen und feministische Foren
wollten dadurch ihre Mitglieder warnen vor schockierenden
Eindrücken etwa durch Abbildungen von brutaler sexueller Gewalt. Doch die Karriere der Triggerwarnungen war steil, digitale
Medien und Fernsehsender verwendeten sie ebenso wie Internetforen und Blogs aller Art. Gewarnt wird inzwischen vor allem
Möglichen und Unmöglichen, vor Blut, Spinnen und Nadeln,
aber auch vor Tieren, die Perücken aufhaben. Nicht zu vergessen
vor dem Wort ›Trigger‹ selbst, das ja auch triggern kann. Die
absurden Folgen einer solch rigiden Verhaltens- und Sprachreglementierung liegen auf der Hand.

Ein weiteres Signalwort der aktuellen Sagbarkeitsdebatten
in den USA lautet *microaggression*. Aggression ist auf dem Campus also nicht einmal mehr in mikroskopisch kleiner Form gewünscht. Gemeint sind mit *microaggressions* Sprechakte oder
Gesten, die oberflächlich gesehen nicht böse gemeint sind, aber
trotzdem in unterschwelliger, subtiler Art und Weise eine bestimmte Form von Gewalt implizieren und deshalb als Angriff
empfunden werden könnten. Wenn ich zum Beispiel einer asiatischstämmigen Amerikanerin ein besonderes mathematisches
Talent unterstelle oder einen Afroamerikaner für besonders
musikalisch halte und das äußere, bediene ich mich typischer
microaggressions, auch wenn ich eigentlich nur nett sein und Komplimente verteilen wollte. Die Frage »Woher kommst du?« gilt

ebenfalls als unterschwellig aggressiv. Zumindest dann, wenn ich sie als Weiße einer nicht weißen Studentin stelle, da ich damit ja suggeriere, sie sei keine *real American*.

Was man nach neuester amerikanischer College-Philosophie alles nicht sagen darf, was also triggern oder auch mikroaggressiv wirken könnte, ist überwältigend. Aussagen wie »America is the land of opportunity«, das meist übersetzt wird mit »Amerika ist das Land der unbegrenzten Möglichkeiten«, oder auch »I believe the most qualified person should get the job« gilt es im täglichen akademischen Umgang tunlichst zu vermeiden, so schreiben es die Verhaltensregeln, die *campus guidelines* mancher US-Universität vor. Man darf als jemand, der gegen Rassismus kämpft, auch nicht mehr verkünden, es gebe nur *eine race*. Jedenfalls nicht gemäß der Leitlinie der University of California – und vor allem und nicht dann, wenn man weiß ist. Ein derartiger Spruch erscheint nämlich nur auf den ersten Blick antirassistisch. Auf den zweiten Blick erkennt man jedoch (jedenfalls erkennt das besagte Universität in Santa Barbara), dass es sich hier um Überlegenheitsgerede von Weißen handelt, die sich nicht eingestehen wollen, dass ethnische Unterschiede gesellschaftlich relevant sind.

Bemerkenswerterweise sind jene universitären Verhaltensrichtlinien also vor allem für Menschen mit weißer Hautfarbe relevant. Sind solche Richtlinien damit nicht selbst unterschwellig rassistisch, obgleich sie doch Rassismus verhindern wollen? Zumindest sind es Vorschriften, die Individuen aufgrund einer Gruppenzugehörigkeit pauschal ein- oder ausschließen. Wenn es von der Hautfarbe abhängt, was jemand sagen darf und was nicht, stellt das zweifellos eine grundsätzliche Ungleichbehandlung dar. Vielleicht mag man nicht direkt von ›Rassismus‹ sprechen, da zu diesem auch immer ungleiche Machtverhältnisse zuungunsten der Betroffenen gehören – und doch: Die pauschale Rubrizierung von Menschen nach äußeren Merkmalen irritiert immer wieder, wenn man mit der dogmatischen Identitätspolitik an amerikanischen Universitäten konfrontiert wird. Zwar haben uns die Fälle kulturell aneignender Gegenwartskunst – von Dana Schutz bis Sam Durant – gezeigt, dass es in einer Gesellschaft durchaus darauf ankommen kann, *wer* spricht. Wenn Weiße Schwarze zu Objekten machen, wenn sie über sie reden oder sie in Kunstwerken darstellen, wirkt das für Schwarze anders, als wenn Menschen ihrer eigenen Hautfarbe dies tun – und zwar allen universalistischen Gleichheitsidealen der Aufklärung zum Trotz. Das wenigstens zu erkennen, wenn schon nicht anzuerkennen, zeugt von einem ideologiekritischen, postkolonialen Bewusstsein. Doch die Aktivistinnen und Aktivisten, die sich an amerikanischen Hochschulen zu Sprachrohren ethnischer Minderheiten machen, sind selbst meist von weißer Hautfarbe und gehören der Mehrheitskultur an. Die strengen identitätspolitischen Kriterien, die sie ihrer Umwelt auferlegen, wenden sie damit auf ihr eigenes Verhalten – sie erheben immerhin als Weiße für Andersfarbige ihre Stimme – gar nicht an. Ich persönlich habe überhaupt kein Problem mit antirassistischem Engagement von Menschen einer bestimmten Hautfarbe für Menschen einer anderen. Aber müsste es für die Identitätspolitiker und -politikerinnen selbst, nach ihrer eigenen Logik, nicht mindestens eine Todsünde darstellen?

Vielleicht ist die Logik der *identity politics* ja inzwischen auch einfach so kompliziert geworden, dass sogar ihre Fans nicht mehr durchblicken. Zuweilen scheint es nämlich so, als müsse man vor allem die Kunst des Mehrfach-um-die-Ecke-Denkens auf Profiniveau beherrschen, um sich politisch wirklich korrekt zu verhalten. Symptomatisch ist ein Fall, den Greg Lukianoff und Jonathan Haidt im Magazin *The Atlantic* vom September 2015 als fast schon surreal bezeichneten: An der Brandeis University habe die *Asian American Student Association* durch eine künstlerische Installation zu Mikroaggressionen für mehr Sensibilität sorgen wollen. Doch andere asiatischstämmige Studierende empfanden das Kunstwerk selbst als mikroaggressiv, woraufhin es umgehend entfernt wurde.

Auf diese Weise um die Ecke zu denken, ist nicht nur ziemlich anstrengend, sondern prägt auch die Wahrnehmung. Es trainiert einen bestimmten, hypersensiblen, fast schon paranoiden Blick auf die Welt. Die Universität wirkt aus der Perspektive derjenigen, die überall Trigger und *microaggressions* fürchten, wie ein Minenfeld. Überall lauern Bedrohungen. Jeder Mensch, dem man begegnet, jedes Plakat, jedes Buch, jedes Kunstwerk, jeder Film ist potenziell eine tickende Bombe, kann einen verletzen, erschrecken, mit unangenehmen Dingen konfrontieren.

Bloß weg mit allen Triggern und *microaggressions*, damit die ganze Universität zum *safe space* werden kann: Das wünschen sich also immer mehr amerikanische Studierende. Eine schöne neue Hochschulwelt. Und bis es endlich so weit ist, richten sie sich auf dem Unicampus manchmal selbst so einen sicheren Raum ein: mit beruhigender Musik, Keksen, Spielzeug, Malbüchern, Kissen und Seifenblasen. Ich kenne solche herrlich gemütlichen Räume aus der Kindergartenzeit meiner Töchter. Snoezelen-Räume. Im akademischen Bereich sind sie mir bislang noch nicht begegnet, und sollte dies einmal geschehen, würde ich sie wohl für besonders schön gestaltete Eltern-Kind-Räume halten und die betreffende Hochschule für ihre Familienfreundlichkeit loben.

Die Brown University in Providence/Rhode Island, ebenfalls eine renommierte amerikanische Hochschule, hatte allerdings ein ganz anderes Publikum im Sinn mit ihrem Seifenblasen-Raum. Als nämlich eine Podiumsdiskussion über sexuelle Belästigung stattfinden sollte, richteten Studierende als simultanes Gegenprogramm einen *safe space* für diejenigen ein, die die Debatte zu stark aufwühlte. – Doch kann ein intellektueller Ort derart therapeutisch funktionieren? Ohne Kontroversen, Konfrontation und Kritik? Nur Friede, Freude, Eierkuchen? Wohl kaum. Ein Studium soll das eigene Denken erweitern und nicht nur bestätigen, die Begegnung mit Ungewohntem, Fremdem ermöglichen. Danach wartet eine komplexe Welt, die voller Widersprüche ist und in der ständig unkontrollierbare Dinge geschehen. Natürlich ist es prinzipiell ein positiver Impuls, die Gefühle anderer nicht zu verletzen, sich zu respektieren, achtsam miteinander umzugehen. Das ist ja auch kein superorigineller Verhaltenskodex. Das Problem liegt eher in der unglaublichen Rigidität, mit der hier gesellschaftliche Sensibilität, Respekt und Toleranz eingefordert werden.

Wieder führt der Weg von der hehren Idee zum Dogmatismus, von den Freiheitsidealen zur Repression. Die Zensur ist nicht mehr weit – oder zumindest die Selbstzensur. Wer seinen Job nicht verlieren will, sollte als Mitglied einer US-Universität seine Zunge sehr gut im Zaum halten. Vor allem Lehrende stehen im Fadenkreuz der selbst ernannten Gerechtigkeitskriegerinnen und -krieger, die alle möglichen Fälle von vermeintlichen *microaggressions* zur Anzeige bringen. Häufig sind es Lappalien, die jedoch ihrer Meinung nach den Fortschritt hin zu einer besseren Gesellschaft blockieren könnten.

Das Medium dieser neuen Überwachungs- und Beschwerdekultur ist das Internet. Vor allem soziale Netzwerke dienen dazu, Lehrende an den virtuellen Pranger zu stellen, sie anzuklagen und zu denunzieren. Manche Vorgänge im Kontext der *safe space*-Bewegung erinnern tatsächlich unheimlich an einen organisierten Überwachungsapparat, der mit Spionen und Spitzeln arbeitet. Ein Klima des Argwohns und des Misstrauens beherrscht die Universitätslandschaft der USA. Comedians meiden akademisches Gelände inzwischen – zu heißes Pflaster.

Besonders gravierend ist dabei die schleichende Institutionalisierung dieser Kontroll- und Einschränkungsmechanismen. Denn die vielen einzelnen Anzeigen haben häufig offizielle, allgemein geltende Reglements, Leitlinien oder Empfehlungen mit verbindlichem Charakter zur Folge. So wandelt sich das Streben nach Zensur ›von unten‹ langsam und fast unmerklich in institutionalisierte, systematische Zensur ›von oben‹ – eine gefährliche Entwicklung für die Meinungsfreiheit.

Heutzutage ist es wie gesagt politisch nicht mehr korrekt, Amerika als ›Land der unbegrenzten Möglichkeiten‹ zu bezeichnen. Angesichts der aktuellen Sprechverbote ist man versucht zu sagen, dass diese Aussage sowieso nicht stimmt. Amerika wandelt sich immer mehr zu einem Land der begrenzten Möglichkeiten.

10 DIE HOHE KUNST DES EIERLAUFENS

Mit der Institutionalisierung zensorischer oder zumindest zensurähnlicher Restriktionen nimmt die Selbstzensur zu – die erwähnte Zunge im Zaum, die Schere im Kopf. Doch wie sehr man sich auch bemüht, wie intensiv man sich auch selbst kontrolliert, um sich korrekt zu verhalten: Man kann ja sowieso nur scheitern! Alles, was man sagt oder tut, kann einen anderen Menschen verletzen, negative Gefühle hervorrufen oder als aggressiv empfunden werden. Eine harmlose Frage nach der Uhrzeit an der Bushaltestelle könnte verletzend sein für jemanden, der die Uhr nicht lesen kann oder der zu arm ist, um sich eine Uhr leisten zu können.

Ich habe darüber nachgedacht, wie ich als amerikanische Literaturwissenschaftlerin alles richtig machen könnte. Wie ich mein Seminar in einen echten *safe space* verwandeln könnte. Wie es mir gelänge, meine Studierenden keinem Trigger auszulie-

fern. Mir fiel nur eine Lösung ein: Alle literarischen Werke von
der Leseliste zu streichen, in denen Gewalt, Verlust, Streit, Unglück oder Tod vorkommen. Also geschätzt 99,9 Prozent der Literatur. Was nun? Nach langem Grübeln kam ich auf einen Text,
mit dem ich mich ohne Skrupel in das Seminar einer amerikanischen Universität wagen konnte. Außerdem gab es mir ein gutes
Gefühl, dass es sich zugleich um einen durchaus bedeutenden
Text handelte, geschrieben von einem ebenfalls bedeutenden
Autor. Es erschien mir also zugleich literaturdidaktisch sinnvoll,
ihn im Unterricht zu besprechen. Hier ist er:

Wie herrlich leuchtet
Mir die Natur!
Wie glänzt die Sonne!
Wie lacht die Flur!

Du segnest herrlich
Das frische Feld,
Im Blütendampfe
Die volle Welt.

Es dringen Blüten
Aus jedem Zweig
Und tausend Stimmen
Aus dem Gesträuch

O Mädchen, Mädchen,
Wie lieb' ich dich!
Wie blickt dein Auge!
Wie liebst du mich!

Und Freud' und Wonne
Aus jeder Brust.
O Erd', o Sonne!
O Glück, o Lust!

So liebt die Lerche
Gesang und Luft,
Und Morgenblumen
Den Himmelsduft,

O Lieb', o Liebe!
So golden schön,
Wie Morgenwolken
Auf jenen Höhn!

Wie ich dich liebe
Mit warmem Blut,
Die du mir Jugend
Und Freud' und Mut

Zu neuen Liedern
Und Tänzen gibst.
Sei ewig glücklich,
Wie du mich liebst!

Goethes *Mailied*. Okay, vielleicht trägt das lyrische Ich ja ein bisschen dick auf, vielleicht ist es auch ein bisschen eingebildet.
Trotzdem – die Verse enthalten ganz eindeutig keine Gewalt, keinen Verlust, keinen Streit, kein Unglück, keinen Tod. Nur Sonne
und Wonne, Liebe und Lebenslust. Kein Trigger, nirgends!

Dachte ich jedenfalls. Doch plötzlich brach zu meinem
Schrecken ein Student in Tränen aus. Er hatte einer Kommili-
tonin vor Kurzem seine Liebe gestanden und dazu das *Mailied*
rezitiert. Sie hatte ihn abserviert, weshalb er das Gedicht nun
nicht mehr ertragen konnte. Eine Studentin sagte, sie habe noch
nie einen Freund gehabt und wolle nicht durch Liebesgedichte
immer wieder daran erinnert werden. Währenddessen meldeten
sich weitere Studierende: Einer hatte Höhenangst und wurde
durch das Wort ›Höhn‹ in Panik versetzt; eine fühlte sich durch
den Ausdruck »die volle Welt« in ihrer Angst vor Überbevölke-
rung bestärkt; der dritte konnte kein Blut sehen, erst recht kein
›warmes Blut‹ … Es wäre wohl noch so weitergegangen, wenn ich
nicht schweißgebadet aufgewacht wäre aus meinem imaginären
Albtraum vom amerikanischen Dozentinnenleben.

Ist es wirklich so extrem? Oder übertreiben die Medien mal
wieder? Das fragte ich neugierig einen deutschen Professor, der
an einer US-amerikanischen Universität lehrt. Wir trafen uns im
Herbst 2017, und seine spontane Antwort war: »Es ist wie Eierlaufen.« An kleineren privaten Colleges und auf dem Land sei
es aber nicht so schlimm. Trotzdem überlege man sich immer
dreimal, was man zu wem sagte.

Wenn das Eierlaufen wenigstens helfen würde! Doch nicht
einmal das ist offenbar der Fall. Alles Negative zu verbergen und
so zu tun, als existiere es nicht, hilft jungen Erwachsenen bei
der Vorbereitung auf ein normales Leben überhaupt nicht. Es ist
sogar kontraproduktiv. Das zeigt auch ein Blick in die Traumaforschung. Zwar sind Studierende nicht prinzipiell Traumatisierte,

weshalb der Begriff ›Trigger‹ in den aktuellen Sagbarkeitsdebatten wie gesagt unsachgemäß verwendet wird. Doch wenn man sich im Sinne der *safe space*-Philosophie auf jene Analogie von Uniseminar und Therapiesitzung einlässt, merkt man schnell, dass man auch von psychologischer Seite aus eigentlich nur Argumente *gegen* Triggerwarnungen geliefert bekommt. Es gilt inzwischen als gesicherte psychologische Erkenntnis, dass eine Kultur der Vermeidung traumatisierten Menschen nicht nützt. Die konsequente Abschirmung von allem, was das Trauma triggern könnte, führt vielmehr erst recht zu Gefühlen von Hilflosigkeit und Angst und schlimmstenfalls in die Depression.

Die anerkanntermaßen erfolgreichere Therapiemethode ist die Konfrontation mit dem Negativen, die eine Rückgewinnung der Kontrolle ermöglichen soll. Wer durch einen Unfall mit einem blauen Auto traumatisiert wurde und seitdem diese Farbe als Trigger erlebt, sollte, therapeutisch begleitet, gerade mit blauen Gegenständen neu umgehen lernen. Nur so kann er die Erfahrung machen, dass seine Angst auf einer verzerrten Wahrnehmung beruht und keine reale Entsprechung besitzt. Blau kann auf diese Weise zu einer neutralen Farbe umkodiert werden, die keine kausale Verbindung mehr mit Autounfällen hat.

Lukianoff und Haidt formulieren im *Atlantic* eine sehr düstere Prophezeiung: Die Hypersensibilität, die heutzutage an US-Hochschulen genährt werde, führe zu zahllosen Konflikten im Studium und im weiteren Leben. Studierende übten Denkstile ein, die ihre Karriere und ihre Freundschaften, ja sogar ihre mentale Gesundheit beschädigen würden. Trotz solcher Warnungen sieht es bislang noch nicht nach einer ideologischen Kehrtwende aus an Amerikas Universitäten. Einer Umfrage von 2015 zufolge wollten mehr als die Hälfte der Studierenden, dass die Meinungsfreiheit auf ihrem Campus eingeschränkt wird. Fast zwei Drittel votierten für Triggerwarnungen.

Eine pädagogische Binsenweisheit lautet: »Kinder brauchen Grenzen.« Sogar Erziehungsratgeber sind so betitelt, und sie behaupten noch dazu: Kinder *wollen* Grenzen. Man könnte das provokativ zuspitzen und auf die gegenwärtige US-Campus-realität übertragen: Auch Studierende wollen offenbar Grenzen. Wie ist dieses Verhalten eigentlich zu erklären? Ein Verhalten, das mit typisch jugendlicher Rebellion nichts gemein hat. Ganz im Gegenteil, es drückt die Sehnsucht nach einer streng regle-mentierten, dem Elternhaus ähnelnden Universität aus. Wie ein Leitmotiv zieht sich dieses Argument durch die kritische Aus-einandersetzung mit dem *safe space*-Thema: Die amerikanischen Studierenden sind dem Elternhaus noch nicht entwachsen, sie sind unreif und kindlich, überempfindlich, emotional labil und wehleidig. Die frühere Präsidentin des Barnard College, Judith Shapiro, spricht im Magazin *Inside Higher Ed* vom 15. Dezember 2014 von »self-infantilization«. Mit ihr zeigen sich viele irritiert über die heutige Uni-Generation, die sich so stark von ihren re-bellischen Vorgängerinnen unterscheidet.

Wie ist es aber nun bloß dazu gekommen, dass aus mutig Rebellierenden verschreckte Kinder wurden? Argumente, die im-mer wieder in der Debatte auftauchen, lauten: Die sogenannten Millennials seien in ihrer Kindheit verhätschelt und überbehütet worden. Der zunehmende mediale Hype um Entführungen und Amokläufe habe dazu geführt, dass sie sich als dauerhaft gefähr-det und ihre Eltern – sicherheitsbewusste Helikoptereltern – als Beschützende wahrgenommen hätten. Sie seien im Schatten von 9/11 und unter dem Druck der Wirtschaftskrise aufgewachsen. An der Universität angekommen, verlangten sie dort die gleiche (vermeintliche) Sicherheit wie im Elternhaus.

Der *Zeit*-Artikel *Die Debatten-Polizei* vom 28. Januar 2016 macht in den Reihen der Protestler zum einen wohlhabende Weiße aus, »die ihr schlechtes Gewissen ob der amerikanischen

Vergangenheit möglichst sichtbar zur Schau stellen wollen – auch, um sich endlich auf der Seite der Guten zu wähnen«. Zum anderen engagierten sich »Schwarze und Latinos aus Mittelklassefamilien«. Diese Beschreibung der ethnischen und sozialen Merkmale der Studierenden basiert wohlgemerkt auf den aktuellen Beobachtungen eines einzelnen, wenn auch gut informierten Dozenten. Es handelt sich nicht um eine wissenschaftlich valide Erkenntnis. Man darf vielmehr gespannt sein auf künftige Forschung zu den aktuellen Studierendenprotesten und ihrer *safe space*-Utopie.

Den Anfang einer solchen Forschung hat der New Yorker Bildungswissenschaftler und Historiker Jonathan Zimmerman 2016 mit seinem Buch *Campus Politics. What Everyone Needs to Know®* gemacht. Er analysiert die aktuellen Debatten an amerikanischen Universitäten über politische Korrektheit, Rassismus, Sprachregelungen und sexuelle Übergriffe – und stellt die neue Studierendenbewegung in den historischen Kontext anderer Revolten, vor allem natürlich der 1960er-Jahre. Im Kontrast zu damals sei nun der Wunsch nach Sprechverboten und Freiheitsbeschränkung nicht politisch rechts, sondern links verortet. Die Herausforderung der Stunde besteht für Zimmerman darin, Meinungsfreiheit und soziale Gerechtigkeit wieder aus diesem fatalen Entweder-oder-Gegensatz herauszubekommen, in den sie durch die oft fanatisch geführten heutigen Debatten geraten sind.

Viele US-amerikanische Universitäten, Wissenschaftlerinnen und Wissenschaftler fügen sich weiterhin dem Druck der Studierenden – ihrem Gefühl der Verwundbarkeit und ihrer Sehnsucht nach Grenzen. Doch nicht alle: Die University of Chicago warnte im Sommer 2016 ihre Studienanfänger und -anfängerinnen, dass sie hier keinen triggerfreien *safe space* erwarten könnten. Auch andere Intellektuelle kritisieren die Zensur von unten, die eine fatale Konformität erzwinge. Sie pochen auf die akademische Freiheit des Lehrens und Forschens, die mit Eierlaufen nichts zu tun haben sollte. Sie kämpfen für eines der höchsten Güter der amerikanischen Demokratie: die *freedom of speech*. Erwachsene wollen *keine* Grenzen.

11 NO-PLATFORMING

Und wir? Wie sieht es in Europa aus? Gibt es auch hier schon Zensur von unten im Sinne von *safe spaces*, *trigger warnings*, *microaggressions*-Verboten? Vor allem für *ein* Land muss man diese Fragen bejahen: »Across Britain, in a great many of our universities, a battle is taking place over free speech. Every month brings some new revelation of a university or students union where something has been censored or someone has been ›no platformed‹ – the term for banning speakers.« So beschreibt der *Herald* am 24. Januar 2016 die ›Sicherheitslage‹ im Vereinigten Königreich: Die freie Rede sei an zahlreichen Universitäten hart umkämpft, ständig würden Rednerinnen und Redner ausgeladen – *no platformed*. Der *Herald*-Artikel titelt *Edinburgh University at the heart of the battle over freedom of speech on campus*. Das ist kein Zufall: Die schottische Universität ist seit vielen Jahren ganz vorne dabei mit Sprechverboten und *safe space*-Strategien auf dem Campus.

Ende 2015 sorgte eine Online-Petition für Aufsehen, die ein Edinburgher Student gestartet hatte, um die Redefreiheit an seiner Hochschule zu verteidigen. Charlie Parkers offener Brief an die Edinburgher Studentenvereinigung EUSA brachte Argumente vor, die wir nun schon kennen (allerdings meist von älteren liberalen Kritikerinnen und Kritikern, nicht von Studierenden selbst): Zu einer freien und liberalen Gesellschaft gehöre die Redefreiheit unabdingbar dazu; auch und gerade die Universität müsse daher unterschiedliche Ideen zulassen und kritische Debatten ermöglichen; Studierende müssten derartige Konflikte aushalten: »We are adults.«

Die EUSA, deren *safe space*-Ideologie dem hier formulierten Anliegen der uneingeschränkten Redefreiheit diametral entgegensteht, beruft sich wiederum auf die *no-platform-policy* der nationalen Studentenvereinigung Großbritanniens NUS. Diese *policy* existiert schon seit 1974 und diente anfangs dazu, das Rederecht extremistischer, faschistischer, rechtsradikaler Gruppen auf dem Campus zu unterbinden. Heute jedoch funktioniert akademisches *no-platforming* nach Ansicht kritischer Stimmen nicht selten als Mundtotmachen missliebiger, potenziell unangenehmer Rednerinnen und Redner. Auch der Student Charlie Parker zieht Parallelen vom *safe space* zum Mundtotmachen – und sogar zur harten, klassischen Zensur: In Ländern wie Saudi-Arabien, Nordkorea und Kuba seien Pressezensur und Gefängnisstrafen für Meinungsäußerungen üblich – während in Großbritannien eben jene Freiheiten gälten, für die Menschen überall auf der Welt ihr Leben aufs Spiel setzten.

Energisch fordert er die freie Rede für alle ein, auch für anstößig, politisch nicht korrekt Vortragende – wie solle man sich sonst überhaupt ein eigenes Urteil bilden können? Mit diesem Argument ist Parker in guter Gesellschaft. Gotthold Ephraim Lessing verwendete es vor fast zweihundertfünfzig Jahren in seinem berühmten Aufschrei gegen die Zensur ebenfalls: »Was einmal gedruckt ist, gehört der ganzen Welt auf ewige Zeiten. Niemand hat das Recht, es zu vertilgen. Wenn er es thut, beleidiget er die Welt unendlich mehr, als sie der Verfasser des vertilgten Buches, von welcher Art es auch immer sey, kann beleidiget haben. Er stürzet sie vorsetzlich in Ungewißheit und Zweifel; er beraubt sie des einzigen Mittels, selbst zu sehen, selbst zu urtheilen; er verlangt, auf eine ebenso vermessene als lächerliche Art, daß sie ihm blindlings glauben, ihn blindlings für einen eben so ehrlichen als einsichtsvollen Mann halten soll.« Lessings Konzeption von Öffentlichkeit aus dem Jahr 1773 ist radikal und kompromisslos – die von Charlie Parker auch. »Remove your censorious ›No Platform‹ and ›Safe Space‹ policies«, appelliert er an die Studentenvereinigung.

No-platforming ist zur Normalität geworden, Kostümverbote inklusive Sombreros sowieso, Listen mit *trigger words* ebenso wie Forderungen nach Buchverboten in Uni-Buchhandlungen. Schon im März 2014 hielt das Online-Magazin *spiked* eine landesweite Kampagne für nötig, die »Down With Campus Censorship!« hieß. Aus ihr entstand ein ebenfalls von *spiked* initiiertes Rankingprojekt, das seit 2015 jährlich neue Zahlen zur britischen Universitätslandschaft und der dortigen Begrenzung von Redefreiheit vorlegt: Die *Free Speech University Rankings*. Wie es auf der Website heißt, bietet der dritte Jahresbericht von Anfang 2017 ein düsteres Bild. Das Ranking von hundertfünfzig britischen Universitäten zeige, dass 63,5 Prozent der Universitäten zensurähnliche Praktiken anwendeten und 30,5 Prozent rigide Sprachregelungen nutzten, um die Redefreiheit einzuschränken. Nur sechs Prozent der Universitäten seien »truly free, open places«.

Dabei stellt die Institutionalisierung der Freiheitsbeschränkung das eigentlich gravierende Problem dar: Erst ab da kann man mit Fug und Recht von harter Zensur sprechen. Und das wird auch getan. Tom Slater, Koordinator der *Free Speech University Rankings*, weist darauf hin, dass das 2017er-Ranking eine zunehmende Institutionalisierung von Zensur in Großbritannien dokumentiere. Nicht nur die an den Pranger gestellten Studierendenvereinigungen seien für die Entwicklung verantwortlich, sondern auch die Hochschulen selbst. Ganz deutlich zeige sich, dass Universitätszensur mehr sei als ein Aufstand der sogenann-

ten *snowflake generation*, der hypersensiblen Generation der um
1990 Geborenen. Die große Mehrheit restriktiver Vorschriften
stammt inzwischen von den Universitätsleitungen selbst.

Doch vielleicht ja nicht mehr lange? Die britischen Medien
berichteten alarmiert über das neueste Ranking. Mehr als neunzig Prozent der Universitäten unterdrückten die freie Rede?!
Da wachte der Wissenschaftsminister auf. Jo Johnson, im Amt
von Mai 2015 bis Januar 2018, meldete sich im Herbst 2017 zu
Wort, drohte im weiteren Verlauf der Debatte sogar Sanktionen
für Universitäten an, die die Meinungsfreiheit weiterhin derart
beschränkten. Die NUS kritisierte Johnsons Vorstoß als übertrieben, da es der *no-platforming*-Initiative nur um *hate speech* und
Gewaltaufrufe gehe und sie sich auf gefährliche, extremistische
Gruppen, nicht auf Individuen beziehe.

Die landesweiten Ausladungen oder Forderungen nach Ausladungen einzelner Personen sprechen allerdings eine andere
Sprache. *No-platforming*-Forderungen wurden zum Beispiel gegen
den berühmten Menschenrechts- und Schwulenaktivisten Peter
Tatchell und die legendäre australische Feministin Germaine
Greer erhoben – zwei auch von Johnson erwähnte Fälle. Studierende der Cardiff University drängten auf Greers ›Verbannung‹,
eine breite Unterschriftenaktion wurde gestartet. Die Rednerin
kam trotzdem, mit einem Monat Verspätung, konnte aber nur
unter hohen Sicherheitsvorkehrungen sprechen. Stein des Anstoßes war ihre vermeintlich transphobe Einstellung. Tatsächlich
findet Greer, operierte Männer seien keine Frauen, da eine Frau
mehr sei als ein Mann ohne Penis. Das ist eine Ansicht, die man/
frau/trans nicht teilen muss. Sie ist jedoch weder extremistisch
noch bricht sie ein Gesetz. Ein Sprechverbot zu erteilen und auf
diese Weise massiv in die akademische Meinungsfreiheit einzugreifen, erscheint (nicht nur) mir daher ungerechtfertigt. Auf
manche Transpersonen mögen Greers Thesen zweifellos ver-

letzend wirken. Allerdings ist die Wissenschaftlerin ja weithin bekannt, und wer ihren Vortrag besucht, weiß, was sie/ihn erwartet. Und noch etwas gebe ich zu bedenken: Ist es nicht vermessen anzunehmen, dass Transsexuelle grundsätzlich in einem *safe space* leben wollten – den ja vorwiegend Nichtranssexuelle für sie errichtet haben?

Viele Menschen, die sexuellen oder ethnischen Minderheiten angehören, empfinden derartige ›Fürsorge‹ erst recht als Viktimisierung und lehnen sie ab. Weiter oben kam bereits Zadie Smith zu Wort, die der Kritik an kultureller Aneignung distanziert gegenübersteht, weil sie sich nicht als so verwundbar sieht und auch nicht so gesehen werden will. Hier ihr eindringliches Statement:»I do resent the idea of being portrayed as such a vulnerable human that if you involved yourself in any aspect of my ›culture‹ I will crumble at the idea of you borrowing it from me.« Ein schwuler Bekannter einer Freundin sagte einmal sinngemäß über den heterosexuellen Politaktivismus für Homosexuelle:»Ist ja nett gemeint von euch – aber nun lasst uns doch endlich mal in Ruhe.«

Der britische Wissenschaftsminister Johnson erklärte in seiner Ansprache an die Universitäten seines Landes, *hate speech* sei per Gesetz klar definiert und anklagbar; illiberale, antisemitische und rassistische Ideen hätten auf dem Campus nichts zu suchen. Wenn aber Studierende mit etwas nicht klarkämen, das den *hate speech*-Gesetzen nicht genüge, müssten sie lernen, mit kontroversen Ideen besser umzugehen. Universitäten, so zitiert der *Telegraph* vom 26. Dezember 2017 Johnson, sollten freien Ideenaustausch ermöglichen. In Amerika und leider auch in Großbritannien gebe es hingegen Gruppen, die Andersdenkende zum Schweigen bringen wollten.

Wer hätte gedacht, dass ich mal mit einem Tory und Mitglied der Brexit-Regierung einer Meinung sein würde – so weit

ist es schon gekommen. Immerhin ein Tory, der sich für das
Rederecht von feministischen Aktivistinnen und schwulen Men-
schenrechtlern einsetzt – auch so weit ist es schon gekommen.

12 FREIHEIT DEN ELEFANTEN – AUCH IN
PORZELLANLÄDEN

Die *safe space*-Ideologie fordert gesellschaftlichen Wandel ein.
Manchmal wirkt es gar so, als würde die Sehnsucht der Studierenden nach Grenzen mit Imperativen arbeiten, die sich vor
allem gegen sie selbst kehren: Bitte macht uns unfreier! Verbietet uns Bücher, Zeitungen, Musik, Filme! Verbietet uns Gesten,
Blicke und vor allem Wörter! Treibt uns in die Enge: Da fühlen
wir uns sicherer. Und zwar ihr da oben, die Universitätsleitung,
die Politik, der Staat! Radikal bricht sich hier eine Sehnsucht
nach Grenzen, nach Kontrolle, nach Zensur Bahn, die viele Intellektuelle älterer Generationen ratlos macht. Nie würden sie
sich den Mund verbieten lassen, und die jungen Leute von heute
rufen selbst nach dem Knebel – wie kann man das begreifen? Die
Radikalität aktueller Zensursehnsüchte ist in der Tat neu in der
Geschichte der Demokratie; manch einen erinnert sie an die Beschränkung der Meinungsfreiheit in totalitären Systemen. Ein
überzogener Vergleich?

Wie sieht es nun aber an deutschen Universitäten aus? Noch
gibt es bei uns keine Triggerwarnungen und Mikroaggressions-
verbote. Amerikanische Verhältnisse trennt ein Ozean von uns,
britische immerhin ein kleines Meer. Und doch: Im akademischen Berlin ist die *safe space*-Diskussion bereits vor längerer
Zeit angekommen. Die Medien reagierten beunruhigt, zuweilen
hysterisch.

Skurrile Fälle wurden erzählt, so von Till Randolf Amelung

im *Tagesspiegel* vom 22. Mai 2017: An der Berliner Humboldt-Universität hatte eine nicht weiße Person in einem Seminar Rassismus beklagt und wurde deshalb von einer Transperson angegriffen, die das Seminar ihrerseits als *safe space* für weiße Transsexuelle definieren wollte. Daraufhin schloss die Fachschaftsinitiative Gender Studies die Transperson wegen rassistischen Verhaltens aus. Amelung resümiert: »Obgleich man nirgends erfährt, was konkret als rassistisch bemängelt wurde, so lässt sich mühelos feststellen, dass zwei Personen jeweils unterschiedliche Erwartungen an das Uniseminar als Safe Space hatten.«

Safe *spaces* kennt man also auch in Deutschlands Akademia, vor allem in der Hauptstadt. Zuweilen werden sie sporadisch für bestimmte Events eingerichtet, es gibt sie aber auch, etwa im Falle von Queer-Referaten, als dauerhafte Einrichtungen. Auch *no-platforming* kommt vor, allerdings eher vereinzelt, wenn etwa ein Genderkritiker oder ein AfD-Politiker nach studentischen Protesten ausgeladen werden. Diese Proteste geschehen anonym; konfrontative Debatten werden gemieden, stattdessen dienen soziale Netzwerke und Plakate als Pranger für umstrittene Redner.

Etwas unterscheidet die noch junge deutsche *safe space*-Bewegung allerdings deutlich von ihren Vorläuferinnen in den USA und Großbritannien: Von Beginn an begleitete sie mehr Protest als Zuspruch, mehr Unverständnis und Ablehnung als Bestätigung. Und zwar ausgehend von Lehrenden, Hochschulverbänden und Studierenden, von Kulturschaffenden und Medienleuten gleichermaßen – von links, von rechts und aus der Mitte. Kaum jemand zieht in Betracht, dass *safe spaces* tatsächlich Bewusstsein für Diskriminierung, fehlende Wertschätzung und Toleranz schaffen könnten. Zu sehr überwiegen nach allgemeiner Meinung die Nachteile, die die Meinungs- und Redeunfreiheit im *safe space* mit sich bringen.

Dass die Kritikerinnen und Kritiker sogleich auf der Matte standen, als die Welle zu uns herüberschwappte, lässt sich gut mit der zeitlichen Verzögerung erklären. Von hier aus konnte man die Entwicklung ja schon eine ganze Weile beobachten, sie wie ein spannendes Experiment aus der Ferne verfolgen. Die Welle hat uns nicht kalt erwischt. Wahrscheinlich wird sie sich daher in der deutschen Hochschullandschaft auch anders entwickeln als transatlantisch, in wesentlich abgeschwächterer Form. Und ist nicht der Zenit von *safe space, trigger warnings* und *microaggressions* auch in den USA schon beinahe überschritten, formiert sich nicht immer deutlicher eine Opposition gegen allzu dogmatische, zensurähnliche Restriktionen?

Wie wäre es mit folgendem Vorschlag: Wir machen einfach nicht die gleichen Fehler wie die Pioniere und Pionierinnen jenseits der Meere. Unser Kampf für soziale Gerechtigkeit und gegen Diskriminierung wird nicht nur gut gemeint sein, sondern gut. Wir picken uns das Beste aus der *safe space*-Agenda heraus: Mehr Sensibilität für soziale Ungleichheiten, mehr Respekt gegenüber ethnischen Minderheiten, mehr Geschlechtergerechtigkeit. Im Gegenzug lassen wir das Schlechte von vornherein weg: Überwachung, anonyme Anklagen, rigide Sprechverbote, Selbstzensur, Zensur. Das wäre doch mal ein guter Plan.

Sonst könnte es nämlich auch bei uns passieren, dass diejenigen Elefanten besonders beliebt werden, die mitten durch die Porzellanläden trampeln. Einfach nur, weil alle diese ganze Zerbrechlichkeit satthaben. Wenn Sensibilität in Dogmatismus umkippt und niemand mehr unzensiert zu sprechen wagt, dann steigen die Sympathiewerte für Typen, die völlig rücksichtslos sind. »Der sagt wenigstens, was er denkt!«, heißt es dann.

Die politischen Entwicklungen in den USA bieten hierfür das naheliegendste Beispiel. Donald Trumps Erfolg hat hundert Gründe, aber einer davon ist sicher sein unverblümtes, authentisch wirkendes Kommunikationsverhalten. Es wird als so befreiend empfunden, dass massive Porzellanzerstörung – sprich: Diskriminierung, Beleidigung, Sexismus, Rassismus – billigend in Kauf genommen wird. Trumps Amoralität, sein fehlender Anstand, seine fehlende Korrektheit finden immer noch breite Akzeptanz in den USA. Vielleicht ja, weil die politische Gegenseite sich allzu lang als supermoralisch, superanständig, superkorrekt inszeniert hat? Niemand mag moralische Belehrung, und schnell ist dann auch wieder von ›Tugendpolizei‹ oder ›Gesinnungsdiktatur‹ die Rede – Schlagworte vor allem der rechten Zensurpolemik.

Führen Sensibilisierungsversuche also gerade dazu, dass die unsensibelsten Menschen zu Idolen werden? Wird bei Elefantenverbot im Porzellanladen gerade der Elefant gewählt? Wenn das stimmen würde, wäre es ziemlich tragisch – und auch ein bisschen tragikomisch. Es wäre sozusagen der *worst case* des *safe space*.

Ich persönlich schätze Elefanten in Porzellanläden nicht besonders. Ich benehme mich auch nur selten wie einer. Trotzdem will ich es aber gefälligst dürfen. Rücksicht, Respekt, Toleranz zu üben, ist doch keine Sache des Gesetzes, sondern des Anstands, der Moral, der Konvention – und meine freie Entscheidung! Vielleicht stellt mir der Porzellanladenbesitzer das zerbrochene Geschirr in Rechnung. Vielleicht kann mich irgendwann keiner mehr leiden, ich selbst mich am wenigsten. Vielleicht verliere ich auch meinen Job, weil Grobheit geschäftsschädigend ist. Aber mehr Bestrafung akzeptiere ich nicht. Jedenfalls nicht in einem zensurfreien Staat.

KAPITEL IV
Zensur *new age*: Neue Fronten, neue Player

Lagesondierung: Wie sieht es wirklich aus mit der Zensur in unserer demokratischen Gesellschaft? Gibt es sie tatsächlich noch – oder wieder? Was ist dran an all dem lauten Geschrei zwischen Zensurpolemik und Zensursehnsucht? Um das herauszufinden, nehme ich einige neuen Formen gegenwärtiger Meinungskontrolle unter die Lupe: Marktmechanismen, Verstrickungen von Wirtschaft, Politik und Medien, Netzrichtlinien und -algorithmen, Maßnahmen zur Strafverfolgung im Internet. Vorweg die Einschätzung: Es ist auf jeden Fall was dran. Grenzen der Meinungsfreiheit existieren auch hier und heute. Gängelungs- und Kontrollmechanismen prägen massiv unseren Alltag, den analogen, vor allem aber den digitalen – mal offen, mal eher versteckt. Das Thema Zensur ist keinesfalls erledigt. Zwar ist nicht mehr der Staat der Bösewicht Nummer eins und die formelle Zensur nicht mehr das, was uns bei diesem Thema am meisten umtreibt. Doch der verfassungsrechtliche Schutz der Meinungsfreiheit in einer Demokratie gilt nicht für alle Formen der Unfreiheit.

Einerseits war das schon immer so. Informelle Formen der Restriktion, Zensur und zensurähnliche Mechanismen, auch Selbstzensur, all das findet immer schon im Verborgenen statt, unter der Oberfläche, aus der die klassisch-formelle Zensur nur wie die Spitze eines Eisbergs herausragt. Andererseits sind tatsächlich neue informelle Kontrollmechanismen entstanden. Die Fronten haben sich unmerklich verschoben, die Konfliktlinien verlaufen woanders. Um es pathetisch auszudrücken: Die Unfreiheit hat im 21. Jahrhundert viele neue Gesichter. Oder noch pathetischer: Der Kopf der Hydra ist ab, und viele neue Köpfe wachsen nach. Und einige dieser Köpfe haben dann doch wieder etwas mit staatlicher Kontrolle zu tun, wie das berüchtigte Netzwerkdurchsetzungsgesetz, das am 1. Oktober 2017 in Kraft trat. Zumindest wird es in der öffentlichen Debatte immer wieder als staatliche Zensur kritisiert – ob mit Recht oder ohne, ist die Frage.

1 MARKT, MACHT UND MEDIEN

»Ich weiß nicht, wie oft ich in den letzten zehn Jahren den Satz gehört und gelesen habe, der kapitalistische Markt wirke ähnlich wie die Zensur in einer Diktatur. Das mag sogar stimmen, trotzdem haben der Markt und die Zensur nicht das Geringste miteinander zu tun. Wenn die Lyrik es auf dem Markt schwer hat, dann nicht, weil sie verboten ist, sondern weil zu wenig Leute sie lesen wollen, auch wenn es für den, dessen Gedichte nicht gedruckt werden, das Gleiche bedeutet.« So äußerte sich die ehemalige DDR-Schriftstellerin Monika Maron am 13. September 2002 in der *Süddeutschen Zeitung*. Gerade aus der Erfahrung ›echter‹, harter Zensur heraus findet sie den Vergleich von Zensur mit den Mechanismen eines kapitalistischen Wirtschaftssystems absurd. Ist er das?

Ich finde ja. Klare Abgrenzungen zwischen staatlichem Zensurzwang und wirtschaftlicher Marktlogik sind notwendig, selbst wenn Kommerz auch Kommunikationssteuerung und -kontrolle bedeutet. Aber eben eine andere. Es ist wenig hilfreich, wenn man den Zensurbegriff ins Unendliche ausdehnt und alles Mögliche, was einem an gesellschaftlichen Kontroll- und Manipulationsphänomenen nicht passt, so nennt. Werbung zum Beispiel ist immer manipulativ, aber trotzdem grundsätzlich keine Zensur. Auch dann nicht, wenn sie Nichtbeworbenes zurückdrängt. Eine Opel-Werbekampagne ist keine Zensur gegenüber VW.

Wenn es um etwaige kommerzielle Beeinflussung der Meinungsfreiheit geht, ist der Bereich Medien und Publishing besonders relevant. Doch handelt es sich wirklich um informelle Zensur, wenn Verlage Buchmanuskripte ablehnen, weil sie dem Mainstream entgegenlaufen und nicht marktgängig sind? Tatsächlich wird das häufig so empfunden. Die kritische Öffentlichkeit beklagt schon seit Langem eine Zunahme zensorischer oder auch zensurähnlicher Interventionen in Verlags- und Buchhandel.

Der Literaturwissenschaftler Bodo Plachta schließt sein *Zensur*-Bändchen von 2006 nicht zufällig mit der Feststellung, dass sich »Klagen über die Zunahme informeller Zensur« mehrten: Nun seien Redaktionen, Lektorate oder andere gesellschaftliche Gremien die Zensoren. Ein Hauptgrund dafür seien »die radikalen Veränderungen der Medienlandschaft mit einer Konzentration des Presse- und Verlagswesens sowie die Etablierung privater Fernsehsender in den letzten Jahrzehnten«.

Was aber grundsätzlich nicht gesetzwidrig ist. Bei solchen Klagen geht einiges durcheinander. Wenn ein Verlag unter dem staatlichen Einfluss einer totalitären Regierung steht und seine Unternehmensstrategie so ausrichtet, dass er systemkritische Bücher und Zeitungen systematisch von der Publikation ausschließt, dann kann man tatsächlich von informeller Zensur sprechen. Wenn jedoch ein Verlag ein Manuskript auf dem freien Markt der Medien und Meinungen ablehnt, ist das keine Zensur. Und zwar auch dann nicht, wenn er dadurch der Öffentlichkeit etwas vorenthält und womöglich eine bestimmte Meinungsbildung fördert. Kommunikationslenkung ja, Zensur nein. Was nicht bedeutet, dass derartige kommerzielle Kommunikationslenkung kein Problem darstellt, im Gegenteil! Es ist ein großes ungelöstes Problem kapitalistischer Gesellschaften – und es ist nicht neu.

Das erweist ein nochmaliger Blick in die *Geschichte Peter Clausens*, geschrieben von dem Freiherrn Knigge im Jahr 1783, die einen denkwürdigen, wenn auch satirisch überspitzten Eindruck vom zeitgenössischen Verlagshandel und Buchmarkt vermittelt. Anspruchs- und wertvolle Literatur vergütet der Verleger, bei dem der Held der Geschichte, Peter Clausen, beschäftigt ist, gering oder druckt sie gar nicht erst. Unterhaltsame kleine Romane werden hingegen gut bezahlt – allerdings nie zu gut: »Wenn wir uns aber auch noch so viel von einem Buche zu versprechen hatten, so durfte doch das der Verfasser nicht gewahr werden. Wir zuckten die Achseln, klagten, das Papier sey theuer, der Druckerlohn kostbar, der guten Werke dieser Gattung zu viel – Kurz! wir machten uns die besten Talente zinsbar und lebten von dem sauern Verdienste Andrer, die indes bey aller Anstrengung ihrer Kräfte kaum das Brot hatten und zuletzt, wenn sie merkten, wie wir mit ihnen umgingen, auch aus Verzweiflung, um nicht zu verhungern, zu etwas Besserm geboren, handwerksmäßig arbeiteten. [...] Wollte ein Schriftsteller sich dieser Tyranney entziehn und auf seine Kosten ein Buch herausgeben, so verschworen sich alle Buchhändler, Freunde und Feinde, gegen ihn, das Werk nicht zu debitieren.« – Manipulation, Monopolisierung und Kartellbildung scheinen die Medienlandschaft also schon vor über zweihundert Jahren geprägt zu haben. Das Thema ökonomischer Meinungsbildungsmacht war zu Knigges Zeit ebenso brisant wie in unserer Gegenwart. Zwar sind heute wettbewerbsverzerrende Kartelle und Monopole verboten – doch sie sind auch schwer nachzuweisen.

Monika Maron hat grundsätzlich recht: Marktzwänge sind
zwar keine Zensur, aber sie haben etwas mit ihr gemeinsam. Sie
machen manches sichtbar und anderes unsichtbar, sie beeinflussen und formen Öffentlichkeit. Sie sind die womöglich be-
deutendsten Formen gesellschaftlicher Kommunikationssteuerung in Demokratien wie der unsrigen. Und sie sind legitim.
Es ist legitim, wenn eine Internetbuchhandlung, die sich den
chinesischen Markt erschließen will, keine systemkritische Literatur anbietet. Wenn sie nur der Profit und nicht die Menschenrechte interessieren, betreibt sie keine Zensur – wohl aber eine
kritikwürdige Geschäftspraxis, die ein Symptom enthemmter
globalisierter Märkte ist.

Was lässt sich dagegen unternehmen? Öffentliche Kritik und
Kaufboykott sind die Instrumente, die Bürgerinnen und Bürgern
uneingeschränkt zur Verfügung stehen. Ein weiteres, allerdings
viel problematischeres Instrument, solche Geschäftspraktiken
zu verhindern, wäre die strenge Regulierung von Marktmechanismen durch den Staat. Eingriffe dieser Art würden das Ende
der freien Marktwirtschaft bedeuten. Und überhaupt: Wäre nicht
bei einer restriktiven staatlichen Marktregulierung die Zensurkritik noch viel massiver und lauter?

Für den Zensurforscher Wolfram Siemann wäre eine solche
Kritik genau dann erst berechtigt; er reserviert den Zensurbegriff
wie die Juristen für staatliche Restriktionen. Das ist ein enges,
klar konturiertes Begriffsverständnis. Es hat allerdings hierzulande zugleich etwas Tautologisches: Zensur bedeutet harte
staatliche Zensur – die findet in Deutschland nicht statt –, und
deshalb gibt es bei uns auch keine Zensur. Mit einer solchen Ar-
gumentationskette geraten die meisten Grenzen der Meinungsfreiheit, die aktuell virulent sind, aus dem Blickfeld, zum Beispiel
eben auch Marktzwänge. Hinzu kommt, dass ein kategorisch
enger Zensurbegriff die heiklen Mischformen zwischen Zensur

und (Noch-)Nichtzensur ausblendet, und das, obwohl gerade sie besondere Wachsamkeit erfordern. Gefährlich wird es nämlich genau da, wo Kontroll- und Verbotsmechanismen systematisiert und institutionalisiert werden, wo sie vom Einzelfall zur Struktur übergehen und als informelle Zensur wirken. Und wo diese informelle Zensur womöglich doch zu staatlich-formeller Zensur mutiert.

Werner Fuld erzählt in seinem *Buch der verbotenen Bücher* von 2012 von der Marktdominanz der großen US-Supermarktkette Walmart. In der amerikanischen Provinz biete sie oft die einzige Möglichkeit, Bücher, Zeitschriften oder Filme zu kaufen, besetze also so etwas wie eine Monopolstellung auf dem ländlichen Medienmarkt. Wenn Walmart ein Produkt, ein Buch oder eine Zeitschrift nicht im Sortiment habe, spürten das die Verlage empfindlich. Der Supermarktkonzern agiere gemäß der Logik des Marktes, er gehe nach geschäftlichem Gewinn. Und da Rechtsstreitigkeiten in Amerika sehr teuer werden könnten, entferne er Produkte, an denen Kundinnen oder Kunden Anstoß nehmen, sofort aus seinen Regalen. Zum Beispiel Zeitschriften, auf deren Covermodels zu freizügig posieren. Deshalb seien viele Verlage dazu übergegangen, ihre Titelbilder vor Erscheinen der Journale der Walmart-Konzernleitung vorzulegen, zum Abnicken oder Ablehnen. Fuld nennt das informelle Zensur – die institutionalisierte Form der hier praktizierten präventiven Kontrolle spricht in der Tat dafür. Inwiefern solche informellen Zensurstrukturen auch bei digitalen Buchhandelsriesen wie Amazon konkret wirksam sind, wäre eine spannende Frage.

Wirtschaftsunternehmen beeinflussen den Meinungsmarkt erheblich. Das Walmart-Beispiel lässt eine unabhängige Presse-, Medien- und Verlagslandschaft utopisch erscheinen. Doch welche Folgen haben derartige Abhängigkeitsmechanismen für die Meinungsfreiheit? Im Falle vermeintlich unsittlicher Fotos auf Journaltitelseiten verstärken sie womöglich die Prüderie des ohnehin nicht gerade lockeren Amerika. In anderen, noch brisanteren Fällen führen sie zu einer Beeinflussung nicht nur von gesellschaftlichen Tugend- und Moralvorstellungen, sondern auch von politischen Standpunkten und Wahlverhalten.

Paradebeispiel einer unentwirrbaren Verflechtung von Markt, Macht und Medien ist Berlusconis Italien. Der 1936 geborene Silvio Berlusconi, der erst Bauriese, dann Medienmogul und schließlich Staatschef wurde, beeinflusste die öffentliche Meinung seines Landes jahrzehntelang. Dies gelang ihm durch ein umfassendes Medienmonopol, das er sich aufgebaut hatte: Seit Ende der 1970er-Jahre hatte er die Fernsehlandschaft Italiens unter seiner Kontrolle, private, aber auch öffentlich-rechtliche Sender. Er kaufte sich den Fußballverein A. C. Mailand – ein weiterer Schachzug des Populisten – und wurde 1994 schließlich zum ersten Mal Ministerpräsident, trotz krimineller Verwicklungen und Mafiaverbindungen. In der Ära Berlusconi wurden Korruption und Steuerhinterziehung geradezu Teil des politischen Systems. Die jüngste seiner Wiederauferstehungen zeigt, dass es damit womöglich noch nicht vorbei ist.

Wirtschaftsabhängige Medien, die systematisch Meinungsmonopolisierung betreiben und auf diese Weise Politik im Sinne der Mächtigen machen: Ein weiteres Paradebeispiel für diese Art der informellen Zensur ist neben Berlusconis Italien auch Trumps Amerika. Oder sollte man eher sagen: Murdochs Amerika? Der australisch-amerikanische Medienmogul Rupert Murdoch, fünf Jahre älter als Berlusconi, nutzte seine Medienkonzerne immer schon, um Politik gezielt zu beeinflussen. Aus Australien stammend, dominierte Murdoch zunächst die dortige Medienlandschaft. Im Laufe der Jahre baute er eine globale Medienmacht auf, die sich inzwischen über die Sparten Presse, Fernsehen, Film und Internet ausdehnt. Schwerpunkte seines

›Reichs‹ liegen in Großbritannien – Murdoch gehört unter anderem The Sun – und in den USA: Hier ist Fox News Channel sein wichtigster Trumpf, bekanntlich Trumps Lieblingssender. Mit ihm informieren sich Millionen Amerikanerinnen und Amerikaner täglich über das Weltgeschehen. Bis 2017 war der republikanisch-konservative Kanal viele Jahre lang der meistgesehene Nachrichtensender in den USA. Und schon in der Prä-Trump-Ära war er für eine manipulativ-unsachliche, nicht neutrale Berichterstattung hinsichtlich zentraler politischer Themen wie etwa des Irak-Krieges bekannt.

Fox News ist nur ein besonders prominentes Beispiel für die zunehmende wirtschaftliche und politische Machtkonzentration in den amerikanischen Medien. Der Amerika-Experte Josef Braml zeichnet in seinem Buch Auf Kosten der Freiheit. Der Ausverkauf der amerikanischen Demokratie und die Folgen für Europa die amerikatypische Abhängigkeit der politischen Macht vom Markt nach. Nicht nur der Mediensektor, sondern auch andere Industrie- und Geschäftssparten diktieren in den USA die Staatspolitik und höhlen die Demokratie auf diese Weise aus. Bramls Diagnose, die im Frühjahr 2016 erschien und im Winter mit dem Zusatz Trumps Amerika neu aufgelegt wurde, ist besorgniserregend. Denn unabhängige Medien sind immer noch die unverzichtbare Grundlage freier Rechtsstaaten, und diese scheint in Amerika zu schwinden. Führen die USA der Welt vor, wie eine Demokratie im Bermudadreieck von Markt, Macht und Medien untergehen kann? Wie sich auf versteckten, von der Öffentlichkeit unbemerkten Wegen allmählich eine formell-staatliche Zensur etablieren kann?

2 ZENSUR DES KLIMAS – KLIMA DER ZENSUR

Staatliche Zensur in der ältesten modernen Demokratie der Welt! Ist das nicht eine übertriebene, etwas zu pessimistische Einschätzung? Hoffentlich. Doch so manche Aktion der Trump-Administration deutet in eine andere Richtung.

So mussten im letzten Jahr etliche Ministerien und Behörden auf Regierungsanweisung Webinformationen verändern oder entfernen. Das Gesundheitsministerium tilgte Hinweise zu sexueller Diversität, die Seuchenschutzbehörde CDC wurde mit einer Liste von sieben unerwünschten Wörtern konfrontiert, die sie bei offiziellen Budgetanträgen nicht mehr verwenden sollte. Dieser Vorgang, von der *Washington Post* am 15. Dezember 2017 angeprangert, war auch in den deutschen Medien ein großer Aufreger. Die *Süddeutsche* vom 18. Dezember 2017 etwa titelte »*Schädlicher als Zensur*« und zitierte damit den entsetzten Direktor des Harvard Global Health Institutes. Die sieben magischen Wörter, die in ihrer Zusammenstellung geradezu absurd wirken, sind ›Diversität‹, ›Transgender‹, ›Fötus‹, ›verletzbar‹, ›Anspruchsberechtigung‹, ›evidenz-‹ und ›wissenschaftsbasiert‹. Auch wenn es sich hier womöglich nur um eine innerbehördliche Strategie handelte, mit der Anträge bessere Chancen haben sollten vor republikanisch dominierten Gremien, die nichts von Föten oder Diversität hören wollen – die Signalwirkung nach außen war verheerend, und zwar zu Recht. Wenn eine Seuchenschutzbehörde nicht mehr über Gesundheitsrisiken wie die Schädigung des Fötus durch den Zika-Virus sprechen darf, behindert das ihre Arbeit erheblich. Und wenn sogar das Wort ›wissenschaftsbasiert‹ zum Tabuwort wird, lässt dies abgrundtief blicken in das wissenschaftsfeindliche Klima des neuen Amerika.

Am auffälligsten ist die staatliche Kommunikationskontrolle der Trump-Administration beim Thema Klimaschutz und Energiewende. Als der neue Präsident am 20. Januar 2017 den Amtseid abgelegt hatte, waren nur wenige Minuten später sämtliche Informationen zu Gefahren des Klimawandels von der Website des Weißen Hauses getilgt – daran erinnert auf den Tag genau ein Jahr später das Onlinemagazin *Klimaretter.info* unter der Überschrift *Zensur beim Klimawandel*. Am 26. Januar 2017 hatte das Außenministerium bereits die Seiten über die Umsetzung der amerikanischen Klimaschutzverpflichtungen, die *Climate Action Reports*, entfernen lassen. Zwei Monate später ersetzte die Umweltschutzbehörde EPA auf ihrer Homepage die Formulierung *science-based standards* durch *economically and technologically achievable standards*: Die Wissenschaft verschwand zugunsten von Wirtschaft und Technik.

Die massive Manipulation der medialen Darstellung des Klimawandels durch die US-Regierung lässt sich am besten durch Vorher-Nachher-Vergleiche rekonstruieren. Eben dies hat die *Environmental Data & Governance Initiative* (EDGI) gemacht und ihre Ergebnisse im Januar 2018 in einer über fünfzigseitigen Studie online gestellt. Und diese Ergebnisse haben es in sich. Zahlreiche Websites, Passagen, Wörter wurden im ersten Jahr der Trump-Zeitrechnung modifiziert oder gelöscht, der veränderte Umgang der Regierung mit dem Thema Klimawandel ist quantitativ und qualitativ eindeutig nachweisbar. Die Studie macht nachvollziehbar, wo und wie sich die Webpräsentation des Klimawandels durch US-Ministerien und -Behörden verändert hat, nach welchen Mustern die Änderungen vorgenommen wurden und wie Fakten zugunsten einer neuen, anderen Wirklichkeit verfälscht wurden. Zu dieser neuen Wirklichkeit gehört, dass die schädliche Wirkung fossiler Energien unerwähnt bleibt und regenerative Energien marginalisiert werden.

Die meisten Eingriffe in die Webpräsenz fanden bei der US-Umweltschutzbehörde statt, die Hunderte Informationsseiten zum Klimawandel entfernen ließ. Beispiele für sprachliche Veränderungen sind die Ersetzung von ›Klimawandel‹ durch ›Widerstandsfähigkeit‹ und ›Nachhaltigkeit‹. Mich erinnert das an die Decknamen- und Tabuwort-Strategie der DDR: Hier hieß die verheerende Luftverschmutzung im Erzgebirge nicht Smog, sondern »Industrieemission bei austauscharmer Wetterlage«, wie Elke Mehnert berichtet. Fatale Parallelen.

Die EDGI-Studie spricht von einer systematischen Strategie des Ersetzens einer klaren Sprache durch vage Begriffe. Sogar das Wort ›Klima‹ selbst wird nun auf allen möglichen staatlichen Websites sparsamer eingesetzt. Offenbar gilt es als Trigger, der Unwohlsein versursacht und deshalb zu meiden ist. ›Kohle‹ scheint ebenfalls zu den unangenehmen Wörtern zu gehören und wird gerne durch ›Emissionen‹ oder erneut ›Nachhaltigkeit‹ ersetzt. Passagen, die Klimagefahren thematisieren, wurden vollständig gestrichen. »Der Stand der Wissenschaft ist eindeutig – Treibhausgas-Emissionen aus allen Quellen müssen abnehmen«: Diese Stelle fehlt nun ganz in der Webpräsenz der US-Umweltbehörde.

Klimaretter.info weist darauf hin, dass die Inhalte zum Klimawandel streng genommen nicht ganz weg, wohl aber »ins Nirwana des Netzes« abgeschoben worden und so gut wie nicht zu finden seien: eine massive Kommunikationssteuerung, die fast auf das Gleiche hinausläuft wie Löschungen. Die Informationsfreiheit und damit auch die Freiheit der Meinungsbildung werden auf diese Weise massiv eingeschränkt. Die Autorinnen und Autoren der EDGI-Studie sprechen ausdrücklich von ›Zensur‹ und begründen dies mit der systematischen, nicht nur sporadischen Vorgehensweise der Regierung. Zwar müssten rhetorische Veränderungen noch keinen politischen Kurswechsel bedeuten,

betonen sie ebenso korrekt wie vorsichtig. Die neue Umwelt-
rhetorik verschleiere und verunklare jedoch das Thema und ver-
ringere zugängliche Informationsquellen.

Sprache formt Denken. Die systematische Unterdrückung
bestimmter Wörter geht immer einher mit der Unterdrückung
der Inhalte, für die sie stehen. Wenn dies von staatlicher Seite
aus systematisch, institutionell, regelmäßig und umfassend
geschieht, wenn Wörter tabuisiert werden und Sprachregeln
auferlegt werden, um Meinungsbildung zu beeinflussen und
Kommunikation zu manipulieren: Was sollte Zensur sein, wenn
nicht das? Die kritische Öffentlichkeit diesseits und jenseits des
Atlantiks sieht das nicht anders und diskutiert die amerikanische
Klimaveränderung unter eben diesem Label: Zensur.

Die Stadt Chicago setzt der Zensur des Klimas bzw. dem Klima der Zensur etwas entgegen: Sie stellt alte EPA-Websites zum
Klimawandel ausschnittweise online zur Verfügung und gestattet
sich den ironisch-maliziösen Hinweis, selbst wenn diese Informationen auf der EPA-Website nicht leicht zugänglich seien –:
»In Chicago wissen wir, dass der Klimawandel real ist.«

3 EIN DEKALOG DER DIGITALEN FREIHEIT

Vor Kurzem sah ich am Rand einer Straße ein Schild: »Absturz-
gefahr!« Es war eine ordentlich geteerte Straße, inmitten einer
Ortschaft. Sie ging leicht bergab und war rechts und links von
Grünstreifen gesäumt. Mein erster Gedanke war: Hier muss mal
jemand irgendwie, keine Ahnung, wie, abgestürzt sein. Sonst
wäre man nicht auf die Idee gekommen, dieses Schild anzubrin-
gen. Es war offensichtlich eine Antwort auf ein Problem.

Wenn nun jemand heute auf die Idee kommt, Prinzipien für
die Meinungsfreiheit im Internet aufzustellen, dann antwortet er

damit ebenso unverkennbar auf ein Problem: Die digitale Meinungsfreiheit scheint in akuter Gefahr zu sein. Der britische Historiker Timothy Garton Ash hat 2016 zehn solcher Prinzipien vorgeschlagen. Sein Buch *Free Speech. Ten Principles for a Connected World*, das noch im gleichen Jahr auf Deutsch (*Redefreiheit. Prinzipien für eine vernetzte Welt*) erschien, wurde viel beachtet und sogleich als Standardwerk zum Thema Meinungsfreiheit im Internet bezeichnet. Warum aber war es nötig geworden? Was war passiert mit dem digitalen Paradies schrankenloser Redefreiheit, als das das Internet in seiner Pionierzeit doch gerühmt wurde? Dass die globale Meinungsfreiheit als wichtigste Auszeichnung des frühen World Wide Web galt, hatte viel mit seinem Ursprungsland zu tun. Der Historiker Ash erläutert, wie die Gründer des Internets unter dem Schutz und im Namen des US-amerikanischen ersten Verfassungszusatzes von 1791 operierten, der der Rede- und Pressefreiheit höchsten Wert zuspricht. Die »vorsätzliche Offenheit« des ursprünglichen Web sei inzwischen allerdings stark eingeschränkt, erklärt Ash. Im 21. Jahrhundert würden »zuvor offene und freie Kommunikationstechnologien sowohl von staatlichen als auch von privaten Mächten im Zaum gehalten und eingeschränkt, wie schon ihre Vorgänger vom Buchdruck bis zum Radio«.

Doch wer übt heute eigentlich digitale Kommunikationskontrolle aus und wie? Weltweit nimmt Zensur im Internet zu. Autokratische Machthaber blockieren Netzzugänge und begründen das politisch, sittlich-moralisch oder religiös; sie fürchten das Web als globale Wissens- und Meinungsmaschine. Aber auch in Demokratien tobt ein Kampf um die digitale Meinungshoheit. Gefahren für die Freiheit im Netz gehen sowohl von Privatkonzernen als auch vom Rechtsstaat aus. Deren Gründe für verstärkte Bemühungen um Grenzen der Meinungsfreiheit im Netz sind vielfältig. Netzwerkbetreiber wollen vermeiden, was

ihre Kundinnen und Kunden abschreckt, zum Beispiel unsittliche Darstellungen. Staaten wollen im Sinne ihrer Verfassung
gegen Kriminalität, Hass und Gewalt vorgehen. Denn das Internet, das unter dem Banner größtmöglicher Offenheit entwickelt
wurde, bildet eine Plattform, auf der sich natürlich nicht nur
gute, ehrliche Menschen austoben – sondern einfach alle. Ausgehend vom uramerikanischen Ideal radikaler Redefreiheit formte
sich im Internet »eine Struktur, die heute von Religionskriegern,
Infopartisanen, Geheimdienstlern, Trollen, Hasspredigern ebenso benutzt wird wie von Bürgerrechtlern, Wissenschaftlern und
Verkaufsplattformen«, so Gustav Seibt in seiner Ash-Rezension
in der *Süddeutschen* vom 27. September 2016.

Kernstück von Ashs *Free Speech* ist eben jener Dekalog, den
er im Rahmen des langjährigen Projekts *freespeechdebate.com*, im
Dialog mit zahlreichen Experten und Expertinnen sowie Studie-
renden aus aller Welt, entwickelt hat. Er beginnt so: »Wir – alle
Menschen – müssen frei und dazu fähig sein, uns selbst auszudrücken und ohne Rücksicht auf Grenzen Informationen und
Ideen zu suchen, zu erhalten und mitzuteilen.« Es folgen Prinzipien gegen Gewaltdrohungen, zu Wissensverbreitung ohne
Tabus, zu unzensierten Medien und Teilhabe am öffentlichen
Leben, zu offener Rede mit »robust civility«, zum Respekt vor
Gläubigen, zum Schutz der Privatsphäre und zur Hinterfragung
von aus Sicherheitsgründen eingeschränkter Informationsfreiheit, zur Verteidigung des Internets gegen unrechtmäßige
private und öffentliche Eingriffe und zur Entscheidungsfreiheit
des oder der Einzelnen.

Manche Prinzipien sind sehr moderat formuliert (»Wir sollten ...«). Andere sind enttäuschend allgemein gehalten, so als
hätte man in einer abendlichen Diskussionsrunde mit Notizen
auf einem Bierdeckel zu ganz ähnlichen Ideen kommen können.
Der Grundsatzkatalog von Facebook, ebenfalls ›Principles‹ ge-

nannt und ebenfalls aus zehn Regeln bestehend, überschneidet sich in mindestens drei Fällen mit Ashs Regelwerk: Wie dort lautet auch hier das erste Prinzip »Freiheit des Teilens und Verbindens«. Das zweite Facebook-Prinzip, »Eigentum und Kontrolle über die Daten«, passt zu Ashs siebtem, das dritte, »freier Informationsfluss«, zu Ashs viertem.

Ob Ashs sehr allgemeiner Dekalog tatsächlich konkrete Folgen nach sich ziehen wird? Immerhin hat der Historiker einen beeindruckend groß angelegten Versuch gestartet, Leitlinien zur Sicherung der Meinungsfreiheit im Netz zu schaffen, die sich die digitale Kosmopolis selbstverpflichtend auferlegen könnte. Im besten Fall wäre Ashs Dekalog ein Impuls für ein noch auszuhandelndes internationales Reglement, das von Staaten unterzeichnet und ratifiziert würde. Ashs Standpunkt dabei ist die Sicherung größtmöglicher digitaler Freiheit des Einzelnen. Als liberaler Individualist möchte er jedem Menschen zugestehen, sich Mohammed-Karikaturen im Netz anzuschauen oder es bleiben zu lassen. Übertragen auf die oben diskutierten Fälle hieße das: Jeder und jede kann sich selbst dafür oder dagegen entscheiden, eine Ausstellung mit kulturell aneignender oder sexistischer Kunst zu betrachten, den Buchmessestand eines rechtsradikalen Verlags zu besuchen, einen Vortrag einer transphoben Feministin anzuhören, den Plural ›Studenten‹, ›Studierende‹ oder ›Student*innen‹ zu schreiben.

Ich sehe das grundsätzlich genauso wie Ash. Wir sollten die größtmögliche Freiheit beim Reden und Handeln haben, bis an die Grenzen des Gesetzes. Wie gesagt: Hegemoniale Brechstangenkunst, kulturelle Aneignung unterprivilegierter Minderheiten, reaktionäre Geschlechterpolitik, elefanteske Porzellanzerstörung – all das muss erlaubt sein. Ob es auch wünschenswert ist, ist eine andere, sicherlich ebenso wichtige Frage, die mit ethischen Werten und sozialen Normen menschlichen Zusammenlebens zusammenhängt, mit Diversität, Toleranz, Respekt, postkolonialem Bewusstsein. Eine Gesellschaft tut gut daran, sich über diese Dinge mindestens genauso viele Gedanken zu machen wie über das prinzipielle Recht auf Meinungsfreiheit.

Auch zu legitimen Grenzen der digitalen Redefreiheit hat sich Ash geäußert: Einschüchterung, Gewalt und gefährliche Rede müssten seiner Ansicht nach verboten werden. Jenseits davon allerdings müsse man viel aushalten, und zwar mit ›robuster Zivilität‹, wie er es nennt. ›Robust‹ argumentiert der Historiker selbst mit Vorliebe gegen überempfindliche Identitätsaktivisten und -aktivistinnen, die etwa Lappalien wie das grammatische Geschlecht riesig aufbauschten ... Das Thema Gender ist auch für Ash ein rotes Tuch. (Schon wieder ein älterer weißer Mann! Ich bin gerade kurz davor, selbst auf Identitätslogiken hereinzufallen. Wo sind die jungen schwarzen Genderfeindinnen dieser Welt?) Rezensent Gustav Seibt schreibt jedenfalls zustimmend: »›Wir haben die Pflicht, nicht zu schnell beleidigt zu sein.‹ Man möchte diese Regel vor mancher Moschee, vor manchem kulturwissenschaftlichen Seminar aufhängen.«

Ganz so einfach, wie sich die Sache hier darstellt, ist sie natürlich nicht. Denn wie lassen sich erlaubte ›robuste‹ Rede auf der einen Seite und verbotene Einschüchterung, Gewalt und gefährliche Rede auf der anderen Seite klar unterscheiden? Diese brisante und in jedem Einzelfall neu zu bedenkende Frage stellt sich analog ebenso wie digital. Zu ihrer Klärung gibt es nicht zuletzt Gesetzbücher und Gerichte – Fehlurteile unbenommen –, die auch für Kommunikation im Netz zuständig sind. Digitale Volksverhetzung ist in Deutschland genauso strafbar wie analoge. Sie ist allerdings viel schwerer zu belangen, und genau um diese praktische Dimension der Judikative geht es häufig bei dem Ringen um Rechtsdurchsetzung kontra Freiheitsgrenzen im Netz.

4 HERKULES' HINTERN

Die Stadt Kassel hat einen Superhelden. Einen muskulösen Riesen, der wohlwollend auf die nordhessische Metropole hinunterschaut. Er wirkt auf mich ein bisschen wie ein extraterrestrischer Superman, der auf die Welt herabblickt und prüft, ob er irgendwo etwas richten oder jemanden retten soll. Gemeint ist der Herkules, jene kupferne Statue, die den Bergpark Wilhelmshöhe überragt – Wahrzeichen der Stadt und seit 2013 UNESCO-Welterbe.

Vor Kurzem, am 30. November 2017, beging der Kasseler Herkules seinen dreihundertsten Geburtstag, ein großes und gebührend gewürdigtes Jubiläum. Am 4. Februar 2018 feierte Facebook seinen immerhin vierzehnten Geburtstag. Mark Zuckerberg und seine Partner starteten 2004 das soziale Netzwerk und veränderten die globale Kommunikation nachhaltig – weniger großspurig lässt sich das nicht ausdrücken.

Was haben die beiden nun miteinander zu tun, der hessische Herkules und Facebook? Ein Blick in die *community standards* des sozialen Netzwerks liefert die Antwort: *Nudity* ist ein unzulässiger Inhalt, weshalb Facebook im Mai 2017 ein Foto des Herkules sperrte, das die *GrimmHeimat NordHessen* in einer Bilderstrecke veröffentlichen wollte. Um sich eine Auseinandersetzung mit Facebook zu sparen, und zugegebenermaßen auch, um desto mehr Aufmerksamkeit für diese fragwürdige Sperrung zu bekommen, zog der Tourismusverband dem Herkules per Bildbearbeitungsprogramm rote Badeshorts an. Das umstrittene Foto zeigte den Halbgott übrigens von hinten. Eigentlich ziemlich harmlos, möchte man meinen. Es handelte sich ja noch nicht einmal um eine Frontal- oder Seitenansicht, die ihn recht ordentlich ausgestattet gezeigt hätte. Zu sehen war nur ein runder, kräftiger Po. Was hatte Facebook bloß dagegen?

Facebook selbst wohl nichts, möglicherweise aber einige
seiner Nutzerinnen und Nutzer, aus persönlichen, kulturellen,
religiösen, politischen oder noch ganz anderen Gründen. So
legitimiert das Unternehmen jedenfalls die Einschränkung von
Nacktheitsdarstellungen – »da einige Zielgruppen innerhalb unserer globalen Gemeinschaft auf diese Arten von Inhalten unter
Umständen sensibel reagieren können, insbesondere aufgrund
ihres kulturellen Hintergrunds oder Alters«.

Wenn man als Netzwerkanbieter Menschen auf dem ganzen
Erdball mit verschiedensten Erwartungen und Empfindlichkei-
ten zufriedenstellen und nirgendwo anecken will, kann dabei ein
ziemlich rigides Regelwerk herauskommen. Seit 2015, nach massiver Kritik an der Intransparenz und Vagheit seiner *community
standards*, erläutert Facebook diese etwas ausführlicher. Auf der
entsprechenden deutschsprachigen Webseite findet man auch
eine Passage zu »Nacktheit«, in der die konkrete Prüfpraxis be-
schrieben wird: »Wir entfernen Fotos von Personen, auf denen
Genitalien oder vollständig entblößte Pobacken zu sehen sind.
Außerdem beschränken wir Bilder mit weiblichen Brüsten, wenn
darauf Brustwarzen zu sehen sind.«

Vollständig entblößte Pobacken hat der Kasseler Herkules
in der Tat. (Hätte er doch seine rechte Hand, die locker auf dem
unteren Rücken aufliegt, nur etwas tiefer hängen lassen.) Die
Badehose scheint also unumgänglich gewesen zu sein. Wenn
man sich allerdings weiter durch die *nudity*-Richtlinie arbeitet –
offenbar hat das diejenige, die das Foto im Auftrag von Facebook geprüft und beanstandet hat, nicht getan –, dann stellt
sich die Sache doch noch einmal anders dar: »Fotos von Frauen,
die beim Stillen oder mit Vernarbungen aufgrund von Brust-
amputationen gezeigt werden, sind jedoch in jedem Fall erlaubt.
Außerdem sind Fotos von Gemälden, Skulpturen und anderen
Kunstformen erlaubt, die nackte Figuren zeigen.« Nackte Kunst

ist also legitim! Die Sperrung des Herkuleshintern war schlicht ein Irrtum. Einer von unzähligen, wie sie den Internetkontrolleuren tagtäglich passieren. Die Presse berichtete im Sommer 2017 genüsslich über den nun frischbekleideten Kasseler Halbgott, um einmal mehr den Kopf zu schütteln über die Engstirnigkeit oder gar Zensur der sozialen Netzwerke. Dabei hätten sie sich eigentlich vielmehr über die fehlerhafte Anwendung der Richtlinien aufregen müssen. Was die Verquertheit des ganzen Meinungskontrollsystems natürlich auf andere Art genauso entlarvt.

Dass die Sperrung obendrein völlig absurd war, sei nur nebenbei bemerkt. Ein einziger Klick holt Tausende nackte Herkulesstatuen aus dem Netz hervor. Es wäre genauso sinnvoll, den Verkauf von Gummibärchen an einer Supermarktkasse streng zu verbieten und an den Nachbarkassen zu erlauben. Leider gibt es aber problematischere Fälle, in denen keine anderen Kassen in Sicht sind. Fälle, in denen Meinungsäußerungen gelöscht und Profile blockiert werden, in denen Menschen im Netz zum Schweigen gebracht werden. Die Fälle sind Legion, und damit sind nicht juristisch begründete Sperrungen rechtsextremistischer oder volksverhetzender Inhalte gemeint, gegen die so oft mit populistischem Zensurgeschrei protestiert wird. Nein, auch die seriöse Berichterstattung dokumentiert regelmäßig Fälle, in denen harmlose Facebook-Kommentare, satirische Postings, derbe, aber nicht justiziable Äußerungen gelöscht wurden. Ein Teil des Problems ist die Überprüfung der Postings durch Algorithmen, die zum Beispiel nicht zwischen ernst gemeinter Hetze und Satire auf Hetze unterscheiden können. Ein anderer Teil des Problems sind die Partnerfirmen von Netzwerkanbietern wie Facebook: Sub- oder Fremdfirmen, an deren Eignung häufig gezweifelt wird. Billiglohnarbeiter und -arbeiterinnen in außereuropäischen Ländern wie Indien oder den Philippinen sehen

Postings auf pornografische oder gewaltverherrlichende Inhalte
durch und treffen Löschentscheidungen.

Aber darf ein Netzwerkbetreiber einfach etwas löschen,
ohne darüber genaue Rechenschaft abzugeben? Er darf.»Wir
können sämtliche Inhalte und Informationen, die du auf Facebook postest, entfernen, wenn wir der Ansicht sind, dass sie gegen diese Erklärung bzw. unsere Richtlinien verstoßen.« So steht
es in der »Erklärung der Rechte und Pflichten«, Abschnitt 5.2. In-
ternetanbieter sind privatwirtschaftliche Unternehmen, die sich
eine Geschäftsordnung geben und diejenigen sanktionieren
dürfen, die sich nicht daran halten. Alle angemeldeten Nutzerinnen und Nutzer erklären sich ausdrücklich mit den *community
standards* einverstanden. Digitale Dienste dürfen selbst entscheiden, welchen Inhalt sie bringen wollen – genauso wie die traditionellen Printmedien: Auch hier findet die Auswahl seit jeher
aufgrund von Leitlinien oder Leitbildern statt, die politisch moti-
viert sein können und dürfen. Eine linke Zeitung muss keinen
rechten Artikel abdrucken und umgekehrt.

Und doch erscheint die Sache plötzlich in einem anderen
Licht, wenn ein Netzwerkbetreiber das wichtigste Kommunikati-
onsinstrument zahlloser Nutzerinnen und Nutzer darstellt, wenn
er quasimonopolistisch die Meinungsäußerungen von fast zwei
Milliarden Menschen beeinflusst. Das ist eine ganz neue Situation und zugleich eine ganz neue Verantwortung, und zwar sowohl für das privatwirtschaftliche Unternehmen als auch für den
demokratischen Rechtsstaat. Es ist eben doch etwas anderes, ob
es um die FAZ oder um Facebook geht. Der Journalist Rüdiger
Wischenbart bringt es am 4. September 2017 in seiner Kolumne
Virtualienmarkt beim Kulturmagazin *Perlentaucher* auf den Punkt:
Während bis zum Ende des 20. Jahrhunderts die traditionellen
Medien, »die in komplizierten politischen Prozessen über zwei-
einhalb Jahrhunderte ein Regelwerk entwickeln konnten«, für In-

formation und Meinungsaustausch der bürgerlichen Öffentlichkeit zuständig gewesen seien, holen sich die Menschen heute
ihre Informationen oft direkt und ohne vermittelnde Medien aus
dem Netz, von ihrer Community. GAFA (Google, Amazon, Facebook und Apple) seien sozusagen oligarchische Torwächter der
digitalen Kommunikation.

In der Tat schaffen die großen Internetplayer globale Kom-
munikations- und Informationsmöglichkeiten in bislang nicht
gekanntem Ausmaß und steuern diese zugleich. Ihre Richtlinien
kommen Gesetzbüchern gleich, die nicht in einem demokratischen Prozess entwickelt wurden – und dennoch zum Maßstab
für Milliarden Menschen erhoben werden. Ihre Urteile werden
nicht öffentlich gefällt, sie basieren auf einer Art Privatrecht,
etabliert inmitten freiheitlich-demokratischer Gesellschaften.
Legislative, Exekutive und Judikative werden in einem Aufwasch
abgehandelt. Eine demokratische Kontrolle der digitalen Kom-
munikationsoligarchen findet nicht statt.

Und trotzdem hat das immer noch nichts mit formell-staatlicher Zensur zu tun. Wohl aber mit informeller Zensur, und
zwar ganz massiv: Facebook, Twitter und Co. praktizieren umfassende, institutionalisierte, systematische Kontrollen und Verbote von veröffentlichten oder zur Veröffentlichung bestimmten
Meinungsäußerungen. Ihre Machtposition ähnelt inzwischen
der von Staaten, urteilen Kritiker. Der Historiker Timothy Garton Ash ist davon überzeugt, dass die »internen, manchmal geheimen operativen Praktiken privater Supermächte« heute »unter
Umständen mehr Einfluss als die Entscheidungen der Gesetzgeber und Regulatoren« haben. Rüdiger Wischenbart schreibt,
die Geschäftsbedingungen von GAFA seien wie Gesetze: »Aus
dieser Macht erwächst eine Macht zur Zensur.« Und Johannes
Boie schimpft in der *Süddeutschen* vom 22. August 2016: »Wäre
Facebook ein Staat, wäre es eine Diktatur.«

Wie schafft man eine Diktatur ab? Kann eine friedliche Revolution gelingen – ohne Einsatz staatlicher Regulierungsgewalt,
die einer freien Marktwirtschaft diametral entgegenstünde? Wie
kommen wir raus aus der globalen Meinungsmonopolisierungs-
falle? Ist ein digital-globales Grundgesetz zum Schutz der Meinungsfreiheit eine hoffnungslose Utopie? Das Nachdenken über
solche Fragen hat längst begonnen. Gut so: Es ist Zeit für eine
breite Diskussion über digitale Zensur mit allen Beteiligten. Eine
Diskussion, die den Zensurbegriff nicht als Allzweckwaffe der
Empörung missbraucht, die jeder und jede schnell bei der Hand
hat. Ashs *Ten Principles for a Connected World* haben einen sinnvollen
Grundstein dafür gelegt.

Zeitgleich ist ein weiterer solcher Grundstein entstanden:
die *Charta der Digitalen Grundrechte der Europäischen Union*. Ihre Ini-
tiatoren und Initiatorinnen – eine »Gruppe von Bürgerinnen und
Bürgern, denen die Gestaltung der digitalen Welt am Herzen
liegt«, wie es auf der Homepage *digitalcharta.eu* heißt – gehen
einen Schritt weiter als Ash: Sie streben eine rechtsverbindliche
Regulierung digitaler Grundrechte an. Ende 2016 lag die Charta
in erster Version vor, im April 2017 in zweiter Version und wurde
anschließend ein weiteres Mal überarbeitet. Vertreterinnen und
Vertreter aus Wissenschaft und Recht, Politik, Medien und Netz-
aktivismus entwickelten das Papier in einem öffentlichen Dis-
kussionsprozess und unter starker bürgerlicher Beteiligung und
Mitbestimmung. Die Charta will vor allem die digitalen Rechte
der Bürger und Bürgerinnen stärken und die monopolähnliche
Macht ausländischer Internetkonzerne schwächen. Ihr Ziel ist
hochgesteckt: »Wir setzen uns dafür ein, dass daraus ein [gesell-
schaftlicher und politischer] Prozess entsteht, der in ein binden-
des Grundrechte-Dokument mündet. So soll ein digitalgesell-
schaftliches Fundament der EU entstehen.«

Der Jurist Wolfgang Hoffmann-Riem, Mitinitiator der euro-

päischen Digitalcharta, kritisierte schon früh die Macht privater
Internetprovider. Im Jahr 2001 erklärte er, zwar sei das Ziel, die
Freiheit per Gesetz zu schützen, in den letzten Jahrhunderten so
gut wie gleich geblieben – die Methoden zur Erreichung dieses
Ziels müssten jedoch stets an die gesellschaftlichen Bedingungen angepasst werden: »Die Zukunft der Freiheitsrechte wird
auch davon abhängen, dass bei neuen Erscheinungen immer
wieder gefragt wird, ob die schon erfolgte rechtliche Gestaltung
des Freiheitsbereiches ausreicht, um unter heutigen Bedingungen Ziele zu verwirklichen, die auch schon gestern wichtig waren. Der rasante Umbruch auf dem Weg zur Informationsgesell-
schaft legt Antworten auf diese Frage dringend nahe.«

5 FRISCH GEFILTERT. DIGITALISIERUNG, DESINFORMATION UND DEMOKRATIE

Der (des)informierte Bürger im Netz: Wie soziale Medien die Meinungs-
bildung verändern – Die informierte Gesellschaft und ihre Feinde: Warum
die Digitalisierung unsere Demokratie gefährdet – Digital Politics: So ver-
ändert das Netz die Demokratie. 10 Wege aus der digitalen Unmündigkeit:
So lauten die Titel dreier Sachbücher von Wolfgang Schweiger,
Stephan Russ-Mohl und Aleksandra Sowa, die alle im Jahr 2017
erschienen sind.
 Aus journalistischer, medienwissenschaftlicher und in-
formationstechnologischer Perspektive wird ein Problem ein-
gekreist, das sich zum Megathema unserer Zeit entwickelt hat:
die Auswirkungen der Digitalisierung auf die Demokratie. Mal
wird vor einer polarisierten Gesellschaft pseudo-informierter
Bürger gewarnt, mal werden machtpolitische und kommerzielle
Interessen an digitaler Desinformation und Destabilisierung der
Demokratie analysiert, mal wird versucht, Auswege aus der Ent-

mündigung durch das Netz aufzuzeigen, um Demokratie und Freiheit zu erhalten.

Auch Marion Kliesch thematisiert in ihrem Buch *Ästhetik der Zensur* die digitale Kommunikationskontrolle. Ihr Fazit: »Zensur ist überall.« Dabei verwendet sie einen sehr weiten, allgemeinsprachlichen Zensurbegriff. Das »Kontrollieren, Unterdrücken oder Steuern von Informationen und somit alle Fremdeinflüsse auf Medien, die Veröffentlichungen beeinflussen oder unterbinden, gleich, ob durch staatliche oder nicht staatliche Gruppen«, das alles sei Zensur. Also auch Werbung, Kundenlenkung – und Internetfilterungssysteme. Um die geht es in diesem Kapitel.

Ob man dabei nun von Zensur sprechen will oder nicht: Die Filtertechnologie des Mediums Internet, das Daten vorstrukturiert, freigibt oder blockiert, steuert Kommunikation auf eine ebenso ubiquitäre wie unsichtbare Art und Weise. Eingriffe und Lenkungen durch Filtermechanismen sind für Userinnen und User nicht nachzuverfolgen. Gerade das macht die Sache so brisant, denn es bedeutet, dass im World Wide Web prinzipiell kein freier Informationsfluss existiert, keine ungehinderte Kommunikation und daher auch keine uneingeschränkte Meinungsfreiheit.

Ursache dafür sind diesmal nicht staatliche und private Restriktionen, wie sie etwa die Trump-Regierung auf die Darstellung des Klimaschutzes oder die Facebook-Richtlinien auf die Darstellung von Nacktheit ausüben. Ursache ist nun vielmehr die Infrastruktur des Internets selbst, die sämtliche Daten immer schon vorsortiert präsentiert. Alles geht durch den Filter. Zu unterscheiden sind hier auf der einen Seite der sichtbare Teil des Internets, das sogenannte *Clear Web*, dessen gefilterte Inhalte mit konventionellen Suchmaschinen findbar sind, also das, was normale Nutzer und Nutzerinnen sehen und benutzen. Auf der anderen Seite existiert ein viel größerer, unzugänglicher Bereich des Internets – seine Tiefen, seine dunklen Seiten: das *Deep Web*, das

nicht frei zugängliche und von Suchmaschinen nicht indexierte
Seiten umfasst, und, auch als Teil des Deep Webs beschreibbar,
das verschlüsselte, spezielle Software benötigende *Dark Web*. In
allen Fällen bestimmen unmerkliche Filter darüber, was wir überhaupt an Informationen und Inhalten zu Gesicht bekommen.

Und auch dann geht es noch weiter: Die im Netz veröffentlichten Daten und Metadaten durchlaufen weitere Filter. Mittels Algorithmen werden individuell angepasste Angebote er-
stellt, um auf die Bedürfnisse und Interessen von Nutzerinnen
und Nutzern zu reagieren. Wenn ich nach Schweden in Urlaub
fahren will und dazu im Netz recherchiere, bietet mir Google
anschließend immer wieder Skandinavienreisen an, wenn ich
einen Schaukelstuhl suche, kann ich mich nachher kaum vor
Sitzmöbelangeboten aller Art retten. Das Internet kennt meine
Suchgeschichten, mein Klickverhalten, meinen Standort. Daraus ermittelt es meine Vorlieben und Interessen – und macht
mir vermeintlich passende Angebote. Es selektiert, gewichtet,
priorisiert für mich eine unüberschaubare Datenflut. Tatsächlich
habe ich gestern noch ein bestimmtes Buch eines Soziologen bei
Google recherchiert – und schon heute bietet mir Amazon per
Mail eine Neuerscheinung des gleichen Autors an. Bei Urlaubs-
reisen, Möbeln oder Büchern sind solche Manipulationen per
Algorithmus zwar nervig, aber noch zu ertragen. Doch haben
Sie schon mal rechtsradikale Inhalte im Internet gesucht? Das
Internet merkt (sich) alles – sofort hält es Sie für einen Nazi. In
Zukunft wird es Ihnen immer wieder solche Themen anbieten.
Sie sind offiziell eingetreten in eine braune Sumpf-Filterblase.

Der Erfinder des Begriffs *Filter Bubble* ist der Netzaktivist Eli
Pariser, der damit die fortschreitende und für Userinnen und
User meist unbemerkte Personalisierung von Netzinhalten und
-informationen kritisierte. Sein Buch *The Filter Bubble: What The
Internet Is Hiding From You* erschien 2011, ein Jahr später folgte

die deutsche Ausgabe *Filter Bubble. Wie wir im Internet entmündigt werden.* Die Netzöffentlichkeit besteht aus unzähligen solcher nebeneinander existierenden Filterblasen – kommerziell motivierte, an Nutzer- und Nutzerinneninteressen entlang organisierte digitale Kommunikationsräume.

Diese bilden sich beinahe unmerklich um einen herum. Man glaubt sich weiterhin neutral und gut informiert, von echter Öffentlichkeit umgeben, ohne die Grenzen der Filterblase zu spüren. Man merkt nicht, dass man nur noch einen eingeschränkten Blickwinkel einnimmt, sich gleichsam in einer *cognitive insularity* befindet. Die eigene Meinung wird bestätigt und gefestigt, schallt immer wieder aus dem digitalen Universum zurück. Das Internet generiert durch die Filterblasen eine Bestätigungsatmosphäre gleicher, vertrauter Meinungen, es bietet in kuscheligen Echokammern das Ähnliche, nicht das Konträre an. Auf diese Weise werden Nutzer- und Nutzerinnenidentitäten gleichsam in Stein gemeißelt: ein Rückfall in die Urzeit der Mediengeschichte. Dass sich jemand einmal ändern könnte, ist nicht eingeplant. Und es hat ja auch etwas durchaus Behagliches, sich ohne äußere Störungen in der je eigenen Wohlfühlwahrheit einzurichten. So merkt man kaum, wenn die Daten, die die brave, lernfähige Suchmaschine ausspuckt, einen immer enger umstellen.

Mein Kasseler Kollege Dirk Stederoth, Philosoph, hat jene Filterblasentechnologie in einem Vortrag als »individualdemokratische Zensur« bezeichnet. Ich persönlich würde immer noch – etwas optimistischer gestimmt – davon ausgehen, als medienkompetente, kritische Userin die Wahl zu haben: die Wahl, etwas wegzuklicken und anderes anzuklicken. Vielleicht verharmlost eine solche Sichtweise das Problem aber auch; vielleicht merke ich gar nicht, auf welch brüchigem virtuellen Boden ich selbst als (des)informierte Bürgerin stehe.

Kein Zweifel: Eine aufgeklärt-kritische Öffentlichkeit, wie

sie mit der bürgerlichen Presse im 18. Jahrhundert entstanden war und bis ins 20. Jahrhundert die gesellschaftliche Kommunikation und Meinungsbildung maßgeblich bestimmte, besitzt im Internet kein Pendant. Und doch habe ich weiterhin eine gewisse Freiheit der Entscheidung – zum Beispiel dafür, die ja immer noch existenten aufgeklärt-kritischen journalistischen Medien jenseits sozialer Netzwerke als Informationsquellen zu nutzen.

Und sowieso: Gibt es Filterblasen nicht immer schon und überall, auch analog, ohne zugrunde liegenden Algorithmus, etwa bei Gruppen Gleichgesinnter wie Fußballfans? So argumentieren die IT-Journalisten Simon Hurtz und Hakan Tanriverdi in der *Süddeutschen Zeitung* vom 2. Mai 2017 unter der Überschrift: *Filterblase? Selbst schuld!* Sie sind genervt vom kulturpessimistischen Geraune, dass die sozialen Netzwerke durch Pseudo- oder Desinformation die Demokratie gefährdeten, und finden, dass der Einfluss sozialer Netzwerke überschätzt werde. Die aktuellen Studien darüber, wie Facebook-Algorithmen Weltbilder beeinflussten, seien sämtlich nicht wissenschaftlich valide. Zwar liege in Algorithmen und daraus generierten Filterblasen tatsächlich eine Gefahr, die Reaktion darauf müsse aber nicht Panik vor »aneinandergereihten Handlungsanweisungen an ein Computerprogramm« sein, sondern das Bestreben, so viel Aufklärung und fundiertes Wissen wie möglich darüber zu erlangen.

Apropos Aufklärung: Dass die Algorithmen der Internetriesen Google, Facebook und Co. irgendwann vollständig aufgedeckt werden, wie es kritische Stimmen fordern, ist unwahrscheinlich. Wohl kaum werden die großen Player sich derart in die Karten schauen lassen. Wenngleich es fraglich ist, ob man bei digitalen Filtermechanismen privater Netzwerkanbieter tatsächlich von Zensur sprechen sollte – dies haben die WWW-Giganten mit echten Zensoren auf jeden Fall gemeinsam: Sie sind unberechenbar.

6 ÜBER STAATLICHE SCHUTZPFLICHTEN UND FREIHEITSGEFÄHRDER

Am 1. Oktober 2017 ist in Deutschland ein neues Gesetz in Kraft getreten. Es gilt für »Telemediendiensteanbieter, die mit Gewinnerzielungsabsicht Plattformen im Internet betreiben, die dazu bestimmt sind, dass Nutzer beliebige Inhalte mit anderen Nutzern teilen oder der Öffentlichkeit zugänglich machen«, so Paragraf 1 Absatz 1.

Ein Buch über Zensur kommt an diesem sogenannten Netzwerkdurchsetzungsgesetz (kurz: NetzDG) nicht vorbei. Ich habe als Autorin trotzdem mindestens drei Probleme damit: Erstens bin ich keine Juristin und kann lediglich meine geisteswissenschaftliche Perspektive auf das NetzDG bieten. Zweitens ist es einfach zu laut hier. Zensurgeschrei von rechts und links, aus Medien, Kultur und Politik – wie soll man bei diesem Getöse einen klaren Gedanken fassen? Und drittens schließlich ist das Schicksal des heiß umstrittenen Gesetzes völlig offen, sodass immer nur eine Momentaufnahme möglich ist. Wer weiß, ob nicht bald die EU-Kommission offiziell gegen das Gesetz einschreitet, ob das Bundesverfassungsgericht es nicht kippt oder ob Facebook pleitegeht?

Nichts ist so alt wie die Zeitung von gestern, sagt ein Sprichwort. Gar nicht alt sieht übrigens noch heute ein rechtswissenschaftlicher Artikel aus dem Jahr 2002 aus, den ich am liebsten an dieser Stelle abdrucken würde. Er erschien zwei Jahre vor der Erfindung von Facebook, lange vor der radikalen Personalisierung der Internetangebote. Er trägt den spröden Titel *Medienregulierung als objektiv-rechtlicher Grundrechtsauftrag* und stammt von dem bereits erwähnten Juristen Wolfgang Hoffmann-Riem, damals Richter am Bundesverfassungsgericht.

Eine brillante Analyse und zugleich eine wahrhaft prophetische Stellungnahme.

Problematisiert wird der staatliche Umgang mit Macht-missbrauch durch private Unternehmen. Nach Ansicht des Ver-fassers enthalten Grundrechte wie das Zensurverbot in Artikel 5 des Grundgesetzes nicht nur »Abwehrrechte gegen den Staat, sondern auch objektiv-rechtliche Schutzaufträge an ihn«. Hoff-mann-Riems Beschreibung der Entwicklung von der formell-staatlichen Zensur zu neuen, informellen Kontrollmechanismen im digitalen Zeitalter ist treffgenau: »Historisch gesehen ist das Zensurverbot als Mittel gegen staatliche und kirchliche Zen-sur entstanden. Die Zensurfreiheit war im 19. Jahrhundert der wesentliche Kern der Pressefreiheit. Als Gefährder der Freiheit erschien in erster Linie der Staat. Das Zensurverbot schafft da-her ein Abwehrrecht des Einzelnen gegen den Staat. Heute aber gibt es weitere Gefahrenträger.« Das Internet sei ein solcher Ge-fahrenträger, was sich am Umgang mit unerwünschten Inhalten, zum Beispiel pornografischen oder rechtsextremistischen, er-weise. Aufgrund seiner Struktur könne das World Wide Web vom Staat, der ja die Sperrung rechtswidriger Inhalte fordere, nur sehr begrenzt kontrolliert werden, weshalb die privaten Provider anfingen, ihre Inhalte selbst systematisch zu filtern, zu kontrol-lieren und gegebenenfalls zu sperren. Solche nicht staatlichen Maßnahmen seien zwar formaljuristisch keine Zensur – aber ...

Und jenes Aber des Juristen ist hochinteressant: »Wird der übergreifende Sinn des Verbots der Zensur aber in der Verhin-derung einer Lähmung des Geisteslebens und des manipulativ-steuernden Zugriffs auf Kommunikationsinhalte gesehen, dann liegt die Wertung nahe, auch in der Tätigkeit von privaten Filter-instanzen eine ähnliche Gefahr für die Freiheitlichkeit der Kom-munikation zu sehen, wie sie früher vom Staat ausging.« Hoff-mann-Riem betont, dass so eben nicht nur eindeutig strafbare

Inhalte, sondern vielleicht auch politisch oder ökonomisch nicht
wünschenswerte kontrolliert würden und verschwinden könnten.

Schon im Jahr 2002 forderte er daher eine Neuinterpreta-
tion des Zensurparagrafen – zur Verhinderung von Machtmiss-
brauch durch quasizensurausübende Privatkonzerne: »Insoweit
ist es eine wichtige Frage der Gegenwart und Zukunft, ob das
als Verbot staatlicher Zensur entstandene Zensurverbot unter
den veränderten Rahmenbedingungen umgedacht und zur Sicherung werden muss, Schutz auch vor zensurähnlichen Akten
durch private Wirtschaftsunternehmen zu gewähren.« Die Botschaft lautet: Der verfassungsrechtliche Zensurbegriff muss neu
gefasst werden und nicht mehr nur staatliche, sondern auch
private Kontrollmechanismen meinen. Und die würde dann Artikel 5 des Grundgesetzes ebenfalls verbieten, so seine Logik –
übrigens auch die Logik von anderen Juristen, die sich kritisch
in die aktuelle Debatte um digitale Meinungsfreiheit einbringen.

Bei einem Zensur-Workshop der Universität Kassel, der im
Sommer 2017 sekundierend zur *documenta* stattfand, vertrat der
Vizedirektor und Justiziar der Hessischen Landesanstalt für privaten Rundfunk und neue Medien, Murad Erdemir, eine ähnliche
Position: Juristen müssten heute umdenken. Der verfassungsrechtliche Zensurbegriff, der nur das staatliche Verbot von Meinungsäußerungen mit Erlaubnisvorbehalt meint, funktioniere in
einer digitalen Welt nicht mehr, in der Formen der Nachzensur
wie Sperren, Blockieren und Löschen viel relevanter seien. Die
Schutzpflicht des Staates müsse auch solche Akte erfassen – und
unterbinden! Es geht also um nichts weniger als um eine Neu-
deutung des Satzes: »Eine Zensur findet nicht statt.«

Ein Satz, der übrigens auch schon im prädigitalen Zeitalter
kaum juristische Relevanz hatte – und dafür umso mehr gerühmt
wurde. Die pathetischen Worte, die das Bundesverfassungsge-

richt in einer wegweisenden Urteilsbegründung vom 15. Januar 1958 fand, sind zeitlos symptomatisch: »Das Grundrecht auf freie Meinungsäußerung ist als unmittelbarster Ausdruck der menschlichen Persönlichkeit in der Gesellschaft eines der vornehmsten Menschenrechte überhaupt (*un des droits les plus precieux de l'homme* nach Artikel 11 der Erklärung der Menschen- und Bürgerrechte von 1789). Für eine freiheitlich-demokratische Staatsordnung ist es schlechthin konstituierend, denn es ermöglicht erst die ständige geistige Auseinandersetzung, den Kampf der Meinungen, der ihr Lebenselement ist.« Ein gefeiertes und dennoch in der praktischen Rechtsprechung gemiedenes Gesetz: So kritisierte es zumindest der Jurist Helmut Ridder im Jahr 1996, der darin ein »als Rechtssatz praktisch leerlaufendes Zensurverbot« sah. Die Rechtsprechung meide den Paragrafen, obwohl wir uns tagtäglich, ob zu Recht oder zu Unrecht, von Zensurmechanismen umgeben fühlten. Als Grund für die richterliche Scheu vor dem Zensurverbot benannte Ridder dessen absoluten, nicht relativierbaren Gehalt. Zensur darf es nach dem deutschen Grundgesetz nicht geben, ohne jede Ausnahme. Indem das Zensurverbot »– das ist unbestreitbar und wird auch nirgends bestritten – eine solche Praxis ganz und gar untersagt, organisiert es wirklich einen Raum von Freiheit und ist in der Umgebung von Grundrechtstexten des Grundgesetzes […] ein erratischer Block«.

Jenen erratischen Block so neu zu deuten, dass die Meinungsfreiheit auch unter digitalen Bedingungen nicht gefährdet wird: Das ist eine dringende Herausforderung unserer Gegenwart.

7 GESETZ GEGEN GEHETZ

Wird diese Herausforderung bereits angenommen? Wird das
Grundgesetz neu interpretiert und dem Zensurparagrafen neue
Kraft verliehen – jenem Tiger, der sich in der Rechtsprechung als
zahnlos erweist und den man eben auch als Auftrag an den Staat
verstehen könnte, Schutz auch vor nicht staatlicher Zensur zu
schaffen? Versucht der Staat, der zensurähnlichen Macht privater
Provider etwas entgegenzusetzen?

Aufseiten der Regierung gibt es tatsächlich einen veritablen
Umdenkprozess in Sachen digitaler Rechtsdurchsetzung. Allerdings ist es nicht der Zensurschutz aus dem Grundgesetz, der im
Mittelpunkt des Umdenkens steht. Das Hauptziel des seit Oktober 2017 geltenden NetzDG ist die bessere Strafverfolgung im
World Wide Web. Ein gutes und wichtiges Ziel. Das Internet darf
kein rechtsfreier Raum sein, in ihm gelten die gleichen Rechte
und Pflichten wie im ›wahren‹ Leben. Analoge und digitale Hass-
kriminalität sind ›gleich verboten‹ und müssen gleichermaßen
strafrechtlich verfolgt werden. Wer den Holocaust leugnet, wird
in jedem Fall nach Paragraf 130 Absatz 3 des Strafgesetzbuches
straffällig.

Das entsprechende Recht durchzusetzen, ist aber im Internet viel schwieriger als im Leben 1.0. Und daher nimmt das
NetzDG große soziale Netzwerke wie Facebook, Twitter oder
YouTube in die Löschpflicht, mit engen Fristen und hohen Geld-
bußen bei Zuwiderhandlung. Es geht also um die praktische
Durchsetzung von bestehendem Recht. Damit wird die Strafverfolgung in gewisser Weise auf die Privatwirtschaft abgewälzt: So
beklagt es zumindest ein Großteil der kritischen Öffentlichkeit –
Rechts, Links, Mitte, Politik, Kultur, Medien.

Das größte Problem des NetzDG ist jedoch der Kollateralschaden, den es verursacht. Denn das neue Gesetz stärkt die Macht privater Provider, anstatt sie zu schwächen. Es dient keineswegs dem Schutz vor zensurähnlichen Praktiken der Internetkonzerne, es schafft keine »Vorkehrungen gegen den Aufbau privater Zensurmacht« im Netz, wie Hoffmann-Riem sie schon vor vielen Jahren forderte. Es hat ein ganz anderes, durchaus berechtigtes Anliegen – und nimmt dabei Nebeneffekte in Kauf, die gefährlich für die Meinungsfreiheit sind.

Der politische Versuch, per Gesetz ein Problem zu lösen, hat neue Probleme geschaffen, die genauso schwerwiegend sind. Zweifellos ist es grundsätzlich sinnvoll und wünschenswert, dass kriminelle Handlungen soweit wie möglich von vornherein unterbunden werden. Wenn die sozialen Netzwerke strafbare Inhalte wie Hasskommentare nur unzureichend löschen, muss der Rechtsstaat dem etwas entgegensetzen. Doch es bleiben dicke Fragezeichen: Erstens dürfen vorbeugende Maßnahmen gegen Verbrechen nie um jeden Preis greifen – und zweitens sind sie primär Staatsangelegenheit.

Zum ersten Fragezeichen, dem Preis der Verbrechensvorbeugung: Es besteht große gesellschaftliche Einigkeit darüber, dass dieser nicht unendlich hoch sein darf. Zum Beispiel darf der Kampf gegen Terrorismus nicht mit dem Abschied vom Datenschutz erkauft werden. So muss auch genau geprüft werden, wie hoch der Preis ist, den das neue Gesetz zur Strafverfolgung im Netz hat. Ist sein Preis die Gefährdung der Meinungsfreiheit – und damit womöglich auch der Demokratie? Denn Meinungsfreiheit und Demokratie hängen nun einmal unauflöslich zusammen. Die bekannte israelische Journalistin Ilana Dayan, die sich furchtlos mit dem Ministerpräsidenten ihres Landes anlegt, findet für diesen Zusammenhang kluge Worte, zitiert im *Deutschlandfunk*-Beitrag *Pressefreiheit und Zensur in Israel – In vorauseilendem Gehorsam* vom 22. März 2017: »Die Verbindung zwischen Meinungsfreiheit und Demokratie ist wie die Verbindung zwischen Essen und Überleben: Wir müssen sprechen, um zu hören, wir müssen hören, um zu wissen, wir müssen wissen, um zu verstehen, wir müssen verstehen, um zu wählen. Das ist der Stoffwechsel der Demokratie.«

Zum zweiten Fragezeichen, der Staatsangelegenheit: Dürfen rechtsstaatliche Institutionen wie Polizei, Staatsanwaltschaft und Gerichte die Rechtsdurchsetzung derart outsourcen? Um Drogenmissbrauch durch Jugendliche zu vermeiden, gibt es staatliche Aufklärungskampagnen, polizeiliche Kontrollen und Durchsuchungen. Wie wäre das, wenn ab jetzt die Eltern voll verantwortlich gemacht würden für ihre Kinder: Für jedes mit Drogen erwischte Kind fünf Millionen Euro Bußgeld? Ich übertreibe – aber gewisse Parallelen zur aktuellen Verlagerung der Verantwortung von öffentlich zu privat lassen sich ziehen. Bis zu fünf Millionen Euro (aus denen die Presse gerne auch schon mal fünfzig Millionen macht) sollen soziale Netzwerke zahlen, wenn sie nicht für Recht und Ordnung sorgen. Wohlgemerkt handelt es sich bei ihnen um Privatkonzerne, die nach Paragraf 10 des deutschen Telemediengesetzes von der Haftung für Inhalte auf den von ihnen zur Verfügung gestellten Seiten ausdrücklich ausgeschlossen sind. Host-Provider wie Facebook haben die Funktion eines Gastgebers, der nicht für die Äußerungen seiner Gäste verantwortlich ist. Stattdessen verantwortet der Inhaber eines Profils dieses selbst. Er muss zwar keine proaktive Überwachung, etwa von Fremdkommentaren, leisten, wohl aber auf Löschaufforderungen reagieren. Diese Notwendigkeit gilt genauso für den Gastgeber: Bei Kenntnis eines rechtswidrigen Postings muss er gemäß Paragraf 7 des Telemediengesetzes reagieren und außerdem ab jetzt das entsprechende Profil besser überwachen.

Es steht außer Zweifel: Ohne Haftungsausschluss für die Inhalte gäbe es Facebook, YouTube oder Twitter nicht. Es gäbe überhaupt kein soziales Netzwerk. Kein Host-Provider könnte es sich leisten, auf eigene Verantwortung eine globale Kommunikationsplattform für Milliarden Nutzerinnen und Nutzer zur Verfügung zu stellen. Das geschäftliche Risiko wäre untragbar.

Genauso außer Zweifel stehen aber auch die Nachteile eines solchen Null-Verantwortung-Modells, das den weltweiten Informations- und Kommunikationsfluss erst ermöglicht. Als gewinnorientierte Wirtschaftsunternehmen, die mit Daten handeln, sind Host-Provider besonders an Inhalten interessiert, die eine möglichst breite Aufmerksamkeit erregen. Da dazu auch und vor allem Hass und Hetze gehören, scheinen Rechtsverstöße von vornherein in das Geschäftsmodell der Internetriesen eingepreist zu sein: *hate sells.*

Es verwundert daher nicht, dass die betroffenen sozialen Netzwerke vom NetzDG nicht begeistert sind. Nachdem es am 19. Mai 2017 im Deutschen Bundestag in erster Lesung diskutiert worden war, erklärte Facebook in einer Stellungnahme, die dem Parlament übermittelt wurde, der Rechtsstaat dürfe die eigenen Versäumnisse und die Verantwortung nicht auf private Unternehmen abwälzen. Dass die staatliche Verhinderung von *hate speech* im Netz praktisch unmöglich und der Staat mindestens auf Kooperation angewiesen ist, dürfte Facebook klar sein. Am 29. April 2018 kündigte das Netzwerk immerhin an, Fake News nicht mehr mit einem Warnhinweis zu versehen, der die Aufmerksamkeit nur noch vergrößerte, sondern sie kleiner und unauffälliger anzuzeigen.

Auch in den journalistischen Medien schlugen die Wellen gegen die neue Regelung erwartungsgemäß hoch, besonders bei Inkrafttreten Anfang Oktober 2017 und bei vollumfänglicher Gültigkeit drei Monate später.

Im Januar 2018 ereignete sich dann jenes provokative Austesten des NetzDG von rechts außen, das zu breiten Zensurde-

batten führte: AfD-Politikerinnen hatten die Löschung eigener
Tweets provoziert, um dem NetzDG den Kampf anzusagen.
Die kritischen Reaktionen darauf waren von den neuen Lösch-
algorithmen ebenfalls betroffen, was den ganzen Umfang des
Problems sichtbar machte. Der Deutsche Journalisten-Verband,
den der Artikel *Schmaler Grat zwischen Schutz und Zensur* in der *Frank-
furter Rundschau* vom 4. Januar 2018 zitiert, steht stellvertretend
für zahlreiche kritische Stimmen, die durch vorauseilenden
Lösch-Übergehorsam der sozialen Netzwerke Zensur entstehen
sehen: »Ein privatwirtschaftliches Unternehmen mit Sitz in den
USA bestimmt darüber, wie weit Presse- und Meinungsfreiheit in
Deutschland reicht. Das ist der Ausverkauf von Grundrechten!«

Die allgemeine Sorge besteht darin, dass nun das große Löschen beginnt, nicht nur das Löschen von rechtswidriger Hetze,
sondern auch das Löschen von potenziell legalen Inhalten (*over-
blocking*). Erstens aus kommerziellen Gründen, um hohe Bußgel-
der zu vermeiden, zweitens aber womöglich auch aus ideologischen, politischen oder anderen Gründen, um unliebsame
Äußerungen verschwinden zu lassen. Das gut gemeinte Gesetz
lässt sich von den Providern missbrauchen, als Freibrief für noch
mehr Netzkontrolle und Meinungsmacht.

Der erstgenannte Grund für Löschorgien, die Vermeidung
von Bußgeldern, wird zwar in der allgemeinen Debatte viel stärker betont – vielleicht ist er aber auch nur ein Feigenblatt für den
zweiten Grund, die durchaus erwünschte politische und ideologische Kommunikationssteuerung. Denn wenn man genau hin-
schaut, wird die Sache mit den millionenschweren Sanktionen
nicht so heiß gegessen wie gekocht: Das in Paragraf 4 Absatz 2
des NetzDG festgesetzte Bußgeldverfahren soll keineswegs bei
einem ersten Verstoß gegen eine Lösch- oder Sperrpflicht eingeleitet werden, sondern erst bei systematischer Regelmissachtung
oder konsequenter Weigerung eines Providers, ein effektives Be-

schwerdemanagement einzuführen. Nicht Einzelfallentscheidungen, sondern systemisch falsche Entscheidungspraktiken eines sozialen Netzwerks werden belangt. Vor diesem Hintergrund kann der Verdacht aufkommen, dass mancher Internetriese gegenwärtig nur allzu gern dem neuen Gesetz nach- (oder gar: zuvor)kommt. Nun hat er zumindest einen guten Vorwand, massiver und unkontrollierter denn je einzugreifen in die Meinungsbildungsprozesse auf seiner Plattform.

Mit dem Löschbutton entscheidet ein Privatkonzern oder in seinem Auftrag ein anderer Dienstleister eigenmächtig und unter Ausschluss der Öffentlichkeit darüber, was in Deutschland von der Meinungsfreiheit gedeckt, was Hetze, was Satire, was kriminell und was erlaubt ist. Diese Entscheidungen geschehen abseits rechtsstaatlicher Institutionen und lassen Kritikerinnen und Kritiker vor einer drohenden Privatisierung des Rechts warnen. Ist das nun Zensur? Ohne Zweifel. Bei der durch das NetzDG veranlassten umfassenden, systematischen, institutionalisierten Kommunikationskontrolle handelt es sich zwar nicht um staatliche Zensur im (noch immer) geltenden juristischen Sinne, wohl aber um informelle Zensur. Der Staat macht Facebook, Instagram und Co. zu Ersatzzensoren mit globaler Wirkkraft – und sich selbst damit nicht die Hände am Grundgesetz schmutzig.

Eine Auslagerung von digitaler Zensur oder zensurähnlichen Maßnahmen an Netzwerkanbieter findet übrigens nicht nur in Deutschland statt; sie ist in Demokratien und totalitären Systemen gleichermaßen zu beobachten. Auch in China, jenem von der *Great Firewall* abgeschirmten Musterland der Internetzensur, wird ein Großteil der Zensur nicht vom Staat selbst ausgeführt, sondern an die sozialen Netzwerke weitergegeben. Diese müssen selbst für die ›politische Korrektheit‹ ihrer Seiten sorgen.

Fest steht: Das deutsche NetzDG ist eine mehr als zweifelhafte Lösung für das Problem der Netzkriminalität. Und wohl

auch keine, die dauerhaften Bestand haben wird. Das Gesetz
hatte schon während seiner Entstehung massive Kritik erfahren,
unter anderem vom UN-Sonderbeauftragten für den Schutz der
Meinungsfreiheit. Als darüber abgestimmt wurde, waren laut
Schätzungen weniger als zehn Prozent der Bundestagsabgeordneten überhaupt im Bundestag anwesend. Von denen plädierte
zwar eine Mehrheit für das Gesetz, sodass der Beschluss ge-
setzeskonform ist, aber repräsentativ ist er deshalb noch lange
nicht. Am 1. September 2017 erlassen und schon einen Monat
später in Kraft, wurde das NetzDG allseits als Schnellschuss
getadelt. Wahrscheinlich wird seine Verfassungsgemäßheit
noch kritisch überprüft, wahrscheinlich wird es nachgebessert.
Was ist zum Beispiel mit einem Rechtsbehelf bei falschen Entscheidungen, was mit einem Bußgeld für zu viel, nicht nur für
zu wenig Löschen? Vielleicht wird das NetzDG auch vom Bundesverfassungsgericht gekippt. Das behaupten zumindest die
prophetischen Stimmen unter den Kritikerinnen und Kritikern.

Die wichtigste Frage bleibt offen: Wie sind Rechtsgüter im
Netz zu schützen, ohne die Meinungsfreiheit unzulässig zu beschränken? Durch Stärkung von Selbstverpflichtungslabels,
durch unabhängige *cyber courts*, durch eine bessere Ausstattung
der Justiz, durch härtere Strafen für Netzstraftäterinnen und
-straftäter? Ich weiß es nicht. Vernünftige Antworten können nur
in einer intensiven öffentlichen Fachdiskussion aller Beteiligten
entstehen: Justiz und Medien, Wissenschaft und Politik, Infor-
mationstechnologie und Menschenrechtsaktivismus.

8 WELTVERÄNDERUNG PER KLICK?

»Dein Klick verändert die Welt.« So verspricht es *change.org*, die größte digitale Petitionsplattform der Welt. Sie wendet sich auf ihrer deutschen Webseite sehr engagiert, an »Menschen die nicht still zusehen wollen wie die Welt jeden Tag ungerechter wird«.

Change.org ist nicht die einzige dieser Online-Plattformen, die seit einigen Jahren eine neue Form demokratischer Mitbestimmung versprechen. Per Unterschrift oder eben per Klick beteiligen sich Millionen Menschen an politischen Plattformkampagnen von *change.org* oder anderen aktivistischen Netzwerken. Die neue digitale Technik hat neue politische Handlungsräume und -formen hervorgebracht. Doch kann ein Klick die Welt verändern? Wie wirkungsvoll ist die Meinungsäußerung im Netz tatsächlich? Und – das ist die wichtige Anschlussfrage, die vor allem Diktatoren, Autokraten und Tyrannen interessiert –: Wie ›notwendig‹ ist daher die Beschränkung der Meinungsfreiheit mittels Zensur?

Zensur ist klassischerweise ein Mittel der Mächtigen, die ihre Position absichern wollen. Mit Zensur reagieren sie auf die vielleicht nicht reale, aber gefühlte Bedrohung, die von freier öffentlicher Rede ausgeht. Schon weiter vorne in diesem Buch ging es um die vermeintliche Gefährlichkeit der Literatur. Es erwies sich, dass Literatur gar nicht so gefährlich ist wie gemeinhin angenommen. Bücher werden kaum massenhaft gelesen und zudem ganz verschieden aufgenommen; sie motivieren die wenigsten Menschen zu persönlicher Veränderung, erst recht nicht die Gesellschaft oder gar die ganze Welt. Trotzdem hält sich der allgemeine Glaube an die Gefährlichkeit von Literatur hartnäckig, von den Anfängen bis heute. Und treibt die Mächtigen paradoxerweise immer wieder und immer noch zur Zensur an.

Diese Paradoxie gilt für die analoge Literatur. Doch wie sieht es mit digitalen Meinungsäußerungen aus? Es liegt nahe, dass sich die Mächtigen angesichts globaler Kommunikationsflüsse des Internets sogar noch stärker bedroht fühlen. Aber entspricht ihrem Glauben an eine große Wirkung eine nachweisbare Realität? Eine schwierige Frage. Denn die tatsächliche Wirksamkeit von Netzkommunikation allgemein nachzuweisen, in qualitativer und quantitativer Hinsicht, ist nicht möglich – ebenso wenig wie die Wirksamkeit von Literatur.

Man kann jedoch berechtigte Annahmen machen. Zum Beispiel diese: Eine digitale Äußerung im 21. Jahrhundert kann eine ganz andere, wesentlich breitere und größere Wirkung erzielen als ein gedrucktes Buch im 16. Jahrhundert. Doch so selbstverständlich, wie diese Annahme zunächst klingt, ist sie gar nicht. Man könnte genauso andersherum behaupten: Das Erscheinen einer Neuheit auf einem überschaubaren Buchmarkt war in der frühen Neuzeit ein bemerkenswertes, auffälliges Ereignis, während ein Posting in der Postmoderne bedeutungslos ist und meistens sofort vergessen wird. Luthers deutschsprachige Bibel gegen einen Trump-Tweet auszuspielen, wäre hier vielleicht etwas unfair. Doch warum eigentlich? Ein selbsternanntes ›stabiles Genie‹ würde sich durch diesen Vergleich vermutlich sogar geschmeichelt fühlen.

Belastbare Aussagen zur Wirkung digitaler Meinungsäußerungen zu machen, ist schwierig. Es gelingt höchstens einzelfallbezogen. In manchen Fällen ist die Weltveränderung per Klick tatsächlich mit Händen zu greifen. So spielten die digitalen Medien im Arabischen Frühling von 2010 eine Schlüsselrolle bei der Verbreitung der Protestbewegung seit Dezember 2010; der Hashtag #MeToo hat im Herbst 2017 von Hollywood ausgehend eine weltweite Debatte über Sexismus losgetreten: Beispiele für einflussreiche Internetbewegungen, die herrschende Machtverhältnisse kritisieren und tatsächlich etwas verändert haben. Man könnte hier schnell ins ganz Große und Weite geraten und über den generellen Einfluss von Netzkommunikation auf gesellschaftliche Meinungsbildungsprozesse sprechen, auf die Verbreitung von Fake News, auf Cybermobbing – und auf politische Propaganda: Obama führte 2008 als einer der ersten großen Politiker einen Wahlkampf 2.0 und gewann die Präsidentschaft nicht zuletzt im Netz. Inzwischen beeinflussen Armeen von Social Bots Wahlen, sie küren amerikanische Präsidenten, manipulieren EU-Austrittsentscheidungen und bestimmen die Themenagenda sozialer Netzwerke.

Eine ausführliche Auseinandersetzung mit den Dimensionen digitaler Meinungsmacht muss in diesem Buch unterbleiben. Festzuhalten bleibt für das Thema Zensur: Seit die Zensurforschung die Gefährlichkeit von Literatur als kollektive, aber trügerische Gewissheit entlarvt hat, hat sich vieles verändert. Meinungsbildung funktioniert heute anders; an die Stelle von individuellem Lesen tritt zunehmend kollektives Klicken. Der digitale Raum bietet Platz für alle möglichen Meinungen. Über die Hälfte der Weltbevölkerung ist online, mehr als vier Milliarden Menschen; allein im Jahr 2017 kam fast eine Viertelmilliarde dazu. Zu diesem Ergebnis kommt der *Global Digital Report* 2018 von *We Are Social* und *Hootsuite*, der darüber hinaus die Zahl der Social-Media-Nutzenden benennt: 3,196 Milliarden.

Milliarden Wissende und Ahnungslose, Kluge und Verrückte, Fans und *hater* äußern sich in Blogs und Foren, bei Onlinepetitionen und in sozialen Netzwerken zu allem nur Denkbaren und Undenkbaren. Sie stimmen zu oder lehnen ab, liken oder hetzen. Sie halten sich nicht mit ihrer Meinung zurück, ob es sich nun um einen genialen Gedanken oder eine krude Verschwörungstheorie handelt. Kann eine Meinungsäußerung im Netz Großes bewirken? Die Chance zur Weltveränderung ist zumindest da, die Angst der Mächtigen vor dem Internet ist nicht unberechtigt. Manche freie Rede im Internet kann ihnen tatsächlich gefährlich werden – und ist genau deshalb durch Zensur gefährdet.

9 UNGESCHRIEBENE KAPITEL

Das Thema Zensur ist endlos. Um zumindest dieses Buch hier zu einem Ende zu bringen, musste ich einiges auslassen.

Eigentlich wollte ich noch ein Kapitel über das Gesundheitsdogma unserer Gesellschaft schreiben. Die Überschrift stand schon: »Wer heute noch stirbt, ist selber schuld«. Es wäre viel um das Rauchen in Filmen und Romanen gegangen, zum Beispiel darum, dass die Weltgesundheitsorganisation schon seit vielen Jahren ein grundsätzliches Rauchverbot in Film und Fernsehen fordert. Ich hätte von Lucky Lukes Tabakentzug seit 1983 erzählt und davon, dass im türkischen Fernsehsender e2 in den letzten Jahren eine hübsche Blume durchs Bild wanderte, wo vorher eine Zigarette zu sehen war. Seit 2009 darf man in türkischen Restaurants und Teehäusern nicht mehr rauchen, womit eine rigide Filmzensur einherging. 2010 musste ein türkischer Kanal eine hohe Geldbuße zahlen, weil Kapitän Haddock in einer Tim-und-Struppi-Ausstrahlung ungeniert und unverdeckt rauchte. Ähnlich erging es e2 wegen des Tabak- und Alkoholkonsums in Mad Men, der von ihm gesendeten US-amerikanischen Serie. Hinfort verwendete der Fernsehkanal besagte Blume zur Abdeckung von Zigaretten, bis er im Januar 2016 schloss. Auch hierzulande forderte die Drogenbeauftragte der Bundesregierung noch Anfang dieses Jahres, die Filmzigarette abzuschaffen, was die Süddeutsche vom 12. Januar 2018 unter der Überschrift Das schreit nach Zensur! sehr ironisch kommentierte. Literarische und filmische Krimis sind heute bereits überwiegend tabakfreie Zonen – zumindest rauchen fast nur noch die Verlierer oder die Bösen. Verlage und Produktionsfirmen geben den gesellschaftlichen Druck an die Autorinnen und Autoren weiter. Herrscht hier bereits informelle Zensur unter dem Deckmäntelchen der Gesundheitsvorsorge?

»Probleme mit Putten«. So hätte mein zweites ungeschriebenes Kapitel heißen können, und zwar eines zur aktuellen Sexismusdebatte. Zweifellos würde diese Debatte, die bislang nur kurz unter dem Stichwort #MeToo angerissen wurde, den Stoff für viele weitere Seiten hergeben, wenn nicht gar für ein ganzes Buch. Allerdings wäre ein solches Buch zum jetzigen Zeitpunkt eine Operation am offenen Herzen: Die Debatte ist noch in vollem Gange, ihr Verlauf offen.

Zum Zensurfall wird Sexismus zum Beispiel dann, wenn das Abhängen von Bildern in Museen gefordert wird, weil manche Menschen ihren Inhalt als sexuell anzüglich oder herabsetzend empfinden. So passierte es im Jahr 2014 Caravaggios *Amor als Sieger*, jenem nackten Liebesgott, der seine Betrachter und Betrachterinnen in der Berliner Gemäldegalerie mit gespreiztem Schritt herausfordernd anlacht. Damals hatte ein Pädophilieskandal im Bundestag die Stimmung aufgeheizt und zu kontroversen Debatten über Kunst und Kinderpornografie geführt. Ein offener Brief an die Gemäldegalerie hatte verlangt, den nackten Amor zu verbannen oder zumindest zu verhüllen, da er der sexuellen Erregung des Betrachters diene – erfolglos.

Im Rahmen der gegenwärtigen #MeToo-Debatte werden nun nicht nur italienische Barockmaler wie Caravaggio einer neuen, kritischen Musterung unterzogen, sondern alle möglichen Künstler und ihre Werke. Und dies geschieht distanzlos, ohne Berücksichtigung ästhetischer oder historischer Maßstäbe. Die Kunst erscheint wie das wahre Leben, eine Putte wie eine Person, der Liebesgott wie ein reales Kind.

Ende letzten Jahres brach daher in den Medien eine regel-
rechte Bildersturm-Debatte los, nachdem eine Kampagne die
Abhängung von Balthus' Gemälde *Thérèse, träumend* (1938) aus
dem New Yorker Metropolitan Museum gefordert hatte. Der Zen-
suraufschrei war schrill und laut. Den einen erschien das Ende
des Abendlandes oder zumindest das der Kunst nun endgültig in
greifbarer Nähe, während die anderen die auf die Museen übergreifende Sexismuskritik etwas besonnener analysierten – und
dabei, wie die Kunsthistorikerin Kia Vahland in der *Süddeutschen*
vom 15. Februar 2018, auf die interessante MeToo-Perspektive
der alten Meister selbst verwiesen: »Doch es meine niemand, er
könne sich vor ›Me Too‹ ins Museum flüchten. Bisher hat noch
jede Freiheitsbewegung ihre Vor- und Nachbilder in der Kunst,
im Film oder der Literatur gefunden. Und die sich nach Geschlechtergerechtigkeit sehnenden Frauen und Männer wären
dumm, sich ausgerechnet die alten Meister entgehen zu lassen.«

MEINUNGSFREIHEIT: WIE VIEL SIE UNS WERT IST

Die Reihe der ungeschriebenen Kapitel ließe sich fortsetzen. Ich breche sie hier mit einem Resümee ab, das zugleich den Blick in die Zukunft lenkt. Man muss keine Hellseherin sein, um zu behaupten, dass eine Zukunft ohne Zensur unwahrscheinlich ist. Macht und Freiheit bleiben Gegensätze, die sich fortwährend bekämpfen. Hinzu kommen seit der Digitalisierung neue kommunikative Räume, Möglichkeiten und Grenzen – und damit auch neue Akteurinnen und Akteure im Konflikt von Macht und Freiheit.

Die Sondierung der aktuellen Lage hat gezeigt: Zensur existiert, mitten in unserer freien, demokratischen Gesellschaft. Neue Konfliktlinien haben sich aufgetan, neue Player und Spielarten der Zensur, neue Gesichter der Unfreiheit. Gefahren für die Meinungsfreiheit scheinen dabei vor allem im Netz zu liegen. Die Zukunft ist digital, die Zensur auch. Ob restriktive Richtlinien von Internetmonopolisten, die einer Privatisierung des Rechts Vorschub leisten, ob freiheitsbeschränkende Filtertechniken, ob Gesetzgebung zur besseren Rechtsdurchsetzung – die Digitalisierung impliziert umfassende, systematische und institutionalisierte Kontrollmechanismen, die teils zensurähnlich wirken, teils aber auch veritable informelle Zensur darstellen.

Die neuen Grenzen der Meinungsfreiheit sind andere als die in einem restriktiven politischen System. Und auch die Sanktionen, die bei Grenzüberschreitung drohen, sind in einer offenen Gesellschaft nicht die gleichen. Oder muss man vielleicht sagen: *noch* nicht? Das staatliche Zensurklima bzw. die Klimazensur in der ältesten modernen Demokratie der Welt gibt einem ebenso zu denken wie eine deutsche Regierung, die per Gesetz eine umfassende informelle Internetzensur veranlasst.

Können informelle Zensurformen wirklich wieder umschlagen in staatliche Zensur – Zensur *new age* in Zensur *classic*? Man sollte sich zumindest nicht in Sicherheit wiegen. Gesellschaftstheoretiker wie Michel Foucault und Pierre Bourdieu haben gezeigt, wie aus formeller Zensur informelle Zensur wird, inwiefern Formen der von ihnen sogenannten konstitutiven oder strukturellen Zensur genau dann auftauchen, wenn die regulative, staatliche Zensur geschwächt oder abgeschafft wird. Warum sollte der Zug nicht auch hier und heute wieder in die andere Richtung fahren können? Beispiele für derartige Umkehrbewegungen gibt es zuhauf in Geschichte und Gegenwart. Was die Journalistin Ilana Dayan kürzlich für ihre Heimat Israel formulierte, gilt auch bei uns: »Bürger in einem demokratischen Staat zu sein, ist eine Herausforderung. Man muss die ganze Zeit auf den Füßen sein, wach und aufmerksam, neugierig. Das ist fordernd. Der apathische Bürger ist gefährlich für die Demokratie.«

Verlassen wir uns lieber nicht darauf, dass der momentane Wandel hin zu informellen, verborgenen Mechanismen von Zensur und Selbstzensur unumkehrbar ist. Er liefert die Voraussetzungen seiner Aufhebung gleich mit – und dann wird's wirklich gefährlich. Sicherheit ist nirgends, auch nicht in Demokratien. Zensur ist wie ein Virus. Wenn man nicht aufpasst, breitet er sich überall aus.

Und dann gibt es da ja auch noch die VLPs. Die *virus-like particles*. Sie sehen aus wie Viren, sind aber gar keine. Die aktuelle Zensurkritik zielt häufig auf Diskurse und Praktiken, die nur scheinbar Zensur darstellen – bzw. die bewusst irreführenderweise so genannt werden. Die Sondierung der Lage hat nicht nur neuartige Zensurformen zum Vorschein gebracht, sondern auch falsche Zensurpolemiken. Und die sind manchmal ebenso schwer von berechtigter Zensuranklage zu unterscheiden wie VLPs von echten Viren. In der Medizin werden VLPs zur Impfung eingesetzt, um Krankheiten zu bekämpfen. Doch ab hier trägt der Vergleich mit der Zensurpolemik leider nicht mehr: Falsche Zensur-Viren, wie sie die Skandalisierungs- und Viktimisierungsstrategien des Populismus verbreiten, sind weder hilfreich noch heilsam. Es sind falsche Fährten, die vom Eigentlichen ablenken und eine ernsthafte, aufgeklärte politische Auseinandersetzung verhindern. Die Inflation des Zensurbegriffs führt zu seiner Abnutzung – Zensur wird zur Leerformel. Um einen weiteren Medizinvergleich zu bemühen: Der Zensuralarm schlägt immer schlechter an, wir werden allmählich resistent gegen ihn. Es ist durchaus denkbar, dass künftig für ›echte‹ Zensur ein ganz anderes, neues Wort nötig sein wird.

Und nicht nur in der Politik wird ein vager und polemischer Zensurbegriff verwendet. Auch in Debatten um kulturelle Aufreger ist er beliebt. Immer wieder gerät politisch korrekter, antisexistischer oder antirassistischer Aktivismus in den Fokus der feuilletonistischen Zensurkritik. Eine Kritik, die ebenfalls auf die falsche Fährte führen kann, auch wenn sie eigentlich nicht destruktiv sein will wie die neurechte Polemik, sondern konstruktiv. Sicherlich kann man Hannah Blacks Protest gegen Dana Schutz oder den der Berliner Studierenden gegen *avenidas* als hypersensibel kritisieren. Mit Zensur hat ein solcher Protest jedoch nichts zu tun. Konstruktiv gemeinte Kulturkritik misslingt, wenn sie sich in die Niederungen der Zensurpolemik begibt. Sie drückt sich damit vor der Auseinandersetzung mit echten Gefahren für Kunst und Kultur.

Und diese Gefahren gibt es ja: Invektiven gegen die Kunst- und Meinungsfreiheit werden von neurechter Seite aus inzwischen unverblümt ausgesprochen. So kündigte ein AfD-Kulturpolitiker und Bundestagsabgeordneter die »Entsiffung des Kulturbetriebs« an, nachzulesen auf Marc Jongens Website vom 23. Januar 2018. Ein Ausspruch, für den er vor ein paar Jahren seine Karriere an den Nagel hätte hängen müssen und der im heutigen politischen Klima sagbar ist. Am 22. Februar 2018 beantragte die AfD im Bundestag, die Bundesregierung zu einer öffentlichen Rüge für Deniz Yücel aufzufordern. Der gerade aus türkischer Haft entlassene deutsch-türkische Journalist solle wegen zweier viele Jahre zurückliegender satirischer Kolumnen öffentlich missbilligt werden. Das Parlament wehrte den verfassungsfeindlichen Zensurvorstoß von rechts außen leicht ab. Die Demokratie funktionierte gut – und das muss sie auch in Zukunft, angesichts der zunehmenden antiliberalen Angriffe auf sie.

Ein Selbstläufer ist das nicht. Nicht immer wird in liberalen Gesellschaften die Meinungsfreiheit konsequent verteidigt. Manchmal sind auch überzeugte Demokratinnen und Demokraten nicht abgeneigt gegenüber der Zensur in ihren subtilen Spielarten – die Sehnsucht nach Grenzen kann sich in verschiedener Weise Bahn brechen. Ersehnt wird die Entkomplizierung der Welt: Schädliche, hetzerische oder diskriminierende Äußerungen sollen gar nicht erst Raum gewinnen, sie sollen keine Plattform, keine Bühne haben. Am liebsten will man die Verbreitung rechtsradikaler Ideen von vornherein blockieren und auch Sexismus, Rassismus oder kulturelle Aneignung gar nicht erst zulassen.

Zugegeben: Die ganzen Kontroversen und Widersprüche, Streitereien und Diskussionen, die eine pluralistische, liberale Gesellschaft mit sich bringt, sind anstrengend. Ganz besonders heute: »Und jetzt kommt dieser ganze Dreck wieder hoch«, schrieb Joschka Fischer in der *Welt am Sonntag* vom 4. März 2018 angewidert über das Revival von Nazi-Ideologemen. Viele Ideen von rechts außen, die plötzlich wieder da sind, sind schwer zu ertragen – am besten gleich weg damit! Dieser Impuls ist weit verbreitet. Um sich nicht mit quälenden, beschämenden Fragen auseinandersetzen zu müssen: Wie kann das bloß sein, dass das alles noch mal anfängt, dass das alles noch mal verfängt, gerade hier bei uns? Es ist wie bei einer Amnesie. Einer Drittes-Reich-Amnesie. Alles vergessen, das ganze Grauen. Bis vor Kurzem war ich davon überzeugt, dass das unmöglich sei.

Wie kann nun das berühmte ›Wehret den Anfängen‹ gelingen? Eine Möglichkeit wäre, sich den Pluralismus ein bisschen abzugewöhnen. Die Zensur ein bisschen zuzulassen, um Schlimmeres zu verhindern. Selbstverständlich nur ihre nicht staatliche, informelle Variante – wir sind ja nicht in China, Russland oder der Türkei! Zensur light also? Doch die gibt es eben nicht. Meinungsfreiheit darf auch bei destruktiven Äußerungen, sofern sie nicht rechtswidrig sind, nicht verhandelbar sein. Um mit Rosa Luxemburg zu sprechen: »Freiheit ist immer die Freiheit der Andersdenkenden, sich zu äußern.« Auch gut gemeinte Zensursehnsüchte bedrohen die Meinungsfreiheit. Da müssen die Demokraten und Demokratinnen, die Freiheitskämpfer, die Pluralistinnen, die wir doch allermeistens sind, eben manchmal die Zähne zusammenbeißen und stark sein. Sich den Pluralismus abzugewöhnen, ist keine demokratische Alternative, es wäre nur eine weitere falsche, sogar fatale Fährte. Denn alle großen Diktaturen fangen mal klein an. Wenn in einer offenen Gesellschaft vermehrt Kontrollmechanismen greifen, die erst einmal kaum stören, teilweise sogar bequem erscheinen, muss das misstrauisch machen. Damit werden Denkweisen eingeübt, die ein optimales Klima für die Wiederkehr der formellen Zensur schaffen.

Im 21. Jahrhundert findet ein tiefgreifender Wandel von Zensurkonzepten und -praktiken statt. Daher kann auch der Kampf für die Meinungsfreiheit nicht mehr der gleiche sein wie früher. Die Gegnerinnen und Gegner sind andere geworden, die Zensur selbst mutiert fortwährend wie ein Virus. Die Konfliktlinien um das Sagbare und das Tolerierte verlaufen heute gänzlich anders als in den Jahrhunderten zuvor. Diesem Wandel und seinen Ursachen gilt dieses Buch.

Seine Botschaft ist: Wir brauchen eine neue Debatte darüber, was Meinungsfreiheit bedeutet und wie viel sie uns wert ist. Eine gesellschaftliche, politische und wissenschaftliche Debatte, die auch Rechtsfragen berücksichtigt und den juristischen Zensurbegriff kritisch auf seine Aktualität hin prüft. Eine Debatte jenseits sturer Polemiken und effektheischender Extrempositionen, die mit Klarheit und Klugheit geführt wird, und auch, wenn Sie es einrichten können, mit Mut und Zuversicht.

LITERATUR UND QUELLEN

Barck, Simone, Lokatis, Siegfried: Zensurspiele. Heimliche Literaturgeschichten aus der DDR. Halle 2008.

Biermann, Armin: Gefährliche Literatur. Skizze zu einer Theorie
der literarischen Zensur, in: Wolfenbütteler Notizen zur Buch-
geschichte 13 (1988), S. 1–28.

Biermann, Armin: Zur sozialen Konstruktion der »Gefährlichkeit«
von Literatur. Beispiele aus der französischen Aufklärung und
dem Premier Empire, in: Assmann, Aleida, Assmann, Jan (Hg.):
Kanon und Zensur. Beiträge zur Archäologie der literarischen
Kommunikation II. München 1987.

Bohnen, Klaus: Grenzsetzungen. Zensur-Kritik und Selbstzensur
bei G. E. Lessing, in: Haefs, Wilhelm, Mix, York-Gothart (Hg.):
Zensur im Jahrhundert der Aufklärung. Geschichte – Theorie –
Praxis. Göttingen 2007, S. 133–144.

Braml, Josef: Auf Kosten der Freiheit. Der Ausverkauf der amerikanischen Demokratie und die Folgen für Europa. München 2016.

Breuer, Dieter: Geschichte der literarischen Zensur in Deutschland.
Heidelberg (u. a.) 1982.

Buchloh, Stefan: Überlegungen zu einer Theorie der Zensur. Inte-
ressen, Formen, Erfolg, in: Langenbucher, Wolfgang R. (Hg.):
Die Kommunikationsfreiheit der Gesellschaft. Wiesbaden 2003,
S. 112–135.

Daniel, Ute: Beziehungsgeschichten. Politik und Medien im 20. Jahrhundert. Hamburg 2018.

Darnton, Robert: Censors at work. How states shaped literature. New
York 2014.

Fitos, Stephan: Zensur als Mißerfolg. Die Verbreitung indizierter
deutscher Druckschriften in der zweiten Hälfte des 16. Jahrhunderts. Frankfurt a. M. (u. a.) 2000.

Fuld, Werner: Das Buch der verbotenen Bücher. Universalgeschichte des Verfolgten und Verfemten von der Antike bis heute. Berlin 2012.

Glaser, Horst Albert: Die Unterdrückung der Pornographie in der Bundesrepublik – der sogenannte Mutzenbacher-Prozeß, in: Brockmeier, Peter, Kaiser, Gerhard R. (Hg.): Zensur und Selbstzensur in der Literatur. Würzburg 1996, S. 289–306.

Godman, Peter: Weltliteratur auf dem Index. Die geheimen Gutachten des Vatikans. Berlin, München 2001.

Hoffmann-Riem, Wolfgang: Medienregulierung als objektiv-rechtlicher Grundrechtsauftrag, in: Medien & Kommunikationswissenschaft 50 (2002), S. 175–194.

Houben, Heinrich: Der ewige Zensor. Längs- und Querschnitte durch die Geschichte der Buch- und Theaterzensur. Nachdruck der Ausgabe von 1926. Mit einem Nachwort von Claus Richter und Wolfgang Labuhn. Kronberg/Ts. 1978.

Houben, Heinrich: Verbotene Literatur von der klassischen Zeit bis zur Gegenwart. Ein kritisch-historisches Lexikon über verbotene Bücher, Zeitschriften und Theaterstücke, Schriftsteller und Verleger. Berlin 1924.

Huse, Ulrich Ernst (Hg.): Zensur und Medienkontrolle in demokratischen Gesellschaften. Wiesbaden 2017.

Kellerhoff, Sven Felix: Hitlers »Mein Kampf«. Die Karriere eines deutschen Buches. Stuttgart 2015.

Kliesch, Marion: Ästhetik der Zensur. Mit einem Vorwort von Erik Spiekermann. Salenstein 2017.

Lehmann, Joachim: Die blinde Wissenschaft: Realismus und Realität in der Literaturtheorie der DDR. Würzburg 1995.

Leo, Per, Steinbeis, Maximilian, Zorn, Daniel-Pascal: Mit Rechten reden: Ein Leitfaden. Stuttgart 2017.

Lorentz, Matthias N.: Literatur und Zensur in der Demokratie. Die Bundesrepublik und die Freiheit der Kunst. Stuttgart 2009.

Mehnert, Elke: Äsopische Schreibweisen bei Autoren der DDR, in: Brockmeier, Peter, Kaiser, Gerhard R. (Hg.): Zensur und Selbstzensur in der Literatur. Würzburg 1996, S. 263–273.

Ohmer, Anja: Literatur vor Gericht: Zensur in Deutschland, in: Wespennest, Heft 134, März 2004, S. 2–7.

Papenheim, Martin: Die katholische kirchliche Zensur im Reich im 18. Jahrhundert, in: Haefs, Wilhelm, Mix, York-Gothart (Hg.): Zensur im Jahrhundert der Aufklärung. Geschichte – Theorie – Praxis. Göttingen 2007, S. 79–98.

Plachta, Bodo: Zensur. Stuttgart 2006.

Ridder, Helmut K. J.: Bemerkungen eines Juristen zum Zensurproblem, in: Brockmeier, Peter, Kaiser, Gerhard R. (Hg.): Zensur und Selbstzensur in der Literatur. Würzburg 1996, S. 5–24.

Schäfer, Frank: Zensierte Bücher. Verbotene Literatur von Fanny Hill bis American Psycho. Erftstadt 2007.

Schütz, Hans, J.: Verbotene Bücher. Eine Geschichte der Zensur von Homer bis Henry Miller. München 1990.

Siemann, Wolfram: Zensur im Übergang zur Moderne: Die Bedeutung des »langen 19. Jahrhunderts«, in: Haefs, Wilhelm, Mix, York-Gothart (Hg.): Zensur im Jahrhundert der Aufklärung. Geschichte – Theorie – Praxis. Göttingen 2007, S. 357–389.

Wichner, Ernest, Wiesner, Herbert: Literaturentwicklungsprozesse – die Zensur der Literatur in der DDR. Frankfurt 1993.

Wolf, Hubert: Index. Der Vatikan und die verbotenen Bücher. München 2006.

Wüst, Wolfgang: Censur als Stütze von Staat und Kirche in der Frühmoderne. Augsburg, Bayern, Kurmainz und Württemberg im Vergleich. Einführung – Zeittafel – Dokumente. München 1998.

Ulrike Guérot

Der neue
Bürgerkrieg
Das offene Europa
und seine Feinde

Broschur.
Auch als E-Book erhältlich.
www.ullstein-buchverlage.de

Wir müssen Europa von Grund auf erneuern

Europa steckt tief in der Krise. Die von den Rechtspopulisten angestrebte Rückkehr zu nationalstaatlicher Konkurrenz kann nicht die Lösung sein. Ulrike Guérot plädiert für einen radikalen Neuanfang: Dem gemeinsamen Markt und der gemeinsamen Währung muss endlich eine gemeinsame europäische Demokratie folgen. Nur so können wir das weltoffene Europa bewahren, das die Mehrheit der Europäer nach wie vor will.